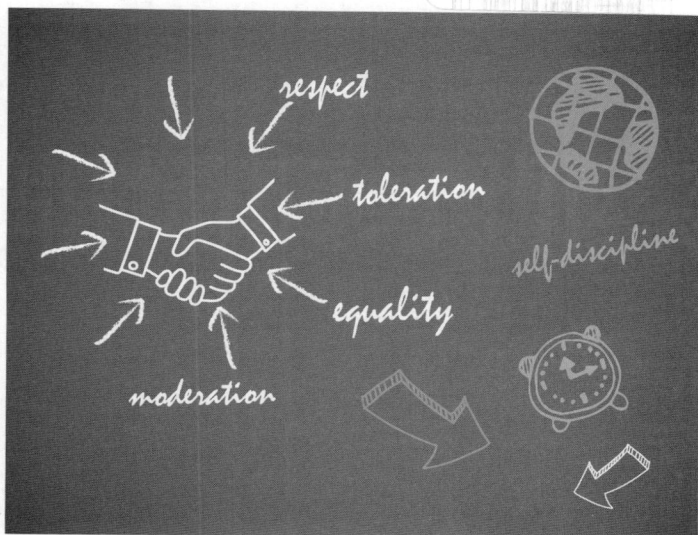

respect
toleration
self-discipline
equality
moderation

高等职业教育公共基础课系列教材

职场口才训练

冯 华/主 审

ZHI CHANG
KOUCAI
XUNLIAN

王 晶/主 编
孟 薇 李文思/副主编

北京师范大学出版集团
BEIJING NORMAL UNIVERSITY PUBLISHING GROUP
北京师范大学出版社

图书在版编目（CIP）数据

职场口才训练/王晶主编. —北京：北京师范大学出版社，
2021.2
ISBN 978-7-303-26809-2

Ⅰ．①职… Ⅱ．①王… Ⅲ．①口才学－教材
Ⅳ．①H019

中国版本图书馆 CIP 数据核字（2021）第 016523 号

营 销 中 心 电 话　010-58802755　58800035
北师大出版社职业教育分社网　http：//zjfs.bnup.com
电 子 信 箱　zhijiao@bnupg.com

出版发行：北京师范大学出版社　www.bnup.com
　　　　　北京市西城区新街口外大街 12-3 号
　　　　　邮政编码：100088
印　　刷：三河市兴达印务有限公司
经　　销：全国新华书店
开　　本：787 mm×1092 mm　1/16
印　　张：22.5
字　　数：366 千字
版　　次：2021 年 2 月第 1 版
印　　次：2021 年 2 月第 1 次印刷
定　　价：45.00 元

策划编辑：鲁晓双　　　　　责任编辑：冯　倩
美术编辑：焦　丽　　　　　装帧设计：焦　丽
责任校对：康　悦　　　　　责任印制：陈　涛

内容简介

　　本教材从现代职场的实际需要出发，精心挑选了职场中的真实工作情境，将内容分为八个项目任务，包括职场口才基础知识、面试口才训练、交谈口才训练、电话沟通口才训练、拜访接待口才训练、演讲口才训练、宴会口才训练、主持口才训练(拓展项目)。教材遵循贴近职场、实用为主的原则，从文化、语言、礼仪等多个维度生动地解读了职场中的口才艺术；以经典案例导入，并采用了理论讲解、案例分析、纠错训练、情景模拟等丰富多彩的展示形式，融知识性、技巧性、实战性、趣味性于一体。本教材以独特的视角，结合生动的职场故事和经典案例，将工作、社交中的沟通智慧和实用的语言技巧展示给读者，可作为高等职业院校、高等专科学校、成人高校及民办高校的教材，亦可供自学者参考、使用。

前　言

　　口才既是一个人学识高低的表现，更是一个人思想、智慧、知识、见识、性格、气质等综合素质的集中反映，是衡量一个人水平和能力的标尺，是通往职场必备的一项职业技能。作为职场人，语言表达能力不是天生的，优秀的说话能力是锻炼出来的，通过最基本的职场口才训练可以做到声音洪亮、吐字清楚、语速适中、内容充实、逻辑清晰、饱含感情、仪态自然。为了满足社会和企业对高素质人才的培养要求，《职场口才训练》这本教材借鉴其他版本教材的成功经验，遵循"广吸收、不套用、有创新"的原则，以职业分析为依据，以岗位需求为基础，普及作为职场人需要掌握的说话技巧，意在使读者提高职场语言表达能力和职业综合能力，为其今后的工作打基础，为其可持续发展提供保障。本教材打破了旧格局，以实用性为出发点，调整教材的内容与结构，融知识性、技巧性、实战性、趣味性于一体，突出能力训练，训练内容由易到难、由简到繁、循序渐进、新颖独到，具有很强的操作性。

　　本教材由黑龙江农业经济职业学院的王晶任主编，孟薇、李文思任副主编，冯华任主审。具体编写分工如下。

　　项目一"有话好好说——职场口才基础知识"、项目二"非你莫属——面试口才训练"由黑龙江农业经济职业学院的王晶、冯华编写；项目三"善解人意——交谈口才训练"由黑龙江农业经济职业学院的高秀杰编写；项目四"一字千金——电话沟通口才训练"由黑龙江农业经济职业学院的孟薇编写。项目五"笙磬同音——拜访接待口才训练"由大连枫叶职业技术学院的张冬冬编写；项目六"妙语连珠——演讲口才训练"由黑龙江农业经济职业学院的宋洁、李文思编写；项目七"锦上添花——宴会口才训练"由黑龙江农业经济职业学院的刘冬梅编写；拓展项目"慧心巧语——主持口才训练"由黑龙江农业经济职业学院的栗延斌编写。

　　本教材在编写过程中得到了黑龙江农业经济职业学院的张继忠院长、姜桂娟副院长、于桂萍教授、张春凤教授、吴英教授、薛永三教授、李晓梅教授、周淑香教授、杨丽颖教授的大力支持与帮助。在此，向他们表示由衷的感谢。

　　由于水平有限，书中难免有不当之处，敬请读者批评指正。

编　委

目　　录
CONTENTS

PROJECT 1

项目一
有话好好说——
职场口才基础
知识

任务1　职场口才概述

> 💬 **任务目录**
>
> 1. 了解职场口才的内涵、重要性。
> 2. 掌握职场口才的基本要求。
> 3. 掌握职场口才训练的原则和方法。

💼 经典案例

　　有一次，成功学大师戴尔·卡耐基租用了一家酒店的大礼堂来讲课。有一天，他突然接到酒店经理的通知：租金要增加三倍。卡耐基去与这位经理交涉："我接到通知，有点儿震惊，不过这不怪你。如果我是你，我也会那样做。因为你是酒店的经理，你的职责是尽可能使酒店获利。"紧接着，卡耐基为经理算了一笔账："将礼堂用于办舞会、晚会，当然会获大利。但你撵走了我，等于撵走了成千上万有文化的中层管理者，而他们光顾贵酒店，是你花多少钱也买不到的活广告。那么，哪样更有利呢？"就这么几句话，这位经理就被他说服了，决定不再涨价。

　　　　　　　　　　　　　　（选自卡耐基：《人性的弱点》，北京，中国妇女出版社，2008）

案例分析

　　卡耐基的成功，在于一句关键的话，当他说"如果我是你，我也会那样做"时，他已经完全站到了这位经理的立场上。随后，他又站在经理的角度上算了一笔账，抓住了经理的诉求：赢利。这样就使经理心甘情愿地不再涨价。卡耐基能在短时间内就实现了自己的目标，靠的是什么？是口才！是惊人的沟通能力和技巧！他拥有卓越的口才，并借助口才在事业上走向了成功。

　　言为心声，口才助你表情达意；能说会道，口才让你交际畅达；谈笑风生，口才使你处世安乐。口才在日常生活中的重要作用不言而喻。一鸣惊人，口才让你谋职顺心；巧舌如簧，口才使你商运亨通；神思妙语，口才助你事业成功。口才在职场中的作用更是显而易见，在职场中，好口才能够展示你的智慧和才华，体现你的风度和气质；在职场中，好口才能缩短人们心灵间的距离，促进彼此间的交流；在职场中，好口才能够让你提高办事效率，拓展自己的发展空间；在职场中，好口才价值百万，是赢得精彩人生的重要砝码。总之，要想纵横于职场，并能够在职场中始终立于不败之地，就要拥有良好的职场口才。

一、 职场口才的内涵

"口才"一词由"口"和"才"两个字组成。"口"是指语言表达能力，"才"则是指可供表达的知识和才学。有口无才，便是"山中竹笋，嘴尖皮厚腹中空"；有才无口，则为"茶壶煮饺子"，满腹经纶却"倒不出来"。

"职场口才"是指在拜访会晤、沟通交谈、面试、会议主持、商业路演、谈判、商务宴会等职场交际活动中所具有的口语交际才能。它是一个人的道德修养、文化积累、知识结构、思维方式、价值判断、心理素质、语言艺术和仪态仪表等综合素质在职场中的集中反映。

二、 职场口才的重要性

现在是一个竞争日益激烈的时代，也是一个越来越注重"说"的时代。眼睛可以发现一个美丽的世界，嘴巴则可以创造一个精彩的世界。古今中外的贤达能士都把说话视为一门特殊的学问，不仅要了解其中的道理和规则，还要领悟并懂得如何运用。"一人之辩，重于九鼎之宝；三寸之舌，强于百万之师。"这就是语言的魅力。现代职场中的工作，时时刻刻、方方面面都与口才息息相关。从一次成功的竞聘演讲中，你得到的是什么？从一次完美的招商演说中，你收获的是什么？从一次精彩的项目推介中，你得到的是什么？与合作伙伴谈笑风生，把酒言欢；处理上下级关系远近有度，表达想法清晰有理；领导下属有想法、有激情，在团队中有威信，一呼百应……从这些经历中你又能得到什么？如何才能拥有骄人的口才呢？在公司里遇到熟人，要打招呼问候；工作中向别人请求一件事，希望达到目的时，要考虑自己的措辞；主持一场成功的宴会，或想做一个有威信的会议主持人时，要谈吐文雅、语

言流畅，出口成章。就连在职场中说笑话、开玩笑，也要选择一个合适的角度，用一种幽默的语言，通过讲笑话或开玩笑的方式表达出来。"一言可以兴邦，一言可以丧邦。"现在更有人指出核武器、互联网和口才是 21 世纪的三大重要武器，可见口才的威力。总之，会说话，征战职场不必愁；说对话，职场征战无难关。

经典案例

小李在一家 IT 企业工作，他毕业于名牌大学，入职后一直受到部门领导器重，常常被安排一些较有难度、有挑战性的任务。可是好景不长，三个月后部门入职了一位同事小王，仅仅一个月之后小李的风头便被小王抢尽了，领导安排任务也是先给小王，然后由小王分配给小李，小李实际上成了小王的下属。

小王仅是大专学历，在工作中，小李并没有感觉他的专业知识有多深厚，却不知其何时悄悄后来居上了。事实上，小李所在的公司规模并不大，多数员工都是大专或者非名牌大学出身。在这样的环境中，小李的傲慢情绪也悄然滋长。小李在学生阶段成绩不错，是老师、同学关注的焦点。习惯了被关注的小李进入职场后不主动与人沟通，被动等着同事甚至领导提出问题、交代任务。虽然有能力解决一些棘手的问题，但给人感觉不随和、与人的隔阂较大。而小王从入职后 3 天开始，就主动提出一些方案、建议给领导，跟同事沟通也毫无障碍。

（选自豆丁网：《人在职场，为何你会被"后来居上"？》，有改动①）

案例分析

学历在职场上的作用是面试时的敲门砖，而一旦叩开了这扇门，学历就不再是你的砝码。有些名校毕业的学生最终的职位、薪水甚至赶不上大专生，就说明了这个道理。大学生初入职场时要牢记：学历、成绩只象征过去，入职后你就成了一张白纸。先入职的都是前辈，你得主动与他们沟通而不是被动等待。

职场上是人才的人不一定有口才，但有口才的人一定是人才，成功人士都懂得说话的技巧和策略。正如世界著名人际关系学大师卡耐基曾说过的一句话："一个人的成功，15% 靠专业知识技能，85% 靠语言交际能力。"说话不仅是一个人学识高低

---

① 本书选用了部分网络资源作为案例，均已标明出处，并对其中的错别字、病句等进行了修改，余下案例出处后，不再赘述"有改动"。

的表现，更是一个人思想、智慧、性格、气质等综合素质的集中反映。所以，好好说话还真是一个大问题，而现在更大的问题是有些人没有意识到自己不会好好说话。有的人不会好好说话，本来很简单的事情，却被其越说越复杂；有的人不会好好说话，明明是热心肠，却用刀子嘴伤害了他人；有的人不会好好说话，所以每次和别人分享，都像是在炫耀自己……还有些年轻人初入职场，说起话来却盛气凌人，给人留下"没我不行"的印象；还有的人依仗家里的权势，张口"我爸是××"，闭口"我妈是××"，这些话都让人听起来非常不舒服。

经典案例

新东方教育集团总裁俞敏洪的成功就证明了这一点。他从一名初中毕业的乡村拖拉机手，到一名乡村教师；从高考三次不中的落榜生，到北京大学的高才生；从校园里内向自卑的"丑小鸭"，到英语系里耀眼的"单词王"；从被北大扫地出门的穷酸教师，到名动大江南北的培训界领军人物；从大街小巷贴广告的个体户，到亿万身家的上市公司老总；从因交不起学费而无缘出国的"可怜虫"，到学员遍布美国的"留学教父"。俞敏洪认为自己成功的主要原因除了爱读书以外，还有会说话、会演讲。

案例分析

好口才往往是成功的敲门砖。

在职场中说话让人舒服的程度就决定你能到达的高度。话说对了，事就成了。"好的""一定会有办法的""没问题"，每天能说出这种积极话语的人，即使遇到了困难也能渡过难关。好好说话是每一个职场新人都要修炼的一门课程。学会好好说话不仅能锻炼你的逻辑思维能力，还能建立良好的人际关系，更可以让你心情顺畅，事业平坦。然而，职场岗位的多样性使得职场人在很多情况下，比如，给上司提意见、批评下属、点破同事的谎言时，如果表述不当、方法不妥，很容易产生误会，引发矛盾，甚至造成严重的后果。

经典案例

小王刚刚升职，宴请了各位同事。宴会已经开始，还有几个人没来，小王心里很着急，为什么还没来？小王说："为什么该来的还不来，真是的！"一些同事听到了，心想：该来的客人没来，那我不就是不该来的了？于是悄悄地走了。小王看到又走了好几位同事，越来越着急，他又说："怎么不该走的都走了呢?"剩下的客人一听，又想：如果走了的是不该走的，那我就是该走的喽！于是都走了。最后剩下了一位同事。这位同事说："你说话前应该先考虑一下，否则说错了，就不容易收回来了。"小王说："不是呀，我说的真不是他们！"最后这位同事听了，便想：那我就是该走的了。于是头也不回地离开了。

（原创案例）

案例分析

这件小事告诉我们，说话要准确明白，否则既让别人听了不舒服，也得罪了别人。

随着社会的不断进步，人们的文化视野、交际视野也更加开阔了，不可避免的，人们也越来越多地需要在各种公开场合发表自己的意见，展现自己的才华。这个时候，如果出言不当，会立刻让你"四面楚歌"；笨嘴拙舌、言不达意也会让你错失良机；而如果你用语精当、善于辞令，那将会使你赢得主动、左右逢源。因此，口才可以代表一个人的力量，能够显示一个人的价值，将这种力量和价值投入现实中，就会创造出多彩多姿的社会财富。因此，职场人应锻炼口才，提高口语交际水平，只有这样，才能在日益激烈的人才竞争中站稳脚跟，立于不败之地。

三、 职场口才的基本要求

职场口才应达到 10 项最基本的要求，即声音洪亮、吐字清晰、普通话规范、表情自然、感情饱满、内容充实、智慧幽默、状态自信、举止优雅和仪表得体。

（一）声音洪亮

说话的主要作用是传递信息，只有让对方听清楚你的讲话内容，信息才能顺利传递。因此，说话时一定要做到声音洪亮。成功的演说家要做到不拿话筒也能让最后一排的听众清楚地听到他在说什么。而在现实职场中，总是有很多人天生腼腆，说起话来声小如蚊，哪怕是面对面地交谈都未必能听清楚他在说什么。这就导致了这些人已经输在了起跑线上。说话者要做到声音洪亮，不仅要依靠声带的强烈振动，还要充分利用共鸣腔，让声音在口腔、鼻腔、胸腔得到共鸣和放大，这样的声音才会饱满、圆润。

（二）吐字清晰

若你说话声音十分洪亮，但是吐字不清晰，即使声音很大，别人也听不清你在说什么，更谈不上谈吐有魅力了。吐字不清晰一般有两种情况：一种是说话太快，另一种是说话连字。这两种情况都可以通过吐字归音的训练进行纠正。吐字归音的训练是对发音动作过程的控制，是一种经过加工的艺术化的发音方法，目的是要做到吐字发音准确、清晰。

（三）普通话规范

要想拥有良好的口才，必须使用普通话，要在语音、词汇、语法三个方面规范自己的语言。说话时要以北京语音为标准音，以北方话为基础，以典范的现代白话文著作为语法规范。平时要多用普通话交流，多看新闻，多收听广播，也可以购买一些专门的普通话语音和视频素材，进行模仿与跟读。

经典案例

东北某省发大水，中央一位联络员与某省某领导电话联系，询问水灾情况。某省领导开口便说："哎呀妈呀，首长啊！俺们这嘎水老大了！"

联络员问："具体情况怎么样？都哪些地区被淹了？"

某省领导说："俺们这嘎整个浪被淹了！！"

联络员摊开地图查找"整个浪"这个地方，结果怎么也找不到。

注："整个浪"在东北方言中就是"全、都"的意思。

（选自高雅杰：《口才与应用文写作》，北京，北京交通大学出版社，2014）

案例分析

沟通时不说普通话可能会带来很大的误会、耽误重要的事情。

（四）表情自然

说话时要善于控制自己的表情，自然的表情能够更好地辅助和强化有声语言的表达。人的表情是由脸的颜色、光泽，肌肉的收缩与舒展，以及脸面的纹路形成的，喜、怒、哀、乐、忧等不同情感全由表情得以体现。表情是人的思想感情的外在显示，是反映人的思想感情最灵敏、最复杂、最准确和最微妙的"晴雨表"。

（五）感情饱满

语言是一种充满感情的艺术，是激情迸发的产物。语言是人类思想和情感的载体。感人心者，莫先乎情。从表面上看，说话不过是用嘴巴去叙述，而实际上，是用心、用感情去和听众进行交流。说话者自己首先要是一团火，才能点燃听众的心灵之火。因此，说话时必须充分运用激情去感染听众的情绪，使听众敞开心扉、怦然心动、热血沸腾、激动万分，从而达到"动其情"的目的。

（六）内容充实

说话的内容是展现口才的基础，是衡量有没有口才的重要标准。"工欲善其事，必先利其器。"说话的内容是睿智的体现，而渊博的知识、睿智的头脑则源于平时一点一滴的学习和积累。一个人要想真正提高自己的口才，就必须做到读万卷书、识万般理。阅读每天的报纸、每月所出的各种著名杂志，这是充实自己的最佳方法。世界的动向、国内外军政经济概况、科学界的新发现和新发明、世界各地引人瞩目的地方或新闻人物，以及艺术名作、流行时尚、电影戏剧新作品等，都可以从媒体中获得。

■ 经典案例

俞敏洪在北京大学的演讲片段

读书是人一辈子活得有底气的保证。当全世界都抛弃你或者你抛弃了全世界的时候，唯一能够对你不离不弃的就是你手头的那些书籍。我记得自己进北大以前连《红楼梦》都没有读过，所以看到同学们一本一本地读书，我拼命地追赶。结果我在大学差不多读了800多本书，用了5年的时间。但是依然没有赶超我的那些同学。我记得我的班长王强是一个十分喜欢读书的人，现在他也在新东方，是新东方教育研究院的院长。他每次买书我就跟着他去，当时北大给我们每个月发20多块钱生活费，王强有个癖好就是把生活费一分为二，一半用来买书，一半用来买饭菜票。买书的钱绝不动用来买饭菜票。如果他没有饭菜票了就到处借。后来我发现他这个习惯很好，我也把我的生活费一分为二，一半用来买书，一半用来买饭菜票，饭菜票用完了我就用他的。读书就像谈恋爱一样，需要环境。我从来不在电脑中读任何书籍，在电脑中读书，就好像和机器人谈恋爱。读书一定要有书的香味、书的形状、书的个性。根据书的内容的不同，你还需要选择不同的地点和时间来读。古代人读书要焚香洗手，这种境界我们现在是没办法达到了。

（根据俞敏洪在北京大学开学典礼的演讲内容整理）

案例分析

俞敏洪的成功离不开平时读书的积累，医为"腹有诗书气自华"。

（七）智慧幽默

智慧是保证语言生动、有趣、精彩的关键。幽默是高深的智慧，修养决定了智慧的发挥。在交际中，幽默可以提升个人魅力，幽默可以拉近人际间的距离，幽默能够调节紧张的气氛，幽默可以委婉地劝说他人，幽默可以帮人摆脱尴尬的情境，幽默可以巧妙地化解人身攻击。

经典案例

作为央视名嘴，白岩松的绝佳口才和临场应变能力众所周知，而他的睿智与幽默也为圈内外人士所公认。

有一次，一位女记者接连向白岩松抛出两个刁钻的问题："如果把节目的完美度比作地平线的话，您认为您距离地平线有多远？另外，您的新节目起点有多高？"白岩松几乎不假思索，两句妙答出口："距离完美的地平线就一天的路程——明天，就在明天。至于新节目的起点嘛，是'1.79米'——也就是我的身高。"

（选自人民网：《白岩松 撒贝宁 欧阳夏丹 跟央视名嘴学"说话的艺术"》）

案例分析

白岩松用睿智、幽默的回答巧妙地回答了刁钻的问题，把握住了现场的气氛。

（八）状态自信

成功的第一秘诀是自信。在职场中，只有很少的人能够做到心情平静、信心十足地登上演讲台。心理学研究表明：人们在日常生活中，经常会遇到各种各样的困难和障碍。若为了解决问题，实现自己的目标，就必须克服困难。而困难的出现和克服，会引起人内心的不安和紧张，严重时就会给人带来恐惧感，形成焦虑感。自信是一种生活态度，是一个成功者必备的素质。因此，职场中要不断突破自我，增强信心。每天起床后可以默念十遍"我能行，我一定可以，我是最棒的"，这种心理暗示无疑可以给自己带来动力。

（九）举止优雅

言为心声，行为心表。与人交流时的姿态会带给对方某种印象。优雅的谈吐和举止能体现高雅脱俗的内在精神气质和修养。它是一种能量、一种致命的吸引力，像磁场感应一样，为你赢得好感，凝聚人气。给对方一个值得赞美的好印象，自然能增加对其的吸引力，但如果粗俗无礼，必然会影响沟通的效果。我们在交际中应当注意自己的言谈举止，使一言一行、一举一动都符合行为规范，展现出美丽的光彩。

经典案例

谈到时尚，吴小莉想起了自己特别喜欢的一句广告词："优雅是一种态度"（Elegance is an attitude）。"优雅即为美，女人首先得要悦己，应将优雅作为一种生活态度，我喜欢每天把自己打扮得漂漂亮亮的。"作为一名耀眼的职业女性，吴小莉给人的印象总是干练而有效率，美丽而有智慧。她说，她对服饰并没有特别的要求，舒服、得体即可，而优雅，是一定不能缺少的。

[选自梁琴：《吴小莉：优雅是一种态度》，载《凤凰生活》，2006（10）]

案例分析

举止优雅不是一种表现，而是一种气质，一种内涵，这无论如何是"扮"不出来的。优雅应该是这样的：着装要有一点讲究，举止要多一点大方，言谈要有一点文化，气度要有一点容量，眉眼要有一点谦恭，神色要有一点精神，步态要有一点从容。只有具备这些众多的"一点"，才可"酿造"优雅。目光睿智，安静地倾听，嘴角露出亲切慈祥的浅笑，保持心态平和，坦然面对荣华，坚强地面对灾难，是一种真正的优雅，一种大气的优雅：从容不迫，心如止水。

（十）仪表得体

在职场中，仪表是一张活生生的"名片"。它先于语言而给人的鲜明的印象，对语言交际的顺利开展和实现优化效果起着不可估量的作用。人的仪表主要包括身材、相貌和姿态等。通过适当的修饰、打扮等可以改变和优化人的气质。正确得体的着装，能体现个人良好的精神面貌、文化修养和审美情趣。在穿着打扮上既要自然得体、协调大方，又要遵守某种约定俗成的规范或原则。

🔗 相关链接

职场人际关系处理

职场中要坦白地讲出来你内心的感受、感情、痛苦、想法和期望，但绝对不是批评、责备、抱怨、攻击。

不批评、不责备、不抱怨、不攻击、不说教。批评、责备、抱怨、攻击这些都是沟通的刽子手，只会使事情恶化。

我们应互相尊重，只有给予对方尊重才能沟通，若对方不尊重你时，你也要适当地请求对方尊重，否则很难沟通。

绝不用恶言恶语伤人，就是不要祸从口出。

不说不该说的话。如果说了不该说的话，往往要花费极大的代价来弥补。正所谓"一言既出，驷马难追""病从口入，祸从口出"。甚至还可能造成无可弥补的终生遗憾。职场沟通不能够信口雌黄、口无遮拦。

情绪不好时尽量不要沟通，在情绪不好时很容易冲动而失去理性，尤其是不能做出情绪性、冲动性的决定，这很容易让事情不可挽回，令人后悔。

认错，不只是沟通才需要认错，一切都需要。如果自己说错了话，做错了事，如不想造成无可弥补的伤害时，最好的办法是说"我错了"，这就是一种觉悟。

(选自豆丁网：《职场人际关系处理》)

四、 职场口才训练的原则和方法

说话是人的本能，可以说是先天就有的能力。但口才不是与生俱来、从天而降的。要把说话提升到好好说话的层面，就需要后天不断地训练，就像庄稼需要施肥才能长大，树木需要修整才能长高一样。说话要有规则、有方法、有技巧，还要讲策略、讲心机、讲变通。所以，只有在现实生活和工作中不断学习和训练，甚至磨炼，才能拥有令人羡慕的说话之道。美国前总统林肯为了训练自己的语言表达能力，经常徒步近 50 千米，到一个法院去听律师们辩护，看他们如何辩论，如何做手势等。他一边倾听，一边模仿。他还曾对着成行的树桩、玉米练习演讲。英国前首相丘吉尔被誉为"世纪演讲家"，但是他原来说话结结巴巴的，口齿不清，完全不是演讲家的材料。然而正是在先天不足的情况下，丘吉尔通过刻苦努力，拥有了如此令人惊奇、举世瞩目的成就。华罗庚不仅是我国著名的有超群的才华的数学家，而且也是一位不可多得的辩才。他从小就注意培养自己的口才，背了四五百首唐诗，以此来锻炼自己的"口舌"。正如华罗庚先生在总结他自己练习口才的过程时说的一句名言："勤能补拙是良训，一分辛苦一分才。"尤其是在现代社会，复杂的人际关系、快节奏的工作环境，更要求我们掌握说话之道。求职面试要会实话巧说，突出亮点；与人交谈要能换位思考，将心比心；电话沟通要用语规范，亲和有礼；拜访接待要有情有义，得体得法；公开演讲要声情并茂，打动人心；宴会祝酒则要言之有"礼"，热情洋溢。

📼 经典案例

　　我国早期无产阶级革命家、演讲家萧楚女，靠平时的艰苦训练，练就了非凡的口才。他在教书时，除了认真备课外，每天天刚亮就跑到学校后面的山上，找一处僻静的地方，把一面镜子挂在树枝上，对着镜子开始练演讲，从镜子中观察自己的表情和动作。经过这样的刻苦训练，他掌握了高超的演讲艺术，他的教学水平也很快提高了。1926 年，他年方三十五，就在毛泽东主办的广州农民运动讲习所工作，他的演讲至今仍然受到世人的推崇。

（选自无忧演讲网：《孩子的演讲口才要从小抓起》）

案例分析

勤能补拙，萧楚女对着镜子练习的方法为我们指明了训练口才的道路。

（一）职场口才训练原则

1. 多听多看

听是人们认识声音的唯一渠道，是学好语言的前提和基础，是提高听辨能力的好方法。一个连话都听不懂的人能拥有好的口才，是令人难以想象的。多听多看，就是要多听电台标准普通话的播音，多看电视台的普通话节目特别是中央广播电视总台的节目。此外，还可以多听讲普通话的教师或同学的发音，多看普通话的电影、戏剧，也可将自己的普通话的录音和普通话标准者的录音进行比较，找出差异，加以改进。

2. 多读多问

我们应多读好书，培养好的阅读习惯，从书中学习语言表达的方式、方法和技巧。知识会令人积累语言素材，提升一个人的气质涵养，而多读也是为多写做准备。而读的时候也和听的时候一样，一方面读的时候要不断增加素材，另一方面读的时候要有侧重点。可多读《人民日报》的社论，学习其对事物评价、分析的表述方法和语言。

学问是问之道，问题的解决，也以问为先。学习的过程中不怕错，就怕不问，不问就永远错，问了才可能解决问题。要记住没有对应规律的例外字、特殊字的读音，反复朗读，逐个记住。在学习普通话的过程中，尤其要注意克服方言的发音习惯，注意每个字音、调的正确性。

▣ 经典案例

人失去阅读必定失去独立思考的能力
——白岩松在哈尔滨工业大学演讲的演讲稿节选

我的阅读分为三个层面，第一个是工作性阅读，定下选题之后我就要为了做节目进行大量阅读，否则晚上直播我说什么？第二个是职业性阅读。我是一个新闻人，家里订有很多的报纸杂志，我没有一天不逛报摊的，还有上网。我要看每天的新闻、每天的报道。我觉得最重要的是一个人的阅读。每天必须有一定的时间去阅读跟这个时代没有关系的东西。我的乐趣来自"读与这个时代无关的、但作为一个人而读的书"。

我在1985—1989年上大学。那是一个"四年如果不阅读，从内在到外都没法儿活的年代"。20世纪80年代的阅读和教育给我们这代人带来的最大优点就是"怀疑"。"怀疑"才可能使我们更努力地想靠近真实。我觉得人的独立的思维是由独立的阅读开始的。

类似《道德经》这样的书，里头好的东西太多了，但其中有五个字深深地改变了我，叫"无私为大私"①。这就是阅读的乐趣，你一直感觉朦朦胧胧的很多东西，你找不到与此相对应的东西，但是突然你在《道德经》里看到了这五个字，一下子就打动了你，将来会成为你立身之本。当我辞去很多的制片人头衔要歇一段时间的时候，恰恰是看到《道德经》里有一句话叫"杯满则溢"②。杯子满了就再也装不下其他东西了，怎么办？倒掉！阅读关键时刻如果找对了钥匙，会大大地帮助你。

我现在只要不工作就在家，在家基本上就处在阅读的状态中。我从来不会正襟危坐地读书，躺着、卧着，各种姿态都有，而且都放着音乐。

我们过多地把创意当成了天才，但是我觉得创意是由勤奋决定的。人失去阅读必定失去独立思考的能力。这就是我现在非常担心网络阅读的原因所在。最大的危害不是人们不看书，是过度地被资讯俘房，这个更可怕。

（选自白岩松在哈尔滨工业大学演讲的演讲稿：《人失去阅读必定失去独立思考的能力》）

案例分析

学而不思则罔，思而不学则殆。

3. 多说多写

有准备、有计划、有条理地去说，或者是介绍，或者是演讲，要说得好、说得精彩，必须有充分的准备，而这一准备过程和实际说的过程，也就是练习语言表达的过程。口才的训练不仅仅是在课堂上，它需要广开阵地，把课内教学与课外活动结合起来。课内教学应尽可能地为学生提供较多的练习机会，采用朗读、背诵、复述、演讲、对话等多种形式进行练习，帮助学生掌握口语表达的技巧和要领。同时，学生还应积极参加一切能够锻炼口头表达能力的活动，如故事会、朗诵会、演讲会、辩论会等。这样，不仅使我们所掌握的课内的训练内容得到了巩固，而且还能够让大家相互交流，相互促进，共同提高，使口语水平有一个质的飞跃。平日养成多动笔的习惯，把日常的观察、心得以各种形式记录下来，定期进行思维加工和整理，日积月累地提高写作技巧。

（二）职场口才训练方法

敢说话、会说话、好好说话，不是一蹴而就的事情。要在场景中学，要从错误

---

① 原文应为："是以圣人后其身而身先，外其身而身存。非以真无私邪？故能成其私。"
② 原文应为："持而盈之，不如其已。"宋人范应元对该句的理解是"满则溢矣"。

中学，要以分析的态度学，更要以通融的智慧学。今天放下面子，明天才能更有面子；每天进步一小步，人生才能迈出一大步！职场中的口才是一门技术，更是一门艺术。口才并不是一种天赋，它是靠刻苦训练得来的。优秀的说话能力是可以锻炼出来的，通过最基本的训练，可以做到声音洪亮、语音规范、语速适中、逻辑清晰、表情自然、饱含感情。只有掌握好基本功，才能进一步完善口才技巧，提高口才水平，让口才从技术升华为艺术。在口才训练的过程中，科学的方法可以使你事半功倍，加速练就好口才。当然，根据每个人的学识、环境、年龄等的不同，训练口才的方法也会有所差异，但只要选择最适合自己的方法，加上持之以恒的刻苦训练，那么就会在通向"口才家"的大道上迅速成长。

1. 速读法

"读"指的是朗读，是用嘴去读，而不是用眼去看。顾名思义，"速读"也就是快速地朗读。这种训练方法的目的在于让人口齿伶俐、语音准确、吐字清晰。速读法的优点是不受时间、地点的约束，无论在何时、何地，只要手头有一篇文章就可以练习，而且还不受人员的限制，不需要别人的配合，一个人就可以独立完成。当然你也可以找一位同学听听你速读的内容，让其帮助你找出速读中出现的毛病。比如，哪个字发音不够准确，哪个地方吐字还不清晰等。这样就更有利于你有目的地进行纠正、学习。你还可以用录音机把你速读的内容录下来，然后自己听一听，从中找出不足，进行改进。

（1）方法

每天坚持朗读一些文章，找一篇演讲稿或文辞优美的散文，既能练习伶俐的口齿，又能积累一些知识、信息，更重要的是对身体大有裨益，清喉扩胸，纳天地之气，成浩然之身。可以先拿来字典、词典把文章中不认识或弄不懂的字、词查出来，搞清楚，弄明白，然后开始朗读。朗读要做到：最大声、最清晰、最快速。首先要最大声地朗读，熟悉内容，速度要放慢；然后一次比一次读得快；最后达到你所能达到的最快速度。

（2）要求

语速要快，但是要吐字清晰、发音准确，而不是为了快而快。读的过程中不要有停顿，发音要准确，吐字要清晰，要尽量做到发音完整。如果你不把每个字音都完整地发出来，那么，速度加快以后，就会让人听不清楚你在说些什么，就失去了快读的意义。快必须建立在吐字清楚、发音干净利落的基础上。体育节目的解说专家宋世雄，他的解说就很有"快"的功夫。宋世雄解说之"快"，是快而不乱，每个字、每个音都发得十分清楚、准确，没有含混不清的地方。

2. 背诵法

背诵法不同于前面讲的速读法。速读法的着眼点在"快"上，而背诵法的着眼点在"准"上。"诵"是对表达能力的一种训练。这里的"诵"也就是我们常说的"朗诵"。它要求在准确把握文章内容的基础上声情并茂地表达。背诵的演讲稿或文章一定要准确，不能有遗漏或错误的地方，而且在吐字、发音上也一定要准确无误。这样练习既培养了记忆能力，又锻炼了口头表达能力。记忆力是口才训练必不可少的一种素质。没有好的记忆力，要想培养出好口才是不可能的。只有在大脑中有充分的知识积累，你才可能张口即出、滔滔不绝。如果你的大脑是一片空白，那么你再伶牙俐齿，也无济于事。记忆力与口才一样，它并不是一种天赋，后天的锻炼对它同样起着至关重要的作用。"背"正是对这种能力的培养。

（1）方法

首先，选一篇自己喜欢的演讲稿、散文、诗歌。其次，对选定的材料进行分析、理解，体会作者的思想感情，这是要下点功夫的，需要我们逐字、逐句、逐段地进行分析，推敲每一个词句，从中感受作者的思想感情，并激发自己的感情。接下来对所选的演讲稿、散文、诗歌等进行一些艺术处理，比如，找出重音、划分停顿等，这些都有利于准确地表达内容。最后，在以上几步工作的基础上进行背诵。

（2）要求

在背诵的过程中，首先要进行"背"的训练，也就是先将文章背下来。在这个阶段不要求声情并茂，只要能达到熟练记忆就行。在背的过程中，自己进一步领会作品的格调、节奏，为准确把握作品打下更坚实的基础。然后在背熟文章的基础上进行"诵"的训练，即大声朗诵。将背熟的演讲稿、散文、诗歌等大声地背诵出来，并随时注意发声是否正确，而且要带有一定的感情。最后是用饱满的情感、准确的语言、语调进行背诵。

3. 练声法

练声也就是练声音、练嗓子。在生活中，我们都喜欢听那些饱满圆润、悦耳动听的声音，而不愿听干瘪无力、沙哑干涩的声音。所以锻炼出一副好嗓子、练就悦耳动听的声音，是我们必做的工作。练声主要有以下三方面。

（1）练气

练声先练气，气息是人体发声的动力，就像汽车上的发动机一样，它是发声的基础。气息的强弱和发声有着直接的关系。气不足，声音无力；用力过猛，又有损声带。所以我们要练声，首先就要学会用气，学习吸气与呼气的基本方法，一定要每天到室外去做深呼吸，日久天长定会见效。

（2）练声

声音是通过气流振动声带而发出来的。练发声以前先要做一些准备工作。先放松声带，用一些轻缓的气流振动它，让声带有点准备。先发一些轻慢的声音，千万不要张口就大喊大叫，那样只会破坏声带。这就像我们在做激烈运动之前，要做些准备动作一样，否则就容易使肌肉拉伤。声带活动开了，我们还要针对口腔做一些准备活动。我们知道口腔是人的一个重要的共鸣器，声音的洪亮度、圆润度都与口腔有着直接的联系，所以不要小看了口腔的作用。口腔活动可以按以下方法进行。第一步，进行张闭口的练习，活动嚼肌，也就是面皮。这样等到练声时嚼肌运动起来就轻松自如了。第二步，挺软腭。这个方法可以用学鸭子"嘎嘎"的叫声来体会。人体还有一个重要的共鸣器，就是鼻腔。有人在发音时，只会在喉咙上使劲，根本就没有用上胸腔、鼻腔这两个共鸣器，所以声音单薄，音色较差。练习用鼻腔共鸣的方法是学习牛叫。但我们一定要注意，在平时说话时，如果只用鼻腔共鸣，那么也可能造成鼻音太重的结果。练声时，千万不要在早晨刚睡醒时就到室外去练习，那样会使声带受到损伤。特别是室外与室内温差较大时，更不要张口就喊，那样，冷空气进入口腔后，会刺激声带。练声时，躺下来可以练就一流的运气技巧、一流的共鸣技巧，因为躺下来时是腹式呼吸，而腹式呼吸是最好的练声、练气方法。每天睡觉之前，躺在床上大声地朗读十分钟；每天醒来之前，先躺在床上唱一段歌，再起来。如此，坚持两个月，你会觉得自己呼吸流畅了，声音洪亮了，动听了，更有穿透力了，更有磁性了。

（3）练吐字

吐字似乎离发音远了些，其实二者是息息相关的。只有发音准确无误、清晰、圆润，吐字也才能"字正腔圆"。一个音节可以分成字头、字腹、字尾三部分。这三部分从语音结构上来分，字头就是声母，字腹就是韵母，字尾就是韵尾。吐字发音时一定要咬住字头。有一句话叫"咬字千斤重，听者自动容"，说的就是这个意思。所以在发音时，一定要紧紧咬住字头，这时嘴唇一定要有力，把发音的力量放在字头上，利用字头带响字腹与字尾。字腹的发音一定要饱满、充实，口型要正确。发出的声音应该是立着的，而不是横着的；应该是圆的，而不是扁的。但是，如果处理得不好，就容易使发出的声音扁、塌、不圆润。字尾主要是归音，归音要到位、完整，也就是不要念"半截子"，要把音发完整。字尾要能收住，不能把音拖得过长。按照以上的要求去做，吐字一定会圆润、响亮，声音也就会变得悦耳动听。

◉ 课堂训练

1. 深吸一口气然后数数，看一口气能数多少个数。
2. 跑 20 米左右，然后朗读一段文章，尽量避免喘气声。
3. 一口气数"葫芦"，看能数多少个"葫芦"。
4. 按字正腔圆的要求读下列四字词语。

英雄好汉　兵强马壮　争先恐后　光明磊落　深谋远虑　果实累累

五彩缤纷　心明眼亮　海市蜃楼　优柔寡断　源远流长　山清水秀

5. 读下面的绕口令。

出东门，过大桥，

大桥底下一树枣，

青的多，红的少，

拿着竿子去打枣，

一个枣，两个枣，

三个枣，四个枣，

五个枣，六个枣，

七个枣，八个枣，

九个枣，十个枣，

十个枣，九个枣，

八个枣，七个枣，

六个枣，五个枣，

四个枣，三个枣，

两个枣，一个枣，

这是一段绕口令，

一口气说下来才算好！

4. 复述法

复述法就是把别人的话重复地叙述一遍。这种方法在课堂上使用得较多。如老师让同学们看一段视频，然后请同学复述视频的情节或人物的对话。这种训练方法的目的在于锻炼人的记忆力、反应力和语言的连贯性。

（1）方法

首先选择一段长短适中、有一定情节的文章，最好是小说或演讲稿中叙述性较强的一段；然后请朗诵较好的同学进行朗读，最好能用录音机录下来；最后听一遍后复述一遍，反复多次地进行，直到能完全把这个作品复述出来。复述的时候，可把第一次复述的内容录下来，然后对比原文，看你能复述多少，重复进行，看需要多少遍才能把全部的内容复述下来。这种练习绝不单单在于背诵，而在于锻炼语言表述的连贯性。如果能面对众人复述就更好了，这样还可以锻炼你的胆量，克服紧张心理。第一次复述时，只要能把基本情节复述出来就可以，在记不住原话的时候，可以用自己的话把意思复述出来；第二次复述时，就要求不仅仅是复述情节，而且要能复述一定的人物的语言或描写语言；第三次复述时，就应基本准确地复述出人物的语言和基本的描写语言，逐次提高要求。在进行这种练习之前，最好能根据自己的实际情况和所选文章的情况，制定一个具体的要求。比如，选了一段共有 10 句话的文章，那么第一次复述时就要把基本情节复述出来，并能把几个关键的句子复述出来；第二次就应能复述出 50% 的内容；第三次就应能复述出 80% 的内容。当然，速度进展得越快，也就说明你的语言连贯性和记忆力越强。

（2）要求

开始练习时，最好选择句子较短、内容活泼的材料进行，这样便于把握、记忆、复述。随着训练的深入，可以逐渐选一些句子较长、情节较少的材料进行练习。这样由易到难、循序渐进，效果会更好。做这种练习一定要有耐心与毅力。有的同学一开始就选用那些句子长、情节少的文章作为训练材料，结果常常是欲速则不达。这就像我们学走路一样，没学会走，就想跑，是一定会摔跟头的。而且这个训练有时显得很烦琐，甚至是枯燥乏味，这就需要我们要有耐心与毅力，要知难而进，勇于吃苦，不怕麻烦。

5. 模仿法

每个人从小就会模仿，模仿大人做事，模仿大人说话。其实模仿的过程也是一个学习的过程。我们小时候学说话是向爸爸、妈妈及周围的人学习，模仿周围的人。练口才也可以利用模仿法，模仿在这方面有专长的人。

（1）模仿专人

在生活中找一位口语表达能力强的人，请他讲几段精彩的话，录下来，进行模仿。你也可以把你喜欢的且适合你模仿的播音员、演员的声音录下来，然后进行模仿。

（2）专题模仿

几个同学在一起，请一个人先讲一段小故事、小笑话，然后大家轮流模仿，看谁模仿得最像。这种训练可以采用打分的形式，大家一起来评分，表扬模仿得最成功的一位。这个方法简单易行且具有娱乐性。课上、课间、课后都可进行，只要有三四个人就能进行。需要注意的是，每个人讲的小故事、小笑话，一定要新鲜有趣，让大家爱听、爱学。在讲以前一定要进行一些准备，一定要讲准确、生动、形象，千万不要把一些错误的东西带去，否则模仿的人了跟着错了，害人害己。

（3）随时模仿

我们每天都听广播，看电视、电影，可以随时跟着播音员、演员进行模仿，可注意他们的声音、语调、神态、动作，边听边模仿，边看边模仿。日久天长，你的口语能力就能得到提高，而且如此积累、练习会增加你的词汇量，增长你的文学知识。这里要求要尽量模仿得像，要从模仿对象的语气、语速、表情、动作等多方面进行模仿，并在模仿中有创造，力争在模仿中超过对方。

在进行这种练习时，一要注意选择适合自己的对象进行模仿，二要选择那些对自己身心有好处的语言动作进行模仿。有些同学模仿能力很强，可是在模仿时不够严肃认真，专选一些脏话进行模仿，久而久之，就形成了一种低级的趣味，我们反对这种模仿方法。

每日口才训练

目标：锻炼自己大胆地发言，锻炼自己大声地说话，锻炼自己流畅地演讲。

自我激励誓言：我一定要最大胆地发言，我一定要最大声地说话，我一定要最流畅地演讲。

1. 积极心态训练

自我暗示：每天清晨默念10遍"我一定要最大胆地发言，我一定要最大声地说话，我一定要最流畅地演讲。我一定行！今天一定是幸福快乐的一天！"

2. 想象训练

每天至少用5分钟想象自己在公众场合成功地完成了演讲，想象自己成功的画面。至少用5分钟在镜前练习微笑，展示自己的手势及体态。

3. 口才锻炼

(1)每天至少用10分钟做深呼吸训练。

(2)抓住一切机会讲话，锻炼口才。

(3)每天至少有意识地与5个人交流思想。

(4)每天大声朗诵或大声说话至少5分钟。

(5)每天训练自己"三分钟演讲"一次或"三分钟默讲"一次。

(6)每天给亲人、同学至少讲一个故事或完整地叙述一件事情。

(7)注意讲话时的一些技巧，具体如下。

①讲话前深吸一口气，平复心情，面带微笑，用眼神交流后，再开始讲话。

②勇敢地讲出第一句话，声音大一点，速度慢一点，语句中间不打岔。

③当发现紧张卡壳时，停下来有意识地深吸口气，然后随着呼气讲出来。

④表现不好时，可自我安慰："刚才怎么又紧张了？没关系，继续平稳地讲"，同时，用感觉和行动上的自信战胜恐惧。

⑤紧张时，可以做放松练习，深呼吸，或先尽力握紧拳头，再迅速放松，连续10次。

4. 辅助锻炼

(1)每天至少用 20 分钟阅读书籍，培养自己积极的心态。

(2)每天放声大笑 10 次，乐观面对生活，放松情绪。

(3)每天躺在床上朗读，坚持将一篇文章连续读 3 遍，练习胸腹呼吸，提高音质。

(4)训练接受他人的视线、目光，培养自信和观察能力。

(5)培养微笑的习惯，要笑得灿烂、笑得真诚，增加亲和力。

(6)学会检讨，每天总结得与失，写心得体会。每周要全面总结成效及不足，并确定下周的目标。

◎ 思考与训练

1. 你的"口才"到底如何？

(1)你觉得会说话对人一生的影响(　　)。

A. 重要　　B. 一般　　C. 不重要

(2)和很多人在一起交谈时，你会(　　)。

A. 有时插上几句　　B. 让别人说，自己只是旁听者

C. 善用言谈来增加别人对你的好感

(3)在公共场合，你的表现是(　　)。

A. 很善于言谈　　B. 不善言谈　　C. 羞于言谈

(4)假如一个依赖性很强的朋友，打电话与你聊天，而你没有时间陪他的时候，你会(　　)。

A. 问他是否有重要的事，如没有，回头再打给他

B. 告诉他你很忙，不能和他聊天

C. 不接电话

(5)因为一次语言失误，在同事间产生了不好的影响，你会(　　)。

A. 一样多说话　　B. 以良好言行尽力寻找机会挽回形象　　C. 害怕说话

(6)有人告诉你某某说过你的坏话，你会(　　)。

A. 处处提防他　　B. 也说他的坏话　　C. 主动与他交谈

(7)在朋友的生日宴会上，你结识了朋友的同学，当你再次看见他时（　　）。

A. 匆匆打个招呼就过去了　　　　B. 一张口就叫出他的名字，并热情地与之交谈

C. 聊几句，并留下新的联系方式

(8)你说话被别人误解后，你会（　　）。

A. 多给予谅解　　B. 忽略这个问题　　C. 不再搭理人

计分标准

(1)选 A，2 分；选 B，1 分；选 C，0 分。

(2)选 A，1 分；选 B，0 分；选 C，2 分。

(3)选 A，2 分；选 B，1 分；选 C，0 分。

(4)选 A，2 分；选 B，1 分；选 C，0 分。

(5)选 A，0 分；选 B，2 分；选 C，1 分。

(6)选 A，1 分；选 B，0 分；选 C，2 分。

(7)选 A，0 分；选 B，2 分；选 C，1 分。

(8)选 A，2 分；选 B，1 分；选 C，0 分。

测试分析

得分为 0～5 分，表明你的语商较低，欠缺语言表达能力和语言沟通能力。如果你的性格太内向，这会阻碍你的语言能力的提高，你应该尽力改变这种状况，跳出自己的小圈子，多与外界人接触，寻找一些与别人进行言语交流的机会，努力培养自己的说话能力。只有这样，你才有希望成为一个受欢迎的人。

得分为 6～11 分，表明你的语商良好，语言表达能力和语言沟通能力一般，如果再加把劲儿，你就可以很自如地与人交流了。提高你的语言能力的法宝是主动出击，这样可以使你在语言交流中赢得主动权，你的语商能力自然会迈上一个新的台阶。

得分为 12～16 分，表明你的语商很高，你清楚怎样表达自己的情感和思想，能够很好地理解和支持别人，不论是同事还是朋友，上级还是下级，你都能和他们保持良好的言谈关系。值得注意的是：千万不要炫耀自己的这种沟通和交流能力，那样，会被人认为你是故意讨好别人，是十分虚伪的表现。尤其是对那种不善于与人沟通的人，更要十分注意，要做到用你的真诚去打动别人，只有这样，才能长久地维持你的好人缘，你的语商才能表现得更高。

2. 请结合自己的实际情况，制订个人的 30 天口才训练计划。

📨 阅读推荐

1. ［美］戴尔·卡耐基：《跟卡耐基学口才》，李会丹编译，北京，印刷工业出版社，2011。

2. 安欣：《跟央视名嘴学口才》，北京，金城出版社，2010。

3. ［美］刘墉：《刘墉超强说话术》，桂林，漓江出版社，2012。

任务 2　职场口才的境界和要求 //////////////////////

💼 经典案例

某公司的市场部正在开会，十多个人围坐一桌，主管来了后说下周公司有个活动比较重要，所以公司决定全体市场部人员本周六要到公司加班。话音刚落，小李就立马说："主管，我周六约好去接一个同学，来不了。"大家都把目光转向了小李，而这时主管的脸色一下就沉下来了，说道："时间很紧，不是非常特殊的情况不允许请假！散会！"此时整个会议室的气氛都很尴尬，小李也感觉很受伤。觉得自己平时工作勤奋认真，的确是有事啊，主管都不给批。

（选自搜狐网：《职场提升案例——学会好好说话》）

案例分析

有一些人，工作积极认真，也能为公司做出一些业绩，但是有时候因为不会说话，往往把原有的好印象给打了折，严重的还断送了前程。这个案例说明小李的情商不够，没有掌握职场沟通的场合要求，去做了那个"出头鸟"的角色。而且让主管对他的印象也因为这件事大打折扣，很难获得重用。

朱自清在他的散文《说话》中曾这样写道："说话并不是一件容易事。天天说话，不见得就会说话；许多人说了一辈子话，没有说好过几句话。"说话就是要把别人放在心上，是一种美德；说话就是要学会好好思考，是一种智慧；说话就是要口齿伶俐、妙语连珠，是一门艺术。职场中，会说话的人一句话就可以成事，不会说话的人一句话却可以败事。办成事的关键就是会说话、说好话。"相由心生"，从一个人的面相可以看出性格；"言由心生"，从一个人说的话中，能听这出个人的处事能力与做人的境界。在职场中，把握口才的4个基本境界和要求如下。

一、 底线要求——和言

职场中口才的第一重境界，也就是底线要求，是以"和气"为前提的"和言"。中国人最讲究"和气"，认为万物由和气而生。用谦和的语气，礼貌的言辞，才能与人为善，积累人气，增强沟通能力。刘师培在《南北文学不同论》说："发喉引声，和言中宫，危言中商，疾言中角，微言中徵、羽。""和言"不仅能拉近人与人的关系，而且还能弥补说话的失误，即便是哪句话说得不是那么得体，也不会有人怪罪，所以"和言"能增强说话的亲和力，从而赢得人们的信任，得到别人的帮助和支持。"人上一百，种种色色"，每个人的性格、志趣、爱好并不完全相同，对同一事情的看法也是"仁者见仁，智者见智"。我们每个人都希望有更多的人认同自己的观点，也竭力想说服他人赞同自己的看法，但有两点要注意：与人相处要友善，说话态度要谦和。对于那些不是原则性的问题，说说就算了，没有必要争个是是非非，即使是原则性的问题，也要允许别人持保留意见，千万不要为了让别人信服就喋喋不休，甚至争得脸红脖子粗，"己所不欲，勿施于人"。要知道，一味地好辩逞强，只会让同事"敬"而远之，这就是不少口齿伶俐者人缘并不好的原因。

好好说话的四个
境界（上）

经典案例

有一家机械工厂，生产某种新产品，经理将部分部件委托给小工厂制造，当小工厂将零件的半成品呈示总厂时，发现全不符合总厂要求，但由于供货日期迫在眉睫，总厂负责人只得令其尽快重新制造。可小工厂的负责人认为他是完全按总厂的规格制造的，不想再重新制造，双方僵持了许久。机械厂领导在问明原委后，便对小工厂的负责人说："这件事完全是由于公司方面设计不周所致，而且还令你吃了亏，实在抱歉。今天幸好是由于你们帮忙，才让我们发现竟然有这样的缺点，只是事到如今，事情总是要完成的，你们不妨将它制造得更完美一点，这样对你我双方都是有好处的。"那位小工厂的负责人听完这些话，就欣然应允。

（选自优文网：《职场口才艺术故事》）

案例分析

在职场中，我们都愿意与和蔼可亲的人共事，愿意接近平易近人的领导。当然，说话有凝聚力、号召力的人毕竟是少数，普通人也难以做到，但是说话谦虚，口气和蔼，则是人人都能做到的，只要能够做到这一点，就会增加语言的魅力，也会通过说话扩大自己的社交圈，拓展人力资源。好好说话是个人事业发展的需要，更是社会和谐发展的需要。影视剧中男主角语气温和的一句话，可能会瞬间化解一切矛盾。工作中请记住：再烦，也别忘记微笑；再急，也要注意语气。

二、 基本要求——慎言

职场中口才的第二重境界，也就是基本要求，是避免祸从口出的"慎言"。职场交流的关键一步就是管好自己的嘴巴。在职场中总是有一种人说话直来直去、嘴上毫无遮拦，想说就说，想什么时候说就什么时候说，一开口就会伤人。职场沟通中最忌讳的就是不假思索、脱口而出，最终吃亏的是自己。我们要把说话当作处世的责任担当，用对自己、对他人以及对社会负责的态度，提高说话的责任感。一个人为什么不能好好说话呢？大半是因为他的大脑处在"自动驾驶"模式中，用自己最熟悉、最不用动脑子的方式回应眼前的人和事。这就是为什么我们对最亲近的家人和同事常常很随意、很不客气的原因。有部电影就叫作《有话好好说》，主题就是劝导人们说话要谨慎，尽管社会关系错综复杂，人和事林林总总，但只要遇事冷静，"有话好好说"就可以避免很多不必要的纠纷和冲突。

不同的说话方式会导致不同的结果。说话草率的人会导致事件急剧恶化。由此可以看出，好好说话在交际中是多么重要。说话要"慎言"，既强调要用心说话，用脑子说话；更强调说话要留有余地，要对自己说过的话负责。当然，"慎言"不是唯唯诺诺、低三下四，不是怕惹事、耍滑头，而是注意说话要知进退、懂礼让，重视话说出后应承担的责任。"慎言"表面看是语言之道，实际上是职场之道、处世之道。好好说话是一种自信，是一种能力，更是让你所向披靡的利器。

■ 经典案例

清代的纪晓岚学识丰富，机智敏捷，能言善辩。一次乾隆皇帝开玩笑地问他："纪爱卿，何为忠孝呢？"纪晓岚说："君叫臣死，臣不得不死，为忠；父叫子亡，子不得不亡，为孝。合起来，就叫忠孝。"纪晓岚刚答完，乾隆皇帝便说："好！朕赐你一死。"纪晓岚当时就愣了：这从哪儿说起？怎么突然赐我一死？但是皇帝金口玉言，说啥算啥。纪晓岚只好谢主隆恩，三拜九叩，然后走了。纪晓岚出去以后，乾隆皇帝想：都说纪晓岚有能耐、能言善辩，我看你今天怎么办？大概有半炷香的工夫，纪晓岚气喘吁吁地跑了进来，"扑通"一声给乾隆皇帝跪下了。乾隆道："大胆，纪晓岚！朕不是赐你一死吗？你为什么又回来了？"纪晓岚说："皇上，臣去死了，臣准备跳河自杀。臣正要跳河，屈原突然从河里出来了，他怒气冲冲地说，想当年他投汨罗江自杀的时候，是因为楚怀王昏庸无道；想当今皇帝皇恩浩荡，贤明豁达，你怎么能死呢？臣一听，就回来了。"这样的回答，让乾隆有口难言：要是让他死吧，就是昏庸无道；要是让他活着呢，又赐他一死了。最后，乾隆不得不自我解嘲地说："好一个纪晓岚，你真是铁齿铜牙、能言善辩哪！"

（选自搜狐网：《大历史，小人物》）

案例分析

纪晓岚的这番话，不仅体现了他丰富的学识，而且还体现了他的智慧和强大的心理素质，既不露声色地赞美了乾隆皇帝，又为自己找到了一个合适的借口。

三、 核心要求——善言

职场中，口才的第三重境界，也就是职场口才的核心要求是说留有余香的"善言"。这里的善言，指说的话不仅能让人乐于接受，而且能使人获益。"口能吐玫瑰，也能吐蒺藜。"人能说出像玫瑰一样使人愉悦的话，也能说出如蒺藜一般伤人的话。"善"字是一个会意字，上面有一个羊字，下面有一个口字。本意就是像羊一样温柔地说话，说吉祥的话。"善言"，不仅要求善于营造愉快、真诚的谈话环境，融洽地与人交流，还要求我们善于说温暖对方的话，鼓舞人，给人以力量。同时能够善于打开心结，

好好说话的四个
境界（下）

消除隔阂，化解误会与矛盾，让人有一种"良言一句三冬暖"的感觉。荀子说："与人善言，暖于布帛。"所以，"善言"是说话功能的升华，是说话人真实而善良的品质的体现。"上善若水"，职场中口出善言是我们应该珍视的一种美德。建设和谐社会尤其需要人们口出善言，做报喜的"喜鹊"。蔡康永在他的《说话之道》中说道："好好说话就是要把别人放在心上。"仔细一想，智慧非凡！比如，说"谢谢"的时候可以加上"你"或"您"，或者加上对方的名字。"谢谢"和"谢谢你"的差别在哪儿呢？"谢谢"是泛指，而"谢谢你"是特指，听起来更走心。再比如，请别人帮忙的时候，在句子末尾加上"好吗""行吗"，就变成了商量的语气，对方会觉得受到了尊重。说话时还要多用"我们""咱们"，这样可以迅速拉近彼此的关系。比如，你要约刚刚认识的客户见面，很多人会问"明天在哪儿见面？"，但是如果你把这句话换成"明天咱们在哪儿见面啊？"，虽然只是一个细节的改动，但是会显得更加亲切。文字还具有一种神奇的魔力，就是语序的变动会改变语言的含义，会让语言的感情色彩发生改变。善言，可以给身处困境的人自信和力量。善言暖心，面对身处困境中的人，我们不妨多说一些美丽的善言，使人奋发自强。

💼 经典案例

善言是一种美德

　　生活中，我们常为如何融洽地与人交流而煞费苦心。其实，想营造愉快、真诚的谈话环境，是有基本的规律可循的，其中很重要的一点就是口出善言。

　　善言，可以给身处困境的人自信和力量。善言暖心，面对身处困境中的人，我们不妨多说一些美丽的善言，使人奋发自强。一次语文课，一位个子矮、有些腿脚有些不方便的学生在黑板上默写生字。他刚刚能够到黑板，写字要斜着身子，字迹歪歪斜斜的，很难看。然而老师点评时却说："这些字，好像从地里拱出来的小嫩芽。虽然杂乱了一些，但是，说不定就是这些嫩芽，将来会开出世界上最美的花朵呢！"就是这一句话，改变了这个自卑的孩子的命运。在以后的人生道路上，他变得开朗自信起来。经过多年的打拼，成为一个小有名气的企业家。当年正是老师用一个生动形象的比喻句给了他信心与力量，帮助他走出了自卑的困境，使他走向了成功。由此可见善言的魅力。

　　善言，可以让困惑迷失的人找到前进的方向。马来西亚著名华语歌手曹格，在一次醉酒打人事件被曝光之后，人气骤然下降，陷入了前所未有的人生迷茫之中。无助的他打电话给刘德华。刘德华说："你今年30岁，这么早发生这事对你是好事，是上天给你改过的机会，你要好好改过，否则只有两个字——收工。"刘德华的话，让曹格如梦初醒。他痛定思痛，重塑形象，终于又获得了成功。刘德华的话让迷茫的曹格重新燃起了希望，找到了人生的方向。

生活中，每个人都有困惑迷失的时候，一句善言，犹如一盏指路明灯，它能使人在黑暗中看到光明，从而走出人生的阴霾。

善言，可以化解矛盾、促进事业的成功。美国南北战争中，平民出身的格兰特将军与韦策尔将军脾气不合，作战中不能有效地沟通。韦策尔强烈要求林肯总统撤掉格兰特的军职，理由是格兰特喝酒太多。林肯找到格兰特，对他说："格兰特将军，我真的为你感到欣慰，你的部下和同事都在夸你总是打胜仗，韦策尔将军还很欣赏你酒后不慌乱的风度，要是战争结束了我一定请你喝酒。"听到这些话后，格兰特主动与韦策尔将军打配合战，为结束南北战争立下了赫赫战功，并与韦策尔将军建立了深厚的友谊。林肯总统的善言，成为两人和好的桥梁，使两人并肩作战，最终取得了南北战争的胜利。试想，如果林肯总统真的撤掉了格兰特，不仅会使两人结怨，甚至还可能影响南北战争的进程。因此，我们要学做报喜的"喜鹊"，这有益于人际关系的和谐、事业的发展。

(选自淘豆网：《善言是一种美德》)

案例分析

善言能体现一个人真实而善良的内心，而他人也可能因一句善言而从此发生改变。如果我们都能在生活中时时口出善言，那我们就拥有了一份美德。

四、 最高要求——美言

职场中，口才的最高境界，也就是最高要求是说充满智慧的"美言"。漂亮话需要智慧的锤炼。美言表面上的要求是好好说话，其实深层次的要求是好好思考。说话能力其实分为知识积累、思维能力和口头表达能力三个层次。知识积累和思维能力属内在的素质修养，主要包括知识结构、思想观念、思辨能力、想象能力、联想能力、道德修养、心理素质等，这些最后都要借助口头的表达能力，才能得以外化。

说话能力的提高，需要从内在修养入手，二者相辅相成，互为补充。

经典案例

明朝开国皇帝朱元璋，少年时当过放牛郎，交了一些穷朋友。称帝后，有两个从前的穷朋友来见他。因两人的话说得不一样，两人的命运也各不一样。第一个人被引进宫内，他一坐下便指手画脚地说："我主万岁！皇上还记得吗？从前你和我都替财主放牛。有一天我在芦花荡里，把偷来的青豆放在瓦罐里煮。没等煮熟，大家都抢着吃。你把罐子都打烂了，撒了满地的青豆，汤都泼在地上了。你只顾从地上抓豆吃，不小心把草叶送进嘴里，卡住了喉咙。还是我的主意，叫你把青菜叶吞下，才把卡在喉头的草叶咽进肚里去。"朱元璋听了他的述说，在百官面前哭笑不得，为了保住体面，他把脸一沉厉声喝道："哪儿来的疯子，替我乱棍打出去！"

这个抱头窜出的倒霉蛋，去向朱元璋的另一位旧友——昔日同路的放牛娃说了这件事。那个人抿嘴一笑，说："你看我去，保得富贵。"于是他大摇大摆走进宫来，一见朱元璋，纳头便拜，然后叙起旧来："皇上还记得吗？当年微臣随着您大驾骑着青牛去扫荡庐州府，打破了罐州城，汤元帅在逃，您却捉住了豆将军，红孩儿挡在了咽喉之地，多亏菜将军击退了他。那次战斗我们大获全胜。"朱元璋对旧友吹嘘的那场战争心知肚明，但他却把丑事说得含蓄动听，使其面上有光。又想起当年大家饥寒交迫、有难同当时的情景，心情激动，立即封这位旧友为御林军总管。

（选自个人图书馆网：《10 个小故事，读懂古人的说话之道》）

案例分析

对于同一件事，一个人是直截了当地说，结果被乱棍赶出；另一个人是委婉曲折地说，结果做了大官。话说的方式不一样，取得的效果也会有天壤之别。墨子曾对他的学生表示：话说多了有什么好处呢？比如，池塘里的青蛙天天叫，弄得口干舌燥的，却从来没有人注意它。但是雄鸡只在天亮时叫两三声，大家听到鸡鸣就知道天要亮了，于是都注意到了它。同样，在生活中，精辟的见解往往受人欢迎，泛泛空谈则容易招人生厌。实践证明，正确把握好说话的分寸，能够给自己增添魅力、赢得更多走向成功的机会。

思考与训练

1. 职场口才的四个基本境界和要求是什么？

2. 用"美言"沟通，需要提升个人的哪些能力和修养?

阅读推荐

1. [美]刘墉:《刘墉超强说话术 偷偷说到心深处》，桂林，漓江出版社，2012。

2. [美]戴尔·卡耐基:《跟卡耐基学口才》，李会丹译，北京，印刷工业出版社，2011。

3. 马薇薇、黄执中、周玄毅等:《好好说话:新鲜有趣的话术精进技巧》，北京，中信出版社，2017。

4. 刘颖:《情商高就是说话让人舒服》，北京，研究出版社，2016。

5. 邓占永:《口才好的人到哪都有好发展》，沈阳，万卷出版社，2015。

项目任务书

职场口才基础知识项目任务书

课程名称	职场口才	学习项目	职场口才基础知识	项目任务	自我剖析、突破外壳
学生班级		组别序号		组长姓名	
小组成员					

自我剖析

语言表达能力是一个人思想、智慧、性格、气质、能力等综合素质的集中反映，是职场人必备的基本素质之一。同学们，在即将开始的职场口才的训练中，你的语言表达能力如何呢?请按照自己的情况回答下列问题，并在小组内剖析(每人1分钟)自己在语言表达方面存在的主要问题和原因。

1. 你善于表达自己的观点。(　　　)
A. 非常符合　B. 比较符合　C. 难以回答　D. 不太符合　E. 很不符合
2. 你的阅读能力和理解能力都较强。(　　　)
A. 非常符合　B. 比较符合　C. 难以回答　D. 不太符合　E. 很不符合
3. 你能一口气说很多成语。(　　　)
A. 非常符合　B. 比较符合　C. 难以回答　D. 不太符合　E. 很不符合
4. 你的语文成绩一直很好。(　　　)
A. 非常符合　B. 比较符合　C. 难以回答　D. 不太符合　E. 很不符合
5. 你有较强的文学创作能力。(　　　)
A. 非常符合　B. 比较符合　C. 难以回答　D. 不太符合　E. 很不符合
6. 你总能用流畅的语言表达一件事。(　　　)
A. 非常符合　B. 比较符合　C. 难以回答　D. 不太符合　E. 很不符合
7. 你的语言表达逻辑性总是很强。(　　　)
A. 非常符合　B. 比较符合　C. 难以回答　D. 不太符合　E. 很不符合

8. 你总是能够用很恰当的语言来描述事物。（　　　）

A. 非常符合　B. 比较符合　C. 难以回答　D. 不太符合　E. 很不符合

9. 在公众场合，你总是能够很自信地发表自己的观点。（　　　）

A. 非常符合　B. 比较符合　C. 难以回答　D. 不太符合　E. 很不符合

10. 和很多人一起交谈时，你总是能够成为话题的引领者和尴尬场面的化解者。（　　　）

A. 非常符合　B. 比较符合　C. 难以回答　D. 不太符合　E. 很不符合

学习目标

一、专业能力

1. 正确认识职场口才的重要性和职场口才基本要求。

2. 正确运用职场口才训练的原则和方法，提升自己的职场沟通能力。

二、社会能力

1. 树立服务意识、效率意识、规范意识。

2. 形成较好的人际沟通语言能力。

3. 强化人际沟通能力、客户关系维护能力。

4. 培养维护组织目标实现的大局意识和团队能力。

5. 树立爱岗敬业的职业道德和严谨、务实、勤快的工作作风。

6. 强化自我管理能力、自我修正的能力。

三、方法能力

1. 利用信息化平台进行自主学习的能力。

2. 制订工作计划、独立决策和实施的能力。

3. 准确的自我评价能力和接受他人评价的能力。

4. 学以致用的能力。

学习引导

一、学习建议

职场中，口才能够展示个人的智慧和才华；能缩短人们心灵间的距离，促进彼此间的交流；能够提高办事效率，拓展自己的发展空间；要想纵横于职场，并能够在职场中始终立于不败之地，就要掌握职场口才的内涵、重要性、职场口才训练的基本原则和方法，这样才能拥有良好的职场口才。要掌握职场口才基础知识，建议采取如下学习方法。

1. 登录"智慧树慕课"，选定"有话好好说——职场新人口才攻略"课程中的"好好说话是一门艺术"的微课，观看"好好说话有多重要""好好说话的四个境界"微课教学视频，并完成相应的进阶训练，在微课学习中如有疑问可在线提问，与教师互动交流。（线上学习）

2. 认真学习课程知识，进一步掌握职场口才基础知识，完成"难点化解"题目。（线下学习）

3. 完成语言表达能力测试，根据自己的测试结果，在小组内对自己当前的语言表达能力进行自我剖析。同时，注意观察其他同学的剖析情况，并将所见所闻记录在本任务书的"课堂记录"一栏。（线下学习）

续表

4. 课后完成拓展任务、加强训练，在小组内将自己的训练过程拍摄微视频（或拍摄照片）上传到课程平台，并与其他学习小组进行互动评价。（线下学习与线上学习相结合）

5. 在本任务书的"学习小结"一栏做好小组的学习小结。

二、难点化解

1. 单选：口才不仅是一个人（　　）的表现，更是一个人思想、智慧、性格、气质等综合素质的集中反映。

A. 学历高低　B. 学识高低　C. 职位高低　D. 地位高低

2. 单选：说话能力的提高，需要从（　　）入手，内外兼修，互为补充。

A. 性格气质　B. 智慧　C. 内在修养　D. 心理素质

3. 判断：说话有规则、有方法、有技巧，还要讲策略、讲心机、讲变通，只有不断学习和训练，才能拥有让人羡慕的说话之道。（　　）

4. 判断：好好说话的关键一步，就是管好自己的嘴巴。说话最忌讳的就是不假思索、脱口而出。（　　）

5. 判断："慎言"就是说话要唯唯诺诺、低三下四，要注意说话要知进退、懂礼让，重视说话后的责任。（　　）

6. 判断：职场口才是在拜访会晤、沟通交谈、面试、会议主持、谈判、商务宴会等职场交际活动中所具有的口语交际才能。它是一个人的道德修养、文化积累、知识结构、思维方式、价值判断、心理素质、语言艺术和仪态仪表等综合素质在职场中的集中反映。（　　）

7. 判断：职场口才应达到最基本的要求包括声音洪亮、吐字清晰、普通话规范、表情自然、感情饱满、内容充实、智慧幽默、状态自信、举止优雅和仪表得体。（　　）

8. 判断：听是人们认识声音的唯一渠道，是学好语言的前提和基础，是提高听辨能力的好方法。（　　）

9. 判断：多读好书，培养好的阅读习惯，从书中汲取语言表达的方式、方法和技巧，知识会增加语言的素材，增加一个人的气质涵养。（　　）

10. 判断：不同的说话方式会导致不同的结果。说话草率的人会使事件急剧恶化。（　　）

11. 判断："善言"，不仅要求善于营造愉快、真诚的谈话环境，融洽地与人交流，还要求我们善于说温暖对方的话，给别人鼓舞和力量。（　　）

12. 多选：优秀的说话能力是可以锻炼出来的，通过最基本的训练，可以做到（　　）。

A. 声音洪亮　B. 语音规范　C. 语速适中　D. 逻辑清晰

13. 多选：说话能力分为（　　）等多个层次。

A. 知识积累　B. 思维能力　C. 口头表达能力

14. 多选：职场中口才的底线要求，是以"和气"为前提的"和言"，中国人最讲究"和气"，认为万物由和气而生。用（　　）才能与人为善，积累人气，增强沟通能力。

A. 谦和的语气　B. 礼貌的言辞　C. 友善的态度

15. 多选：好好说话是一门艺术，就是要（　　）。

A. 把别人放在心上　B. 学会好好思考　C. 口齿伶俐　D. 思维敏捷、逻辑清晰

课堂记录
请认真观察小组其他成员的剖析展示活动，并记录你看到的他们存在的优点和问题。
学习小结
请简要记录你们小组对本项目任务学习的总结。
拓展训练
课后请各小组同学下载"畅言普通话"软件，并完成读单字、读双音节词语、朗读、根据话题说话等普通话水平测试，平台将自动打分，评判你的语言表达能力水平。小组课后要进行普通话水平模拟测试，并将小组成员的测试成绩截图上传至课程平台。

PROJECT 2

项目二
非你莫属——
面试口才训练

任务 1　面试概述 //

> 💬 **任务目录**
>
> 1. 了解面试的内涵、作用及种类。
> 2. 了解面试的标准程序。
> 3. 掌握面试的准备工作和注意事项。

📋 经典案例

"职场如战场"，通过求职面试推销自己、打动考官，从而赢得就业机会是求职者成功的必经之路。当前，面试日趋多元化和程序化，对求职者的考查也越来越全面和严格。尤其是一些知名企业的面试，更是让求职者如临大敌。

小王即将本科毕业，专业是学前教育的她希望能到某知名连锁幼儿园工作，她感觉毕竟是知名企业，可能会正规一点，而且待遇也更有保证。在网上投递简历之后不久，小王便接到了幼儿园的面试通知。经过一番精心准备，小王兴冲冲地去面试了。

面试开始后，考官说："请谈一下你对我们幼教集团的了解。"

小王是第一次面试，没想到会遇到这样的问题，本来是准备了自己在学校的一些成绩和技能来应对的，对于这样的问题一点准备也没有，只能硬着头皮回答："我知道咱们幼教集团是国内比较大的连锁幼儿园。"面试结束后，小王没有进入复试。

（原创案例）

案例分析

现在，求职的方式越来越多，但是有很多大学生在毕业后盲目地投入求职的浪潮中，既不了解相关的求职技巧，也不熟悉招聘流程，凭着一腔热血四处碰壁。现代企业的面试流程十分完善，大学生毕业之后应该对相关的面试流程和技巧进行了解，"机会是留给有准备的人的"，只有做好了充分的前期准备，才能在面试中把握住难得的机会，为自己的求职之路开个好头。

一、 面试的内涵

面试是在特定场景下，经过组织者精心设计，通过考官与求职者面对面地观察、交谈等双向沟通方式，全面考查求职者的知识、能力、经验等综合素质的一种人事测评

面试口才概述（上）

手段。面试，问的是问题，听的是底气，看的是神态举止，析的是心理，判的是综合素质。通过面试，用人单位可以重点了解求职者的语言表达能力、思维能力、处事能力、仪容仪表，以及对一些问题的看法和其他不能通过笔试反映出来的综合素质，以弥补笔试的不足，有利于全面、公正地考查求职者。

经典案例

有一位专科毕业生，在求职过程中多次碰壁，多次被很一般的招工单位拒绝。他很沮丧，可父亲却对他说："勇敢些，到更好一些的招工单位试一试。"市政府正在招考公务员，有 20 多人应试，都是本科生，有的还是名牌学校的本科生，他也应试了。

结果只录取了他这个专科生，理由是：他是唯一在报刊上发表过十几篇文章的人，他是唯一把倒在桌面上的笔筒扶起来的人。

（选自人人文库：《职场应聘故事》）

案例分析

文凭代表了实力和素质，但实力和素质不只靠文凭体现。发挥自己的优势，敢拼、善拼才会赢。这位大学生在面试时就成功地展示了自己的实力和素质。

二、 面试的作用

（一）了解求职动机

面试能够帮助用人单位了解求职者为什么来本单位工作，对哪类工作最感兴趣，职业规划如何，并初步判断本单位所提供的职位或工作条件等能否满足求职者对该工作的期望。

◉ 课堂训练

1. 你为什么选择来我们公司工作？你对我们公司有哪些了解？你为什么应聘这个职位？

2. 你为什么决定调换工作？你认为原单位有什么不足？你认为什么样的工作比较适合你？

3. 你最喜欢的工作是什么？为什么？你在选择工作时都考虑哪些因素？如何看待待遇和工作条件？

（二）考查专业知识

面试能够帮助用人单位了解求职者掌握专业知识的情况，其专业知识是否符合录用职位的要求。面试对专业知识的考查更灵活，提出的问题更接近岗位对专业知识的需求。这类面试题主要是为了解求职者现在专业知识和技能的掌握程度，重要考查的是潜力。

◉ 课堂训练

计算机类专业面试题

1. 请分别画出 OSI 的七层网络结构图和 TCP/IP 的五层结构图。

2. 请详细解释一下 IP 协议的定义，说一说在哪个层上面，主要有什么作用。TCP 与 UDP 呢？

3. 交换机和路由器的实现原理分别是什么？分别是在哪个层次上面实现的？

学前教育专业面试题

1. 请谈一谈幼儿素质教育的重要性。

2. 幼儿教师语言领域活动设计要实现哪些教育目标？

3. 幼儿教师要遵守的职业道德有哪些？

（三）考查实践经验

考查求职者的实践经验可根据其个人简历或求职登记表，进行相关的提问。询问求职者有关背景及过去工作情况，以补充、证实其所具有的实践经验，通过对工作经历与实践经验的了解，还可以考查求职者的责任感、主动性、口头表达能力及遇事的理智状况等。

👁 课堂训练

1. 请你谈一下和本工作有关的工作经验。

2. 你如何看自己缺少工作经验的问题？

3. 你大学刚毕业，在相关工作经验方面较为欠缺，对这一点你怎么看？

4. 你现在或最近所做的工作，其职责是什么？它有些什么具体的事务？你担任什么职务？

（四）考查语言表达能力

考查求职者的语言表达能力是看其能否将自己的思想、观点、意见或建议顺畅地用语言表达出来。具体内容包括表达的逻辑性、准确性、感染力、音质、音色、音量、语调等。

（五）考查综合分析能力

考查求职者是否能通过分析主考官所提出的问题抓住其本质，并且能否做到说理透彻、分析全面、条理清晰。

👁 课堂训练

1. 请你举一个具体的例子，说明一下你是如何设定一个目标然后达到它的。

2. 请举例说明你在一项团队活动中是如何采取主动性，并且起到领导者的作用，最终得到你所希望的结果的。

3. 请你描述一种情形，在这种情形中你需要去寻找相关的信息，从中发现关键的问题并自己决定依照一些步骤来获得期望的结果。

（六）考查反应能力与应变能力

考查求职者的反应能力与应变能力时，主要看求职者对考官所提出的问题理解得是否准确，及其回答的迅速性、准确性等。还要看其对于突发问题的反应是否机智敏捷、回答是否恰当，对于意外事件的处理是否妥当等。

经典案例

最考验智商的面试

一些国际大型跨国公司的面试虽然考查的侧重点不尽相同，但都是以考查智商而出名。下面一起感受一下他们的经典面试题目。

1. 在房间里有 3 盏灯，房间外面有 3 个开关，在外面看不到房内的情况，你只能进去一次，你用什么方法来区分哪个开关控制哪一盏灯？

2. 有两根分布不均匀的香，每根香烧完的时间正好 1 小时，你能用什么方法来确定一段 15 分钟的时间？

（选自海门人才招聘网：《名企面试之：IBM》）

案例分析

国际大型跨国公司向来以高素质人才作为企业的核心竞争力，而他们的面试也以"最考验智商"著称，通过这样一个途径来考查求职者解决问题的思路，从而来判断求职者的性格类型是思维缜密的还是聪明伶俐的，当然还要顺便看一看求职者的智商。例如，可能很多人看完第一道题之后能想到的就是开关和灯的亮与灭，思维受到了束缚，如果你不另辟蹊径的话，是不会找到答案的，这就是考查了思维的延展能力和想象能力；看完第二道题之后，很少有人会想到把香从两头烧，这考查了思维的全面性。

（七）考查仪表风度

仪表风度指求职者的体形、外貌、气色、衣着举止、精神状态等。国家公务员、教师、公关人员、企业经理人员等职位，对仪表风度的要求较高。研究表明：仪表端庄、衣着整洁、举止文明的人一般做事有规律，注意自我约束，责任心强。

（八）考查人际交往能力

在面试中，通过询问求职者经常参与哪些社团活动，喜欢与哪种类型的人打交道，在各种社交场合所扮演的角色，可以了解求职者的人际交往倾向和与人相处的技巧。

课堂训练

1. 你担任过哪些社团工作？

2. 你喜欢和什么样的人交朋友？

3. 你和同事相处得怎么样？

4. 你经常与陌生人交谈吗？

（九）考查自我控制能力与情绪稳定性

自我控制能力对于许多类型的工作人员，如国家公务员、企业管理人员等尤为重要。一方面，在遇到上级批评指责、工作有压力或是个人利益受到冲击时，能够克制、容忍、理智地对待，不致因情绪波动而影响工作；另一方面，工作要有耐心和韧劲。

课堂训练

1. 你听见有人在背后议论你或说风凉话时，你会怎么处理？

2. 领导和同事批评你时，你会如何对待？

3. 领导在部门会议上当众错误地批评了你，你会如何处理？

（十）考查工作态度

考查工作态度，一是了解求职者对过去学习、工作的态度；二是了解其对现应聘职位的态度。在过去学习或工作中态度不认真，做好做坏都无所谓的人，在新的工作岗位上也很难做到勤勤恳恳、认真负责。上进心、进取心强的人，一般在事业上有明确的奋斗目标，并为之而积极努力，会努力把现有工作做好，且不安于现状，工作中常有创新。上进心不强的人，一般都是安于现状，无所事事，不求有功，但求无过，对什么事都不热心。

课堂训练

1. 你认为公司管得松一些好，还是紧一些好？

2. 在工作中看见别人违反规定和制度，你怎么办？

项目二　非你莫属——面试口才训练 ////////////// *43*

三、 面试的种类

面试是一种灵活的测评方法，面试的形式和内容很灵活。用人单位可以根据职位的特点和求职者的特点，灵活地选用不同的方式。

（一）根据面试者的数量

1. 集体面试

集体面试也叫小组面试，是多名求职者同时面对考官的面试。这种方法主要考查求职者的人际沟通能力、洞察与把握环境的能力和领导能力等。目前，国际上的大公司大都采用集体面试的形式。

集体面试最常用的方法是无领导小组讨论。用人单位将求职者组织在一起，求职者被划分成多个小组，每组4～8人不等，然后对某个选题进行自由讨论。考官一般坐在离求职者有一定距离的地方，不参加提问或讨论，通过观察、倾听，为求职者进行评分，从中观察求职者的综合素质，进而决定是否聘用。讨论题目一般取自拟任岗位的职务需要，或是现实生活中的热点问题，具有很强的岗位特殊性、情景逼真性、典型性及可操作性。

2. 单独面试

单独面试是只有一位求职者的面试，现实中的面试大都属于这种形式。单独面试一般分为两种类型：一种类型是只有一位考官负责整个面试过程，这种面试方式大多在较小的单位、录用职位较低的人员时采用；另一种类型是多位考官面试一位求职者，这种形式在大型企业、外企的招聘面试中被广泛采用。

在单独面试中，考官处于积极主动的位置，求职者一般是被动应答。考官提出问题，求职者根据考官的提问作答，展示自己的知识、能力和经验。

（二）根据面试的方式

1. 非结构化面试

非结构化面试，又叫随意性面试，是对与面试有关的因素不做任何限定的面试。非结构化面试没有既定的模式、框架和程序，主考官可以"随意"向求职者提出问题，对求职者来说是无固定答题标准的面试形式。主考官提问的内容和顺序都取决于其本身的兴趣和现场求职者的回答。这种方法给谈话双方充分的自由，主考官可以针对求职者的特点进行提问。非结构化面试经常采用案例分析、脑筋急转弯、情景模拟等方式。

⊙ 课堂训练

1. 中国有多少加油站？

2. 每小时有多少黄河河水流入大海？

3. 一个冰场里的冰有多重？

4. 往南走 1 千米，然后往东走 1 千米，再往北走 1 千米，你能回到原来的出发点吗？

5. 钟表的指针在一天中重叠多少次？

对于这些问题，主考官并不想得到"正确"的答案，而是想看看求职者是否能找到最好的解题办法，是否能以创造性的思维思考问题，考查的是求职者的逻辑能力和创新能力。

2. 结构化面试

结构化面试，又称标准化面试，是指依据预先确定的程序和题目进行的，过程结构严密、层次分明、评价维度确定的面试。在面试中考官根据事先拟好的谈话提纲逐项向求职者提问，求职者针对问题进行回答。目前，正规的面试一般都为结构化面试。

（三）根据面试的侧重点

1. 行为面试

行为面试是一种能有效排除个人的主观因素，以行为为依据、以目标为导向的有效地选择人才的方式。行为面试通过求职者的行为判断其品行、思想，准确率较一般的面试方式要高。通过行为面试，能了解到求职者的品行是否与岗位要求吻合，深入探索求职者的动机和兴趣点。行为面试中，考官使用的方法是询问求职者对实际工作中遇到的问题如何解决。跨国企业的第一次面试通常采用这种面试类型。行为面试往往有 2～3 位考官，会占用 30 分钟到 90 分钟的时间，一般以自我介绍开始，然后就开始对求职者的各种素质进行考查，一般是需要求职者用例子来论证需要考查的素质。同时，在讲述这个例子的时候或者结束之后，考官会对细节进行追问，为的是更好地评估这个例子能够在多大程度上反映相关素质。行为面试通常考查 4 种能力：领导能力、创新能力、团队合作能力、解决问题能力。

◉ 课堂训练

领导能力：考官希望求职者举例说明自己的领导能力。例如："请举一个你领导一个团队完成了一个项目并获得了成功的例子。"

创新能力："请举例说明你的一个创意对于一件事情的成功起了决定作用。"

团队合作能力："请举例说明你通过在团队中协同合作最后完成的一个项目。"

解决问题能力："请举例说明你是如何解决一个棘手的问题的。"——进入公司后每个人都是需要解决问题，因此这个能力绝对是重点考查的。

2. 情景面试

情景面试，又叫情景模拟面试，是通过给求职者创设一种假定的情境，考查求职者在情境中如何考虑问题、做出何种行为反应的面试。情景面试可在动态表演中展示个人的素质和职业特长，是面试形式发展的新趋势。在这种面试形式下，面试的具体方法灵活多样，面试的模拟性、逼真性强，求职者的才华能得到更充分、更全面的展现，考官对求职者的素质也能做出更全面、更深入、更准确的评价。情景面试突破了常规面试中考官和求职者之间一问一答的模式，引入了各种各样的情景模拟方法，如无领导小组讨论、公文处理、角色扮演、演讲、答辩、案例分析等。

🔗 相关链接

测试题目：如果你是电台广播行业的从业人员，你最想担任以下哪项职务？

A. 主持人

B. 音控人员

C. 企划制作人员

D. 特别来宾或受访人员

测试分析

选 A 的人，你也许没有想在工作上登峰造极，或许还自认为是清心寡欲之辈，老板如果想要让你在公司奋发工作，就要给你全力发挥的空间。你的决定不容别人染指，最聪明的方法，就是尊重你，而不是正面挑战你，并不时给予激发你荣誉心的赞美，摸顺了你的脾气，你就会是公司的"超级动力火车"了。

选 B 的人，乍看之下，你也许不太起眼，是平庸之辈，但其实你期待能攀上最高点，飞上枝头当凤凰，你所做的一切，也是为了这个目标。如果你觉得所做的工作能得到老板的肯定，那你会愿意加倍努力，但要是让你发现升官加薪无望，或是公司没前途，你可能也会二话不说，马上就调头走人，往其他轨道飞驰去，留都留不住。

选 C 的人，你期望老板能给予你充分的信任，使你做起事来不会束手束脚，更不用瞻前顾后，套句广告词，就是"没有后顾之忧"，那你这辆"动力火车"，就会任劳任怨来地"上路"，不用老板操心。你的圆融性绝对足够，但是你不能忍受没有品位的人来指挥你，那对你来说等同世界末日，所以有智慧的老板就应信任你，信任你办事的能力和创意。

选 D 的人，你不属于冲刺型健将，真正会赏识你的老板，就是不用给你过高的职衔，但是却给你一把至高无上的尚方宝剑，使你不用在太多的限制下，就能在最恰当的时间出手，改善公司的不良状况。你甚至不用亲自出马，只要告知相关人士去执行就可以了，所以，当老板的智囊最适合你了。

（选自豆丁网：《测试：你的职业之路》）

（四）面试媒介

1. 电话面试

电话面试是用人单位通过电话沟通的方式，初步了解求职者的能力和业绩，排除明显不符合岗位要求的求职者的面试方式。一般的面试是指对求职者进行当面考查的测试。随着信息技术的发展和手机的普及，通过语音、视频通话的形式也可基本达到"面对面"沟通、考查的效果，因此本书也称此种形式为"电话面试"，与后文的"网络面试"有所不同，主要用于简历初筛阶段。电话面试最好约好通话时间，避免与其他事情冲突。面试时要找一个安静的环境，确保手机信号畅通，声音清晰，电量充足。

👁 课堂训练

电话面试流程

1. 您好，请问是先生/小姐吗？

2. 您好，这里是××公司人力资源部，我姓王，您之前给我们公司投过简历，想花几分钟时间与您沟通一下，您看您现在方便吗？

3. 请问您现在是在职还是已经离职了？

4. 您上家公司的规模大概有多大？是做什么产品的？业内地位如何？

5. 您所学的专业是什么？

6. 您在学校的成绩怎么样？

7. 那您现在换工作的话，您想找一份什么样的工作呢？

8. 能说一下您对我们这个岗位的理解吗？您现在的工作模式是什么？

9. 您对要选择的公司有什么标准吗？

10. 您目前的薪酬大概是什么水平？底薪多少？

11. 您期望的薪酬是多少？

12. 您之前了解过我们公司吗？

13. 如果邀请您来公司面试，何时比较方便？

14. 您还有想要咨询的问题吗？

2. 电视面试

电视面试是指求职者借助电视媒介，通过现场自我介绍、能力展示以及回答现场嘉宾提问等方式考查求职者综合素质的面试方式。求职者参加电视求职要经过严格的选拔和培训。

2010年，电视求职类节目高调亮相我国电视荧屏，含蓄的中国人开始走上电视找工作。中央电视台教育频道的《职来职往》、天津卫视的《非你莫属》、东南卫视的《步步为赢》、北京卫视的《就等你来》、广东卫视的《天生我才》、深圳卫视的《你好！面试官》、山东卫视的《求职高手》等电视求职节目以其新颖的方式吸引了受众的关注，收视率节节攀升。

3. 网络面试

网络面试是指用人单位与求职者足不出户，利用互联网，使用视频摄像头和耳麦，通过语音、视频、文字等方式进行即时沟通交流的面试行为。当前，网络面试已经成为招聘的"新宠"。以面试网招聘频道为例，其将在线视频面试作为核心，并推出"个人认证＋文字简历＋视频面试＋专业技能测试＋视频录像"五位一体的招聘模式。

四、 面试的标准程序

求职者要了解面试的标准程序，这样会更加深入地了解面试的原理，从而更好地应对面试。

（一）结构化面试标准程序

1. 预备阶段

首先，对求职者讲解本次面试的整体计划安排、注意事项、考场纪律。

然后，以抽签的方式确定求职者的面试顺序，并依次登记考号、姓名。

最后，面试开始时，由监考人员依次带领求职者进入考场，并通知下一名求职者做准备。

2. 引入阶段

首先，由主考官宣读面试指导语，让求职者稳定一下情绪。

然后，围绕其履历提出问题，目的是给求职者一次真正发言的机会。例如，"能用3分钟做一个自我介绍吗？""你在简历表中提到了喜欢看书，可否介绍一本你欣赏的书？"

3. 核心阶段

核心阶段主要是从广泛的话题了解求职者的心理素质、行为特征和能力素质，问题可以是业务知识、岗位知识、社会问题等。各位考官独立地在评分表上按不同的要素给求职者打分。给每位求职者提出的问题一般以6～7个为宜，每个求职者的面试时间通常控制在30分钟左右。

4. 结束阶段

首先，主考官允许求职者问1～2个问题，并做解释。

然后，主考官宣布求职者退席，收集每位考官手中的面试评分表并交给记分员，记分员在监督员的监督下统计面试成绩，并填入成绩汇总表。

最后，记分员、监督员、主考官依次在面试成绩汇总表上签字，面试结束。

经典案例

公务员结构化面试

面试指导语：你好，首先祝贺你顺利通过了笔试，欢迎参加今天的面试。我们会问你一些问题，有些和你过去的经历有关，有些要求你发表自己的见解。对我们的问题，希望你能认真和实事求是地回答，尽量反映自己的实际情况、真实想法。面谈的时间为5分钟左右，回答每个问题前，你可以先考虑一下，不必紧张。好，现在我们开始。

1. 请你简单介绍一下自己的基本情况和主要经历。

2. 习近平总书记指出："哲学社会科学创新可大可小，揭示一条规律是创新，提出一种学说是创新，阐明一个道理是创新，创造一种解决问题的办法也是创新。"①请谈谈你的理解。

追问：如果成功应聘这一工作岗位，你将会有哪些创新的工作方法？

3. 单位下午要召开重要会议，领导让你负责组织并印刷会议材料，但是中午你接到印刷厂电话，说机器昨晚出现故障，资料未印刷完。此时，你会怎么办？

4. "咬定青山不放松，立根原在破岩中。千磨万击还坚韧，任尔东西南北风。"请结合实际，谈谈你对这首诗的理解。

5. 请你对自己今天的面试情况做一个评价。

很高兴你对我们的问题一一做了回答，结构化面试就到这里，请开始第二个环节，10分钟试讲！

（选自华图教育公务员考试网：《公务员结构化面试》）

案例分析

结构化面试问题具有设计性，能从多方面考查求职者的能力，求职者在回答每一个问题前都应审慎地思考。

---

① 习近平：《在哲学社会科学工作座谈会上的讲话（2016年5月17日）》，载《光明日报》，2016-09-15。

结构化面试注意事项

结构化小组面试主要包括备考环节和面试环节，备考时间一般为 15 分钟，充分利用好备考时间，能够有效助力大家面试。备考室中会放置考生须知、题本、稿纸、笔，便于考生提前熟悉考试规则、书写答题要点；可能会有多个小组在一起备考，且前往面试室的时间不同；有监考老师在备考室协调安排。只有了解备考室中场出现的问题及有效应对的方法，才能真正充分有效地利用备考时间，做好面试准备。

1. 充分调适，释放压力

进入备考室，深呼吸，消除一部分紧张情绪，使得自己能够集中精力听清备考安排；快速思考备考环节需要完成的事情，如熟悉考试规则、认真审题、书写提纲等。

2. 熟知规则，抓特殊点

面试规则一般在备考室知晓，如果规则采用读的形式，读规则的时间不计入备考时间；如果监考老师不读规则，自己阅读的时间可能会计入备考时间；听或阅读规则时，需要注意备考时间、备考要求、答题时间、点评回应时间、面试环节注意事项等；应充分阅读，不要为了节省时间而粗略阅读，避免遗漏重要信息。

3. 充分备考，深入理解

利用 30 秒左右的时间查看题目的完整性，并浏览题目类型，特别是自己首答的题目；合理分配时间，包括书写每题的提纲、补充要点、梳理的时间等；注意审题，特别是问法、核心话题、特殊条件、特殊背景等；抓住侧重点，根据题目信息书写重点提纲，如解决问题类题目的措施、消极社会现象产生的原因及解决措施等；注意作答结构和衔接词，避免出现内容上的混乱，可使用序号标注；衔接词使用自然，避免"针对以上原因，我有以下几点对策"的表述出现；注重首答题目的提纲书写和补充；注意提纲的排版，方便引导答题方向。

4. 梳理提纲，预设问题

完成提纲后，心中默默作答一遍，注意自身表达比较卡顿或者讲解不清的地方；预留时间思考每题的难点，结合自身学习经验预设竞争对手作答过程中可能存在的问题；思考自身在题目作答中可能存在的问题，回应他人点评的维度；设计记录他人作答内容、问题、点评的稿纸版式，方便答题点评。

5. 严守备考要求，谨防备考失误

注意备考时间和自身提纲书写进度，防止超时；严格遵守纪律，不能交流和左顾右盼；禁止在题本上标注、做记号；严格遵守监考老师的指示，如要求停笔等。

6. 灵活应变，适应考场其他情况

有桌面缺少稿纸、笔的情况可以举手示意；部分考场不给稿纸、笔也不要惊慌，遵照要求就行；部分考场在备考时间截止后会要求停笔，但不限制考生思考；部分考场备考时间截止后，监考老师会和考生聊天干扰学生思考，所以这时我们也应该在回应的同时抓住机会回顾自己的提纲。

（选自中公教育网：《结构化面试注意事项》）

（二）无领导小组讨论面试标准程序

1. 预备阶段

讨论前会事先分好组，一般每个讨论组 6～8 人。

2. 引入阶段

首先，求职者落座后，监考人员为每位面试者发空白纸若干张，供草拟讨论提纲用。

其次，主考官向求职者讲解无领导小组讨论的要求，并宣读讨论题。

最后，给求职者 5～10 分钟的准备时间，构思讨论发言提纲。

3. 核心阶段

首先，主考官宣布讨论开始，依考号顺序每人阐述观点（5 分钟），依次发言，发言结束后开始自由讨论。

其次，各面试考官只观察并依据评分标准为每位求职者打分，不参与讨论或给予任何形式的诱导。

4. 结束阶段

无领导小组讨论一般以 40～60 分钟为宜，主考官依据讨论情况，宣布讨论结束后，收回求职者的讨论发言提纲，同时收集各考官评分成绩单，考生退场。

记分员去掉一个最高分，一个最低分，得出平均分，再计算出最后得分，主考官在成绩单上签字。

某公司无领导小组讨论面试

安排考生在一个安静的房间，自行就座于会议圆桌边。阅读讨论材料，为5分钟发言做准备。

背景材料

某镇政府建了一座办公楼，花费四五百万元。而该镇全年财政收入才400万元，全镇教师开支就要用300万元。镇政府拖欠农民的土地补偿款和工程单位的工程款，同时镇中学前的道路也破旧不堪，群众对此意见很大。镇政府出资在镇主要道路两侧建起了"文化墙"，而且非常豪华，还有琉璃瓦，而该镇70%的人口都在贫困线以下，群众都称此墙为"遮丑墙"。

问题与要求

县政府对此事高度重视，责成调查组对此事开展调查，并召开记者招待会。

1. 请考生认真读题，并准备发言提纲，时间5分钟。

2. 考生进入自由讨论，确定两个重点问题，并对问题展开调查，说出具体调查措施，时间30分钟。

3. 每位考生作为记者，向其他考生中的一位提出一个问题，该考生必须回答该问题，否则会被扣分。每个问答环节时长为3分钟。

4. 从以上每位考生提出的问题中，选出三个记者最有可能提出的问题，给县领导拟出回答提纲。时间20分钟。

（选自中公教育网：《2014年无领导小组讨论题型分类》）

案例分析

上述案例中的第三个问题，即将应试者设定为"记者"的角色，在提问的时候应符合记者的身份，并且具有针对性。

🔗 相关链接

无领导小组讨论的"绿肥"与"红瘦"

无领导小组讨论这种面试形式是国家公务员考试面试比较常用的一种面试形式，

部分中央部委和国家税务总局部分岗位及其他一些中直岗位都曾经出现过无领导的形式。而且在国家公务面试中，考生的整体综合水平都很高，所以考生要想脱颖而出还是有一定难度的，而且很多考生对于一些知识知之甚少，那么国考考生应该必备哪些好的实用知识，进而才能掌握无领导面试的主动权呢？要想在众多考生中鹤立鸡群、独占鳌头，应该掌握以下几个要点。

1. 绿肥

绿肥主要是指在无领导小组讨论过程中，一些比较好的角色和这些角色的职能应该多去凸显一些，应该"肥"一些。如领导者的角色，该角色的主要职责是确定讨论方向，做好任务分工，引领讨论进程，最后达成一致意见。做到全面观察、思路引领、控制讨论进程、机会分配等。如时间控制者的角色，该角色要根据题目中解决的问题所在，合适地把时间分段，做好时间划分、适时提醒、机动时间处理等工作。如创新者角色，创新者的角色一般就是"点子王"，这种角色习惯于发散思维，对某个知识领域熟悉，有灵感，喜欢头脑风暴，因此能够从多种角度分析问题，提出差异巨大的解决问题的思路和措施。当然也要适度照顾他人感受、避免义气之争阻碍讨论。如记录总结者，这个角色需要做到记录清晰，重点标明和解决盲点，推进讨论并且恰当总结发言，争取做总结陈词的代表者。

2. 红瘦

红瘦主要是指在无领导面试过程中，一些不好的角色或者举动应该少一些。如粗暴者角色，这个角色总是粗暴地打断他人发言，语言方式也非常粗暴，霸道、蛮横无理，不尊重其他组员。如自私者，这个角色主要是太关注自己的表现，几乎自己垄断发言时间，只管自说自话，毫不顾忌其他人的感受想法。如不自信者，这个角色主要是几乎不发言或是说话不坚定或是举止很胆怯。

3. 香满园

香满园主要是指在无领导面试过程中，一些容易获得大部分人好感的角色应该多做一些。如协调者这个角色，这个角色主要是指协调组员之间的矛盾，化解分歧，防止矛盾激化。如爱心者的角色，这个角色主要是照顾团队弱者，给予他们发言或是表现机会。

（选自中公教育网：《无领导小组讨论的"绿肥"与"红瘦"》）

五、 面试的准备工作

"不打无准备之仗"，优秀的求职者总是非常重视面试前的准备工作。面试准备做得充分，面试也就取得了一半的成功。面试前的准备主要包括面试前的物质准备、心理准备、信息准备和仪表准备。

面试口才概述（下）

（一）物质准备

1. 个人资料的准备

面试前要多准备几份能证明自己的推荐信、个人简历、业绩资料，然后要准备好自己的毕业证书、学位证书、专业资格证书、获奖证书、发表的论文、著作、身份证原件及复印件等材料。

2. 公文包的准备

面试时的细节最能说明一个人的真实情况。面试前，应把所有资料有条不紊地放在公文包内，这样会使你看上去办事得体有方、值得信赖。另外，面试前总有一段时间在等候，会使人心情烦躁，打乱早已准备好的步骤，因此，可以准备一本娱乐身心的书或杂志放在公文包里，因为看书可以让人安静、镇定。最后，要检查笔和求职记录本是否放在包里，以便记录最新的情况。

3. 饮食的准备

面试前应准备一顿高蛋白、高碳水化合物的早餐，特别要添加蔬菜和水果，如香蕉、马铃薯等，可以使精力充沛。但是要注意面试前的饮食卫生，不要饮用碳酸饮料和乳酸饮料，更不要喝酒。

（二）心理准备

面对严峻的就业形势和众多的竞争对手，要想获得择业的成功，没有充分的心理准备，没有良好的竞技状态是不行的。面试前要经历一个复杂的心理变化过程，紧张、焦虑、莫名的兴奋、自卑等是主要的心理障碍。如果感觉到紧张、焦虑已令自己难以承受了，可以采取下述的调节方法让自己归于平静。

1. 放松身体

身心相通，当身体放松时，紧张的心理也就得到了缓解。

2. 开怀大笑

开怀大笑可令紧绷绷的躯体迅速放松，在开心地笑过之后，由于手臂、脚部的肌肉不再紧张，血压、心跳逐渐平稳，你会感觉全身如同卸掉了千斤重担，心里会感到相当轻松。

3. 散步解忧

以正常步伐行走时，摆动双臂，能使人心情更加愉快。

4. 洗澡化忧

洗澡能加快血液循环，使人镇静，同时会使自己容光焕发，更加自信。理想的洗澡水温是 38℃～40℃。

5. 深呼吸缓解压力

深呼吸是自我放松的最好方法，它包括简单的深呼吸、瑜伽、冥想等活动。深呼吸能促进人体与外界的氧气交换，还能使人心跳减缓，血压降低。它能转移人在压抑环境中的注意力，并提高自我意识。

6. 听音乐

听一些古典音乐、民族音乐或流行音乐，都有助于缓解紧张的情绪。

🔗 相关链接

三招助你克服紧张情绪，超常发挥

面试是通过面谈的形式来考查一个人的工作能力与综合素质的，是一个面对面交流的过程，绝大多数人在参加考试的时候会紧张，会焦虑，在涉及自己以后的人生方向的面试中难免会有更多的焦虑、紧张情绪，那克服紧张情绪，让自己正常发挥以至于超常发挥就显得更为重要。

1. 打铁还需自身硬

打铁还需自身硬，打铁要用到的工具需要自身硬，如果它自身不硬，怎能打出坚硬的铁呢？同理，在面试环节，如果你准备不充分的话，怎么能有充分的内容展示自己？没有思路，没有积累，无话可说，面对考官怎么能不紧张呢？因此，只有准备充分，才能游刃有余。

2. 知己知彼，百战不殆

既然说准备充分，准备什么内容一定要清楚，也就是说面试考什么一定要清楚，在面试的准备环节，一定要学习面试的形式、突发状况的处理以及考试内容，内容方面既包括考试的题型，又包括我们的作答思路，但是单纯地学习理论就够了吗？不够！因为面试不是笔试，不是将思路写出来就可以，而是将你的思路与题目融合，需要现场用语言组织能力表达出来，所以还需要大量的实战练习。

3. 拥有自信，方得始终

给自己积极的心理暗示，从形式到内容，做好充分的准备，自己已经很优秀了，不用过多地去考虑结果，只当作一次与考官交流自己的观点的机会，以自己对于一些事物的看法。进门之前深呼吸几次，平复自己的心情；进门之后微笑，微笑不仅可以给自己信心，也可以避免尴尬，同样可以缓解整个考场的紧张氛围。

另外考场上发生的一切事情都不要影响面试：如考官皱眉、考官互相交流等，要坚信你一定是最优秀的，只需要向考官展现出最好的自己，其余的事情交给考官。

（选自中公教育网：《三招助你克服紧张情绪，超常发挥》）

（三）信息准备

面试前一定要广泛收集各方面的信息，这是面试制胜的法宝。

1. 收集招聘单位的信息

一个对招聘单位一无所知的求职者，面试必然失败。面试单位如果是企业，面试前尽可能了解清楚企业的背景、历史和发展战略，企业文化，企业规模，主要产品或服务项目，最近公司的主要活动等重要信息。如果是事业单位，应了解单位的性质、主要功能、组织结构和规模，人员结构(如年龄结构、专业结构)和人际关系状况等。收集招聘单位的资料的途径有很多，如上网查询，请亲朋好友提供信息，通过师兄、师姐介绍，征求老师和同学们的指导和意见等。

2. 收集考官的有关信息

只有对考官的情况了如指掌，才能在面试中易守易攻，自始至终立于不败之地。首先，求职者应尽可能了解用人部门的领导是什么样的人，并且要能正确地说出他们的姓名。其次，要尽可能了解到他们的为人方式、兴趣、爱好，在近期生活中有什么重大变故。面试时，也可以投其所好，创造共同话题，赢得实习的机会。最后，还可以调查一下用人单位需要或喜欢录用什么类型的人员等。

（四）仪表准备

中国素有礼仪之邦的美称，仪表是一个人内在修养和素质的外在表现。一个懂得礼仪的人会给人一种舒适的感觉，会有一种容易令人接受、理解、相信的魅力。在面试中，得体的礼仪也是举足轻重的。有关专家研究表明：第一印象由55％穿着和妆容、38％行为举止及7％谈话内容构成，恰当的服饰搭配会给人留下明快、干练、庄重的良好印象。

1. 衣着——塑造良好的职业形象

求职者在穿着方面应当展现出稳重、大方、简单、干练。协调中彰显出气质与风度，稳重中透露出可信赖程度，独特中又不缺乏个性。

（1）男士服装以职业西装为主

男士应避免穿着过于休闲的服装，那会给人以不稳重的感觉。西装的颜色最好是两种选择：藏青色或深蓝色。男士不烫发、不染发。如果戴眼镜，应擦干净眼镜片，剃去胡须。深色套装配浅色衬衫，通常的搭配是颜色较深的领带，最好与套装是同色系。衬衫最好是白色系或蓝色系。白色系是不变的时尚，蓝色系中与众不同又不会显得不正规的只有浅蓝色。夏季多建议男性穿白色短袖衬衫搭蓝、黑色西裤。衬衫的下摆不可过长，而且下摆要塞到裤子里。衣袖一定不能太长，平端起来露出1.5厘米腕骨最合适，平端时露出外套1～2厘米。衣服一般为褐色、深蓝色或藏青色。男士穿鞋要以皮鞋为主，避免穿运动鞋。皮鞋颜色一般要求是黑色的，漆皮是禁忌。白袜子不能穿在正式场合已经成为一种常识。无论天多热，男士都要避免穿短裤、背心、拖鞋。

（2）女士服装以职业套装为主

女士应避免穿过于花哨或奇异的服装，否则，会给人以轻佻的印象。深蓝色、藏青色、米色、驼色，都可以选择，颜色不特别刺目即可。款式的选择也很自由，服装不一定是清一色的职业套装。身上的主色是前面所说的四类中的一种，总体颜色不超过三种。夏季时候推荐套裙配普通黑色皮鞋或者白色短袖衬衫搭西裤和普通黑皮鞋，而冬季则以套裙或者女士正装配上普通黑皮鞋为最佳选择。丝绸、蕾丝之类材质的服装不适合面试的时候穿。女士不能穿背心、超短裙或短裤。面试中不能戴帽子、手套或耳套，戴这些东西都是对人不尊重的表现。女性应穿中跟正装皮鞋，尽量不要穿高跟鞋，夏天不要穿拖鞋。

2. 妆容——增添无限的成功信心

面试中，脸部的妆容一定要淡雅而自然，拒绝浓妆。最好将面颊修饰打扮一下，让自己看上去精神焕发。尤其要注意一些细节，如牙缝里有没有食物的残渣，肌肤稍有瑕疵者，则可打一层薄薄的粉底，头发、指甲、配件要干净清爽。女士的头发一定要是比较自然的颜色，面试的时候可以扎成马尾或者盘起来，显得干练、整洁。指甲也要保持干净整洁，造型夸张的美甲也要卸掉，整体造型需要与自己的风度、气质一致。

六、 面试的注意事项

（一）行为举止得体

从入场开始，求职者的一举一动都会决定考官的第一印象如何，所以大家一定要做到大方自然、自信从容。

第一，要提前到达，不要迟到。参加面试应该注意千万不要迟到，尤其是单独面试的时候，提前 10 分钟到达效果最佳。

第二，要独自前往，不要让朋友或父母陪同前往。否则，会给用人单位留下"缺乏独立性"的不良印象。

第三，要多带几份简历前往面试，不要只带一份简历！因为考官可能不止一个，应预先料到这一点并准备好，这会显得做事正规、细致。

第四，要将手机等通信工具静音。

第五，遇到熟人时，只要以点头、微笑等方式与其打个招呼即可，不要有过分之举。

第六，走路要做到落脚要稳，步调适中，切勿低头含胸；要坐姿端正，手势大方；克制不由自主地做出的小动作，如撩头发、扶眼镜、抓耳挠腮、思考时眼睛左右、上下翻动等，这些都会影响我们的整体形象，显得不够端庄稳重。

（二）语言规范标准

语言要规范标准，不能将口头语带到面试中，这样很容易令考官反感。尽量用平稳、较大的音量作答。声音是外在气场的第一表现，而且有些考场较大，如果声音不大，考官听不清我们的回答，同时要注意音量要尽量平稳，过大的声音会让人觉得是噪声。声音要抑扬顿挫，吸引考官的注意力。有些求职者答题时语调过于平缓，没有抑扬顿挫，这样不利于吸引考官的注意力。

要合理使用逻辑词，合理地使用逻辑词会让你回答的内容更有条理。很多求职者在答题的过程中对于自己想到的内容急于向考官呈现，于是把自己的想法一股脑地全盘抛出，忽略了考官其实听得一头雾水。这个时候合理使用逻辑词会帮助我们克服这一问题，将自己回答的内容用"首先，其次，最后""第一、第二、第三""一方面，另一方面"连接在一起，就可以更有条理。

（三）态度端正、 大方自然

凡是参加面试的人，一定不要忘记自己是在接受用人单位的面试。要做好与考官的互动：互动不一定是你问我答，考生在答题过程中适当地与考官进行眼神交流，目光自然、柔和、真诚、友善，能让考官有参与感，也能表现出求职者的自信从容来。面试者应避免在面试中给人留下如下印象。

1. 目空一切、盛气凌人

有的求职者自认为各方面条件比较优越，于是就目空一切、恃才傲物。面试中态度倨傲，说话也咄咄逼人。一是考官对自己的回答不够满意或进行善意引导时，常强词夺理、拼命狡辩、拒不承认错误；二是总想占据面试的主动地位，经常会反问考官与面试内容无关的问题，如用人单位的住房条件如何，自己将任何种职务；三是在被问及原公司的工作情况时，不能够保持冷静，贬低原公司领导及工作，否定别人的成绩。面试中过分地贬低原来公司领导的工作，会让人觉得你自以为是，难以管束，喜欢背后议论别人，缺乏合作精神。

2. 孤芳自赏、态度冷漠

有的求职者性格孤僻，对人冷淡、心事较重，并且把这种个性带进了面试考场，面试中表情冷漠，不能积极与考官配合，缺少亲切感。所有用人单位的领导都希望自己的工作人员能够在工作中能和睦相处、与人为善、团结互助、使人感到轻松愉快，这样才能够提高工作效率。

面试礼仪大揭秘

面试举止，包括我们从入场之前的敲门，入场后的走姿、站姿、坐姿，以及答题过程中的动作神态。而如何呈现更好的自己，我们将逐个击破，一一说来。

1. 面试礼仪之敲门

其实对于面试中敲门入场而言，就是我们和考官打招呼的第一步，告诉考官作为考生的"我"即将入场。很多上了面试课程的人可能都听老师说过，面试敲门的时候要敲三到四下，掌握好节奏。其实这个环节并没有什么严格的敲几次门的限制，只不过3～4下，是我们常规的敲门节奏，也符合大家的接受范围。在这个敲门的过程中，大家不用特别紧张地去数敲了几次门，最重要的是，通过这个环节，掌握好敲击的节奏，不要过缓或过快，给考官散漫或急躁的感觉，让考官觉得你是从容进入考场的就行了。

2. 面试礼仪之走姿

考场中的走姿无外乎体现在从考场门口走到座位上，以及从答题结束从座位上离开的过程中。在这个过程中，很多人因为过于紧张可能出现肢体僵硬，甚至同手同脚的情况，这里需要强调的是，人需要放松自己的心态，进场后做到挺胸抬头、面带微笑、双臂自然摆动，走到座位上就可以，不用过于刻板，但也要收起平常的遢遢和随意。

3. 面试礼仪之站姿

入场走到座位上后，出于对考场以及考官的尊重我们会站定后向考官进行问好，这里就涉及我们站姿。其实站姿看着简单，但到了考场中也经常会有人出现站姿过于随意甚至出现高低肩、蹄脚的情况；还有的人过于紧张，双手紧紧放在衣服两侧，甚至出现攥拳、扯衣服的现象，这些都是我们在站定的过程中需要避免的问题。在站定之后挺胸抬头，直视考官，呈现出自然的端正站姿即可。

4. 面试礼仪之坐姿

在和考官问好之后落座，可以说坐姿是我们在考场过程中呈现时间最长的一种姿态。落座后需要我们注意的是坐姿的端正和端庄，但很多人落座后很随意地就倚靠在了椅背上，这样的坐姿不仅显得过于随意，也缺少对于考官的尊重。所以正确的坐姿是不要把凳子坐得太满，挺直后背，端坐在椅子上，双脚自然踏在地面，女士双脚、双膝并拢；男士双脚自然打开与肩同宽或稍宽即可。

5. 面试礼仪之鞠躬

鞠躬时，立正站好，并拢双脚，保持身体端正。女士的双手下垂或搭放在腹前（右手搭在左手上）；男士的双手自然下垂，贴放于身体两侧裤线处。伸直腰，以腰部为轴，整个肩部向前倾15度以上；视线由对方脸上落至自己的脚前1.5米处（15度礼）或脚前1米处（30度礼）；鞠躬时脖子不可伸得太长，不可挺出下颌；鞠躬时，嘴里不能吃东西或叼着香烟；鞠躬礼节在直起身时，双眼应该有礼貌地注视着对方；鞠躬时，弯腰速度适中，之后抬头直腰，目视考官等待回应。

（选自中公教育网：《面试礼仪大揭秘》）

◎ 思考与训练

1. 面试前应做好哪些方面的准备工作？

2. 面试过程中应注意哪些问题？

3. 下面是一些面试中经常出现的问题，请你根据自己的看法在两个答案中选择一个来回答。完成面试技巧自我测试。

（1）面试时，你会选择什么样的服饰？

A. 朴素典雅   B. 自己喜欢的

（2）参加面试时，你会怎么处理自己的发型？

A. 略加修饰，保持整齐   B. 精心修饰和梳理

（3）面试时你会带什么东西？

A. 随身带着公文包   B. 尽量少带东西

（4）如果有机会的话，你会不会向考官询问面试时间的长短？

A. 不会   B. 会

（5）考官讲话的时候，你会怎样做？

A. 自己思考   B. 认真倾听

（6）考官面前，你坐在椅子上的姿势是怎样的？

A. 稍微前倾   B. 挺直

（7）面试中，你讲话的语调是怎样的？

A. 柔和简洁　　　　　　　　　B. 大声响亮

（8）面试的时候，你的表情、态度如何？

A. 不苟言笑　　　　　　　　　B. 面带微笑

（9）考官讲话的时候，你的目光是怎样的？

A. 游移不定　　　　　　　　　B. 目不转睛

（10）回答考官的问题时，是否需要加上礼貌性的词语，如"我认为"？

A. 不需要　　　　　　　　　　B. 需要

（11）回答问题后，是否需要再加上一句"您认为呢"？

A. 需要　　　　　　　　　　　B. 不需要

（12）如果考官心不在焉，你会怎么办？

A. 请他另外安排一次会面　　　B. 询问他是否有什么事情

（13）如果考官不提你的工作条件和兴趣时，你会怎么办？

A. 以后找机会再谈　　　　　　B. 主动提起这些话题

（14）如果你对考官的话语不是很理解，这时你会怎么办？

A. 不再多问，免得节外生枝　　B. 问到明白为止

（15）在你和考官握手时候，会怎样做？

A. 坚定有力地握手　　　　　　B. 微握一下

（16）考官一边讲话一边看着你，你会有怎样的反应？

A. 点头示意　　　　　　　　　B. 看着他的眼睛

（17）在谈话中，如果使用手势，你认为怎样才是合适的？

A. 用力而持久　　　　　　　　B. 简单而有力

（18）考官讲话时，你已经猜到他下面要说什么了，这时你将怎么做？

A. 插入自己的话　　　　　　　B. 听他把话讲完

（19）如果考官错误地理解了你的话，你将如何进行纠正？

A. 我想再解释一下　　　　　　B. 我不是那个意思

（20）在面试的时候你迟到了，怎么办？

A. 说出自己的原因　　　　　　B. 主动向考官表示歉意并且请他原谅

(21)如果考官迟到了，而且只能和你谈几分钟，你该怎么办？

A. 可能会请求另外一次面试　　　　B. 维护自己的权益并且表示不满

(22)当原定的考官不能前来，由其他人代替，你会怎样对待？

A. 不参加面试，等待原来的考官　　B. 照样面谈

(23)考官谈起你的个人隐私的时候，你将如何去做？

A. 把谈话引入正轨　　　　　　　　B. 当善解人意的听众

(24)在谈话时，考官向你表达他对你的赞美，你会怎样做？

A. 说声"谢谢"　　　　　　　　　　B. 向他展示自己的能力高强

(25)如果考官在谈话时滔滔不绝，不容你插话，你怎么办？

A. 插入与自己有关的问题和信息　　B. 礼貌地告诉考官你愿意谈谈自己的看法

(26)你觉得考官并不明白工作的要求，也不能正确评价你的水平时，你怎么办？

A. 要求其他的人来进行面试　　　　B. 说一些他能理解的东西以便留下好印象

(27)当参加使用录像的面试时，你应当穿什么样的衣服？

A. 干净朴素　　　　　　　　　　　B. 深色西服或衬衣

(28)在面试中，当考官问你最大的优点是什么时，你会怎么回答？

A. 融入团队　　　　　　　　　　　B. 勤奋工作

(29)在面试中，当考官问你最大的缺点是什么时，你会怎么回答？

A. 过于追求完美　　　　　　　　　B. 沟通能力差

(30)当要求你做自我介绍时，你会先谈什么？

A. 谈谈你对该行业的看法　　　　　B. 简要陈述经历

(31)在面试中，当考官问你希望得到多少薪金时，你会如何反应？

A. 根据对该职位的了解估计出薪金　B. 询问该公司为此职位设定的薪金范围

(32)你认为用人单位更看重简历中的什么内容？

A. 社会实践　　　　　　　　　　　B. 学习成绩

(33)在面试中，当考官问你，如果成为一个管理者，你的管理风格是集权型还是放权型时，你会根据什么作答？

A. 根据自己的管理风格　　　　　　B. 根据公司眼下的任务

(34)在面试中，当考官问你为什么选择现在的专业时，你会如何作答？

A. 坦诚地承认这个专业现在很热门

B. 做"因为它能为我今后的职业发展奠定基础"这样的回答

(35)当问及你应聘的工作岗位主要职责是什么时，你如何反应？

A. 表示尽忠职守履行通常的职责任务，对不同单位个别的要求予以了解并表示应承

B. 过于具体地描述工作职责

(36)当问及你在此类工作岗位上有何种经历时，你会如何做？

A. 回答时尽量涉及此类工作岗位可能的全部项目，不知道时要询问清楚

B. 知道多少就答多少，不知道时无须问及

(37)面试中问及你认为在你的工作中最重要的是什么，你会怎样回答？

A. 尽到自己的本分

B. 个人表现如何和整体利益相吻合，提高工作效率

(38)当问到你曾经从事过的与专业最不相关的工作是什么时，你将如何反应？

A. 只要职业生涯中从事过的都答上并且谈其收益之处

B. 只谈听起来体面的

(39)面试中，考官说："向我谈谈你自己吧！"此时你如何反应？

A. 话题尽可能与职业努力方向有一定的相关性，描述自己的一些行为特征

B. 尽量谈一些无关紧要的问题

(40)考官问及你在工作中将如何展示自己的主动性，将如何作答？

A. 时刻注意自己的绩效，不时提醒领导，使同事容易开展工作

B. 表现出强烈的工作热情，不必在意单位政策和规章制度的限制

(41)在面试中，考官问你如果下属的工作令你无法接受时，你将如何对付他们，你的回答是？

A. 始终通过友好的方式与下属沟通并促使其改进

B. 在必要时采取强硬的行动，如解雇

(42)在面试中，考官问以下两个因素在你决定接受聘用时起着重要作用的是哪一个，你的选择是？

A. 公司   B. 应聘的这个职位

(43)在面试中，考官问你在业余时间通常喜欢做什么，将会如何反应？

A. 简单谈谈广泛的爱好   B. 详细谈谈一两个爱好

(44)面试人为了调节气氛,给你讲了一个笑话,你觉得是否应该附和着也讲一个笑话?

A. 应该　　　　　　　　　　　B. 不应该

(45)当被问:你如果被录用,请你从1～10级选择自己的兴奋程度时,你的回答是什么?

A. 10 级　　　　　　　　　　　B. 10 级以下

计分:

题号	1	2	3	4	5	6	7	8	9	10	11	12	13	14	15
A	1	1	0	0	0	1	1	0	0	1	0	1	0	0	1
B	0	0	1	1	1	0	0	1	1	0	1	0	1	1	0
题号	16	17	18	19	20	21	22	23	24	25	26	27	28	29	30
A	1	0	0	1	0	1	0	1	1	1	1	0	0	1	1
B	0	1	1	0	1	0	1	0	0	0	0	1	1	0	0
题号	31	32	33	34	35	36	37	38	39	40	41	42	43	44	45
A	0	1	0	0	1	1	0	1	1	1	1	0	1	0	1
B	1	0	1	1	0	0	1	0	0	0	0	1	0	1	0

41 分以上:

面试技巧很纯熟,也许你参加过多次面试,积累了很多的经验。在此基础上你可以进一步挖掘自己的潜力,以表明自己是一个实干家。一位为了增加销售额节省时间或节省经费寻找各种途径的人,属于一个不时给领导惊喜的人、一个使同事的工作更易开展的人。为了达到自己的目标,请多找一些自身优势,以此作为面试时的砝码。相信一般的面试都应该难不倒你。

20～40 分:

面试技巧一般,如果面试不是太严格的话,你是可以应付的。但是大多数公司都有正规的面试方法。你必须懂得每一位员工都必须具备更强的效益意识,应该熟知个人的职责如何与整个公司的利益相吻合。同时有必要向主考官提供如下信息:你给自己在入职的单位如何定位以及为适合应聘岗位你还必须做哪些努力。为了增加录用的概率,建议你多参考职业指导丛书,提高自己的面试技能,打有准备之仗。

19 分以下：

面试技巧有待提高，也许你是刚刚毕业的大学生，或者很少参加面试，所以你的面试经验不足。在面试中，你必须绝对清楚对于考官来说什么是最重要的，必要时你可以对有关工作要求提出询问，你的思考和分析能力将得到尊重，你得到的信息将自然使你更能贴切地回答问题。另外，有些问题旨在试探你的时间分配能力、分析能力以及是否有逃避工作任务的倾向。假如，你对你的工作缺乏全面的了解，那你随时都可能被淘汰。你应该多向别人请教，多看一些职业指导方面的图书，提高自己的面试水平。

🔍 **学习提升**

1. 智慧树慕课：有话好好说——职场新人口才攻略
2. 智慧树慕课：大学生求职面试礼仪

任务 2　面试自我介绍技巧 ////////////////////////////////////

经典案例

　　面试时，某大学应届毕业生李雨晴正好碰上了一位赞美她名字的考官："李雨晴，你的名字很好听啊！你介绍一下自己吧！"对此，李雨晴的应答却不尽人意："谢谢！这个名字很符合我的性格，雨是比较温柔的，晴是比较热情的，我觉得我的个性既有温柔顺从的一面，也有比较热情积极的一面。"但是没有想到正是因为这样的回答，她却犯了一个典型的面试交流错误：失真。

　　　　　　　　　　　　　　　　　　（选自豆丁网：《面试官最喜欢的面试自我介绍》）

案例分析

　　考官夸奖求职者的名字，一是发自内心地赞美一下动听的名字，二是希望能在面试开始的时候，制造一种放松和谐的气氛。她的回答听起来很"美"，却完全不真实，因为宝宝从妈妈肚子里出来时，完全看不出性格是温柔的还是热情的！这样虽反映出求职者乐于表现自己的优点，结果却违反了最基本的"真诚沟通"的原则。考官本来想放松一下，结果反而被求职者的自夸弄得浑身起了鸡皮疙瘩，觉得自己接下去要是不夸奖她一番，就没法继续交流。

　　"万事开头难"，面试中自我介绍是最难、最关键的一步。自我介绍是求职者所有工作成绩与为人处世的态度的总结，也是接下来面试的基调，考官将基于求职者的自我介绍进行提问。在求职面试时，无论是单面，还是群面，简单寒暄过后，考官都会和气地说一句："请简单地做个自我介绍吧。"这是求职道路上第一个关卡，企业要通过这一环节考查求职者的语言表达能力、应变能力、心理承受能力和逻辑思维能力等。自我介绍既是打开考官心门的敲门砖，也是推销自己的极好机会，自我介绍做好了，面试就成功了一半。但是如果把握不好自我介绍的尺度，就会让你止步于此。

一、 面试自我介绍的原则

自我介绍作为求职者的"名片"，能够集中展现求职者的基本情况，考查求职者是否符合岗位需求。虽然问法非常简单，感觉怎么都能答来出几句，但如何从众多竞争者中脱颖而出，这就需要好好地斟酌，把握自我介绍的原则。

面试自我介绍技巧
（上）

（一）实事求是， 与简历一致

自我介绍要实事求是，不要言过其实。求职者特别要注意自我介绍要与个人简历、报名材料上的有关内容相一致，不要有出入，更不要有意夸大或制造事实上并不存在的优点。有些求职者想编造一些经历来丰富自己的自我介绍，这种做法是极不可取的，不要在做自我介绍的时候把自己的形象定位成"高、大、全"的。

（二）简洁明了， 突出重点

自我介绍要像商品广告一样，在最短的时间内，将自己最美好的一面，毫无保留地展现出来，给对方留下深刻的印象。所以自我介绍要简洁明了，一般控制在3分钟左右。

自我介绍要思路清晰、突出重点，把最有价值的信息传达给考官。把自己的优势很自然地逐步显露，不要急于罗列自己的优点。

（三）发音标准， 吐字清晰

声音是一个人的第二张名片。自我介绍时普通话应力求标准，不可讲错字或念错字音，最好不用方言。声音要沉稳、自然、洪亮，语速要适中，吐字要清晰，声调要响亮，这样才会给考官留下良好的第一印象。求职者应使用灵活的口头语言，一定不要用背诵、朗读的口吻介绍自己。

（四）态度自然， 彬彬有礼

自我介绍时，整体上讲求落落大方、彬彬有礼。介绍时，要面带微笑，表情尽量放松，态度要自然、友善、亲切、随和。

二、 面试自我介绍的内容

面试自我介绍可以分为三个部分，即开场白、核心介绍和结束语。

（一）开场白

自我介绍要从开场的问候语开始，应礼貌地做一个极简短的开场白，它将决定整个面试的基调。当轮到你面试时，应轻轻敲两下门，得到许可后方可进入。进门后应轻轻地转过身关上门，然后要主动与主考官打招呼，并向所有的考官点头致意，得到回应后再向对方介绍一下自己的情况。如"各位考官上午好或下午好""各位领导好""各位老师好"等。声音要足够洪亮，底气要足，语速自然。若考官没有主动与你握手，你就不要主动与考官握手。等考官告诉你"请坐"时方可坐下。

（二）核心介绍

1. 你是谁

自我介绍的第一步是要让考官知道你是谁。这一步，主要介绍自己的个人履历和专业特长，包括姓名、年龄、籍贯等个人基本信息，还有教育背景以及与应聘职位密切

相关的特长等。在这一环节中，生动、形象、个性化地介绍自己的姓名，不仅能够引起考官的注意，而且可以使面试的气氛变得轻松。

面试自我介绍技巧（下）

相关链接

介绍名字的方法

1. 赋予名字积极的意义

如赵杰可以这样介绍："赵，是赵钱孙李的赵，百家姓中第一姓；杰，是英雄豪杰的杰。我的理想就是要不枉第一姓的称呼，做一个堂堂正正的英雄豪杰。"

2. 讲故事

讲出名字的来历或者编一个关于名字的故事，也是比较好的方法。如孙迎菊可以这样介绍："我叫孙迎菊，据我妈妈讲，在我出生的那天，我家窗台的一那盆菊花一夜之间就绽放出来了，于是我妈妈就给我起了这样一个名字。"再如震生（地震时出生）、忆洪（洪水时出生）等，这些名字都包含了一些特别的历史或是其他方面的故事背景，也比较容易介绍。

3. 与名人挂钩

与名人挂钩，可以利用名人效应，让别人更容易记住自己。如周江平可以这样

介绍："我叫周江平，周是周恩来的周，江是江泽民的江，平是邓小平的平。三位伟人都是我崇拜的偶像，因此，我时时刻刻都把偶像挂在嘴边，鞭策自己做一个对社会有益的人。"刘伊城，这个名字如果用普通的方法很难介绍到位，但是如果这样介绍："刘德华的刘，郑伊健的伊，郭富城的城"，就能一鸣惊人，非常富有创意。

4. 利用谐音

利用谐音能给人留下想象的空间，留有余味。如邢芸可以这样介绍："我叫邢芸，芸芸众生的芸。我告诉大家一个秘密，你们要经常喊我的名字，你们就会变得幸运。因为我的名字的谐音就是'幸运'！请大家记住我，我会带给你们幸运的！"再如刘学可以这样介绍："大家好，我叫刘学，刘是刘少奇的刘，学是学习的习。我叫刘学，但从小学到大学，我并没有留过级，而后来，我确实去美国留学了半年，现在可谓名副其实啊！"

5. 和地名挂钩

和自己相关的地方挂钩，既让对方记住了自己的名字，又能知道一些其他信息。如李淮河可以这样介绍："我姓李，在秦淮河边长大，因此我名字就叫作李淮河。"有很多人的名字里面有"湘、蓉、黔"等字眼，仔细分析一下也许就是因为他们的出生地在那里，才以地为名。

6. 利用古诗词

很多人的名字都是取自古诗词，这样介绍自己就更容易了。比如：时新(无边光景一时新)、张恨水(自是人生常恨水常东)、张习之(学而时习之)。

7. 拆字取寓意

拆字不可取，但是拆字时赋予它特别的寓意就非常有意义了。比如：老舍，姓舒，字舍予(舍予为人)，非常富有特别的意义；有位作家叫张长弓，名字就很特别。

8. 与名人对举

这是与名人挂钩的另一种独特的介绍方法，可以让自己一鸣惊人！比如："古有诗仙李太白，在下设计师李太强！""小品明星潘长江，台上讲师李长江！"这种方法简单实用，只要你的名字有一个或两个字和名人相似就可以了。

2. 你做过什么

做过什么，代表着求职者的经验和经历。这个部分，主要介绍与应聘职位密切相关的实践经历，包括校内活动经历、相关的兼职和实习经历、社会实践等。你要说清楚确切的时间、地点、担任的职务、工作内容等，这样让考官觉得真实、可信。特别需要注意的是，求职者的经历可能有很多，但不可能面面俱到，那些与应聘职位无关的内容，即使引以为荣也要忍痛舍弃。

经典范例

自我介绍

作为一名金融专业的应届毕业生，我在大学四年的学习中对银行业有了比较全面的了解。同时我也感觉自己对银行的运作有较大的兴趣。我在学校中连续三年获得校级奖学金。在校时我还担任班里的班长，和其他班级干部共同管理班级，组织班级活动。

范例分析

自我介绍要短小精悍，要针对应聘职位做相关阐述。

3. 你做成过什么

做成过什么，代表着求职者的能力和水平。这部分，求职者主要介绍与应聘职位所需能力相关的个人业绩，包括校内活动成果和校外实践成果。介绍个人业绩，就是摆成绩，把自己在不同阶段做成的有代表性的事情介绍清楚。在介绍个人业绩时，需要注意以下方面。

第一，业绩要与应聘职位需要的能力紧密相关。如果应聘技术岗位，就不需要介绍销售业绩。

第二，要介绍自己的业绩，而不是团队的业绩，因为用人单位要招聘的是"你"，而不是"你们"。

第三，业绩要有量化的数字，要有具体的证据。不要用"很好""很多"等笼统的词语；也不要用"大概""约""基本"等概数，而要用确切的数字，如不要说"我在大学，学习成绩很好"，要说"我在大学期间，综合成绩名列前茅，获得了一等奖学金，荣获了'三好学生'称号"。

第四，介绍的内容应当有所侧重，不要以流水账的形式介绍，要着重介绍那些能体现自己能力的重点。

第五，介绍业绩取得的具体过程时，要巧妙地埋伏笔。如在介绍校外实践成果时，可以这样描述："虽然在工作中遇到了很多的问题，但是我还是成功地克服并达成了业务目标。"引导考官提问"遇到了哪些问题"，然后你就可以进一步阐述细节内容，体现出自己处理问题的能力。

🍵 经典范例

自我介绍

在大学期间，我不断充实和完善自己。学习上我刻苦认真，成绩优异，所学主要基础课和专业课成绩均在优良水平，平均成绩84分，除了专业课学习外，我还注意优化自己的知识结构，适应时代对人才的要求，考取了计算机国家二级证书以及普通话等级证书。在英语学习方面，我在学习大学英语的基础上，具备了一定的翻译、阅读、口语及写作能力，现在正向更高目标努力。同时我自学并掌握了计算机操作技能。此外，我还积极进行各种社会实践，提高了自己的综合素质，尤其是在今年八、九月份的教育实习中，我获得了宝贵的教学管理经验。总之，在大学期间，我提升了学习技能，不断地鞭策自己前进，成长为一名合格的大学生。

范例分析

大学生刚毕业可能社会工作经验不足，在做自我介绍时既要突出学习能力，又要表现学习态度。

4. 你想做什么

想做什么，代表着求职者的职业理想。在这个部分，求职者需要介绍自己对应聘职位和行业的看法和理想，包括职业生涯规划、对工作的兴趣与热情、对未来的工作规划、对行业发展趋势的看法等。在介绍时，求职者还要针对应聘职位合理编排每部分的内容。与应聘职位关系越密切的内容，介绍的次序越靠前，介绍得越详细。

（三）结束语

自我介绍后，考官可能就其中某一点向你提出问题，也可能过渡一下，继续下面已经安排好的问题。这时考官会说："我们十分欣赏你的能力"或"你的自我介绍很精彩"等，这意味着自我介绍的结束。这时，一定要站起来对考官表示感谢，说声"谢谢"。求职者在走出面试房间时应先打开门，转过身来向考官鞠一躬，并再次表示感谢，然后轻轻地将门关上。

☕ 经典范例

自我介绍

各位考官，你们好！我是一名应届本科毕业生，主修的专业是工商管理，辅修的专业是历史学。大学四年的学习和生活增强了我各方面的素质。在学习上，我成绩优异，连续获得三次校级一等奖学金。参加了本校创新课题"关于 v 的实证分析"，这一课题获得校科研创新二等奖。同时，大学期间我也参加了丰富多样的社会活动。如我报名参加了中华世纪坛的讲解志愿者活动，凭借平时的扎实功底，我在面试现场能够流利地回答考官关于专业方面的问题，最终从 300 多名报考者中脱颖而出，成为志愿者中的一员。

此外，从课外实践活动中，我还收获了精诚协作的团队精神，锻炼了自己的语言表达能力。如前所述，在成为讲解志愿者之后，我坚持按照场馆的时间安排表，准时参加每一次的志愿者活动。我所在的志愿者小队有一个优良的传统，就是在正式开展活动之前都要开一次简短的小会，就本次讲解中大家感到困惑和不好向参观者表达的地方进行讨论，互相切磋、演练，纠正发音不准和表达不合适的地方。正因为这一点，我们小队获得了馆里"优秀团队"的殊荣。小队里有不少白发苍苍、言行儒雅的老教师，虽然他们已经退休，但还用自己渊博的知识坚持发挥余热，我经常向他们请教，不管是学习问题还是生活问题，这令我受益匪浅，因此也结识了不少忘年之交。

我即将走上新的工作岗位，我将怀着更大的热情投入工作中去，发挥自己的特长，完善自己，努力完成工作，实现自己的价值。

三、 面试自我介绍注意事项

第一，自我介绍时，应该避开介绍内容的禁忌，忌讳主动介绍个人爱好。忌讳使用过多的"我"字。忌讳头重脚轻，忌讳介绍背景而不介绍自己，忌讳夸口和说谎，忌讳过于简单而没有内容。

第二，面试之前一定要写自我介绍的提纲或草稿，最好对着镜子或找些朋友试着讲述几次，感受一下，尽量让声调听来流畅自然，充满自信。

第三，介绍时要多用短句子以便于口语表述，在段与段之间可使用过渡性的句子，尽量避免颠三倒四，同一句话反复说几遍。

第四，避免过分使用语气词和口头语。例如，经常用"那么""就是说""嗯"等引起下文，不仅有碍于内容的连贯，还容易让考官生厌。

第五，注意掌握时间，如果考官规定了时间，一定要注意时间的掌握，既不能超时太长，也不能过于简短，一般在 3 分钟之内。

第六，做自我介绍时，眼睛千万不要东张西望，四处游离，显得漫不经心的样子，这会给人做事随便、注意力不集中的感觉。眼睛最好要多注视考官，但也不能长久注视，目不转睛。

第七，尽量少一些手的辅助动作，因为毕竟不是讲演，保持一种得体的姿态很重要。

◉ 课堂训练

1. 修改下面自我介绍中的不当之处。

各位领导好！非常荣幸能参加这次面试。我来自美丽的海滨城市，今年 24 岁，是大学本科的应届毕业生。闽南的山水哺育我长大，我的血液里流淌着闽南人特有的活泼开朗的性格和爱拼才会赢的打拼精神。

本人在校期间，勤奋学习，积极参加学校各项活动，以使自己得到全面发展。自入学以来，就担任学生会干部，取得了一定的成绩，具备了一定的工作经验，并在班上的两次评优过程中，均被评为优秀团员。

本人写作能力很强，有一定的文字功底，在电视台实习过，写了许多新闻报道和通讯，相信自己能胜任文秘和宣传工作。

2. 学习相关求职视频，提升自我。

学生观看相关求职节目的视频，师生共同分析求职者面试时自我介绍的优缺点。

3. 设计自我介绍。

请结合自身情况，以求职者身份围绕岗位需求，设计一段自我介绍，限时 3 分钟，然后由学生和教师点评。该训练可利用录播设备，将学生自我介绍时的情形录制后重播，共同找出缺点，然后设法改善。

🔗 相关链接

招聘启事范例

某教育有限公司招聘启事

公司简介： 我公司是中国幼儿园、亲子园建设和发展的创新力量，是中国幼教行业的领军品牌，致力于向全国数以万计的幼儿园提供管理咨询、连锁经营和品牌加盟服务。

我公司以直营幼儿园为载体，布局东北、京津冀、山东、武汉及周边、长三角、珠三角六个区域中心，目前已拥有多所直营园。我公司有多个子公司及品牌。业务涉及投资、海外学校、互联网、人工智能、电商与工厂、设计、工程、培训、出版、幼儿园、亲子园运营等多个领域。2018 年，我公司与出版社合作出版了教育类图书，标志着我公司的教学培训系统更具系统化、专业性、国际化、实操性的特征。

我公司积极布局海外市场。2016 年我公司在加拿大安大略省的伊利堡，投资开办了蒙台梭利学校，是我公司幼儿国际班海外基地及我公司幼儿、教师的游学基地。

招聘岗位： 幼儿教师

工作职责： 负责执行教学管理制度，负责班课程管理，负责班级环境管理，负责家长工作管理，负责班级事务管理。

任职要求： 具有幼儿教师资格证书，普通话水平二级甲等及以上，具有学前教育专业大学专科及以上学历，具有扎实的学前教育理论知识和实践经验，有一定的专业基本功(弹唱、绘画、手工等)，有较强的幼儿(家长)活动的设计、组织、实施能力。

某集团招聘启事

我集团是以民生地产为基础，金融、健康为两翼，文化旅游为龙头的世界 500 强企业集团，已形成"房地产＋服务业"产业格局。我公司有员工 10 万多人，解决就业 210 多万人。

招聘岗位： 设计管理

工作职责： 主要负责地产项目总体规划方案设计、建筑设计、装修设计、园林设计、施工图纸审核管理、新材料研发等管理工作。

岗位要求： 建筑学、城市规划、环境设计、艺术设计、材料工程、工程管理、结构工程、工民建、电气、自动化、暖通、空调制冷等相关专业。

某通信技术股份有限公司招聘启事

我公司于 1995 年 9 月注册成立，作为民营企业，我们走过了快速的发展历程。创业初期，全年产值只有 45 万，到 2001 年产值首次突破亿元大关。凭着对市场的敏锐把握与开拓，首先研发推出公司的起家产品，该产品属国内首创，市场占有率为 25%，高居全国第一，1999 年该产品荣获市科技进步二等奖。致力于为电信运营商提供覆盖窄带业务到宽带业务的接入产品，为通信网络提供全面的接入网解决方案。我公司拥有自己独立的研发和生产中心，员工总数也由 1993 年的 4 人增长到今天的 300 多人。其中 90% 以上具有大专、本科、硕士学历，拥有一支高素质的研发、管理和营销队伍。高科通信在研产、供销等方面全面发展，致力于为电信运营商提供覆盖窄带业务到宽带业务的接入产品，为通信网络提供全面的接入网解决方案，立志于成为国内通信设备接入领域一流的企业。公司根据不断变化的市场陆续开发出七大系列一百余种产品，掌握了接入领域的多项核心技术，具备强大的技术开发能力。

招聘岗位： 前端开发工程师

岗位职责： 智慧城市、网络管理应用软件设计与开发，保证产品各项功能和性能指标满足业务需求，保证研发进度和质量；根据公司软件工程规范完成所需要的软件设计，编码和测试等工作。

任职要求： 统招本科毕业，2 年及以上软件开发经验，计算机、电子、通信类相关专业毕业；精通 Java 等开发语言，掌握 JavaScript、HTML5、J2EE、Spring 等前、后端开发技术与实用框架；有丰富的 Web 应用开发经验，熟悉 MySQL 等常用数据库；有智慧城市各子系统/SDN 控制器/EMS、NMS 网管 实际开发经验者优先；具备良好的软件工程意识，热爱软件开发工作。

福利待遇： 5 天 8 小时工作制，周末双休，按照国家规定享受法定节假日；六险一金（养老保险、失业保险、生育保险、医疗保险、工伤保险、团体意外险、住房公积金）；免费供应可口的早餐、中餐，解决您对工作用餐问题的后顾之忧；公司班车接送，让您更为方便快捷地往返工作地和居住地；高额证书补贴。

◎ 思考与训练

1. 面试自我介绍有哪些基本原则？

2. 面试核心介绍包括哪些内容？

3. 试分析下面自我介绍的优缺点。

尊敬的各位评委老师：

能参加今天的面试，并向各位评委老师学习，我很高兴。同时通过这次面试也可以把我自己展现给大家，希望你们能记住我，下面我简单介绍一下我的基本情况。

我叫××，今年××岁。毕业于××大学。我性格活泼开朗，大方热情，乐于助人，平时喜欢阅读、看书和上网浏览信息。我曾经在××学校参加过教学实习，在实习期间我严格按照正式教师的标准来要求自己，进行语文教学和班级管理。我深入学生中，和他们相处融洽，和他们一起布置教室，开主题班会，组织大家开展篮球赛、参与诗歌朗诵比赛等。实习期间学习了语文教学的各种知识，掌握了一定的中学语文教学技巧，也对班主任工作和学生工作有了一定的认识，找到了自己的管理班级的一套方法。同时，在实习中，身边教师无私奉献的精神和天真、求知若渴的学生们勤奋的学习态度深深地感染了我。我也深深体会到了作为一名"人类灵魂的工程师"的乐趣和重要意义，更加坚定了自己做一名教师的决心，成为一名教师也成了我的愿望。

教师这个职业是神圣而伟大的，它要求教师不仅要有丰富的知识，还要有高尚的情操。为了成为一名教师，我在自己已掌握的专业知识的基础上，不断拓展自己的各种能力，培养自己的爱心、责任心和耐心，不断提高创新能力、竞争能力和分析、处理问题的能力，并参与各种活动。我不仅广泛培养自己的兴趣爱好，还学有专长，除擅长写作和打排球外，还会唱、会说、会讲。"学高仅能为师，身正方能为范。"在注重知识学习的同时，我还注意培养自身的道德情操，自觉遵纪守法，遵守社会公德，使自己具有一名教育工作者应该具备的最起码的素养。

如果，我通过了面试，成为贵校教师队伍中的一员，我将继续虚心学习，努力工作，发挥自身所长，为教育事业贡献自己的力量，决不辜负"人类灵魂的工程师"这个光荣的称号。

🔍 学习提升

智慧树慕课：求职 OMG——大学生就业指导与技能开发

任务3 面试问答技巧 //

🧳 经典案例

小王硕士毕业，在学校时是标准的学霸，工作上更是能力强大，但即使这样的人才在世界500强公司的面试中还是被淘汰了。他一开始是意气风发，过关斩将冲到了最后，却因为一个问题的答案当场被淘汰。面试官问："一只螃蟹8条腿，100只呢？"听完问题，小王内心乐开花了，觉得这个问题简直太简单了，小学生都能够回答。小王脱口而出："800条。"听完他的答案，面试官还来不及有何说法，一旁的另一个面试者迫不及待地说："这个答案是不一定的。一只螃蟹8条腿，100只呢？这里的100只并没有说明指的是螃蟹，也可以是其他动物，比如是鸡呢？鸡可只有两条腿。"听完这两个答案，面试官肯定了后者的回答。

（选自新浪网：《面试官：你被淘汰了》）

案例分析

不得不说这个问题问得有点刁钻。但很明显，这道题要考查的重点并不是答案是多少，而是考查求职者的思维活跃与否，面对问题能不能灵活处理，能不能思考全面。相对于小王的正常思维答案，第二个答案确实给人更大的想象空间。毕竟一个好的员工，除了服从指挥，认真工作以外，更需要的是不断地创新，这个就需要人才具备的跳跃性思维。一个人的思维能力越高，那么他在工作上更能与时俱进，更能在工作上有所成就，这也是我们很多人所很难具备的。当然，对于这样的面试考题，很多人觉得有点另类，有点语不惊人死不休，但同时也说明了时代在改变，我们的思维方式也要跟上。

"台上一分钟，台下十年功"，面试像是一场演出；"知己知彼，百战百胜"，面试更像是一场战争。求职者要迎战考官提出的一个又一个问题。面试中的问答是面试的重中之重，求职者的回答将成为考官考虑是否录用他的重要依据。根据面试问题的出现频率和回答的难易程度，面试问题可分为常见问题和特殊问题两类。

一、 面试一般问题回答技巧

（一）动机类问题回答技巧

1. 出题原因

动机类问题通常是考官最先问到的问题。求职动机类问题能够考查求职者的求职动机与拟任职位的匹配性，内容会涉及求职者的价值取向和生活态度等多个方面，从求职者的回答来评估其是否适合该职位。

2. 考官问法

"你为什么选择我们公司?""你为何想离开原工作单位到我们公司来呢?"

3. 回答思路

建议从行业、企业和岗位 3 个角度来回答。对于职场新人，由于没有工作经验，建议可以坦诚地说出自己的动机，但是用语要经过思考。求职者必须充分地了解应聘的企业和部门的工作性质，企业提供的职位应达到的工作目标是什么。这样才能有针对性地回答求职动机和意愿，即把个人的人生追求与用人单位、应聘职务联系起来。求职者要多谈积极性的求职动机，比如"我喜欢有挑战性的工作""可以更好地锻炼自己，实现人生进取的目标""我本人不喜欢轻闲的工作，越是有创意的事业我越爱干""我十分看好贵公司所在的行业，我认为贵公司十分重视人才，而且这项工作很适合我，相信自己一定能做好"等。少谈或者不谈消极性的求职动机，比如"我来求职是因为在家里待着没意思""失业了，没个事儿干，让人家瞧不起"等。

（二）个人爱好、 特长类问题回答技巧

1. 出题原因

求职者的业余爱好和特长在一定程度上能反映求职者的性格、观念和心态，这些要素对于今后求职者的工作态度、工作稳定性等有重要影响，也是招聘单位问这类问题的主要原因。

2. 考官问法

"你有什么业余爱好?""你有什么特长吗?""你在节假日喜欢做些什么?"

3. 回答思路

求职者一定不要说自己没有业余爱好或特长，也不要说自己的一些庸俗的、令人感觉不好的爱好和特长，如玩游戏等，也不能说自己仅限于读书、上网等爱好，否则可能令考官怀疑面试者性格孤僻。最好能有一些户外的业余爱好，如打篮球、爬山、游泳等。求职者要尽量突出自己的长处，但也要适度注意分寸，不要给考官以浮夸、吹嘘的感觉。回答问题的重心要放在对应聘的新职位有利的爱好和特长上，否则考官不会对你感兴趣。回答问题时，最好以事实为证，如可以说"我喜欢打篮球，在大学期间参加过学校的三人篮球比赛，获得了冠军"。

（三）个人优缺点的回答技巧

1. 出题原因

求职者的优缺点在一定程度上能反映求职者对自己的评价，也能反映求职者的性格、修养等，这些要素对于今后的工作态度有重要影响，是招聘单位问这类问题的主要原因。

2. 考官问法

"你觉得你个性上最大的优点是什么？""你最大的缺点是什么？"

3. 回答思路

优点回答提示：沉着冷静、条理清楚、立场坚定、顽强向上、乐于助人和关心他人、适应能力和幽默感、乐观和友爱。我经过一到两年的培训及项目实战，加上实习工作，使我适合这份工作。

缺点回答提示：这个问题考官问的概率很大，考官通常不希望听到直接的回答，如果求职者说自己心眼小、爱忌妒人、非常懒、脾气大、工作效率低，考官肯定不会录用你。绝对不要自作聪明地回答"我最大的缺点是过于追求完美"，有的人以为这样回答会显得自己比较出色，但事实上，他已经岌岌可危了。考官喜欢求职者从自己的优点说起，中间加一些小缺点，最后再把问题转回到优点上，突出优点的部分，考官喜欢聪明的求职者。

（四）实践经验类问题的回答技巧

1. 出题原因

一般情况下，如果招聘单位在招聘启事中没有提出必须具备工作经验的要求，面试时对应届毕业生提出了这个问题，说明招聘单位并不真正在乎"经验"，关键看求职者怎样回答。

2. 考官问法

"你是应届毕业生，缺乏经验，如何能胜任这项工作？"

"请谈谈你的工作经验。"

面试一般问题
回答技巧（下）

3. 答题思路

对实践经验类问题的回答要体现出求职者的诚恳、机智、果敢。求职者要注意关于工作经验的回答是不能编造的，必须如实说明，否则会给考官以不诚实的印象。回答时语气既要肯定又要谦虚。应该尽量说明以前的实践经验如何对这份工作有利。如"作为应届毕业生，在工作经验方面的确会有所欠缺，因此，在读书期间我一直利用各种机会在这个行业里做兼职。我也发现，实际工作远比书本知识丰富、复杂。但我有较强的责任心、适应能力和学习能力，而且比较勤奋，所以在兼职中均能圆满完成各项工作，从中获取的经验也令我受益匪浅。请贵公司放心，学校所学及兼职的工作经验使我一定能胜任这个职位。"

（五）知识类问题回答技巧

1. 出题原因

知识类性问题能考查求职者对所要从事的工作必须具备的一般性和专业性知识的了解和掌握程度。

2. 考官问法

知识类的问题包括常识性的知识和专业性的知识。常识性的知识是指从事该工作的人都应具有的一些常识。例如，销售人员应了解一些必要的商务礼仪，人事工作者应了解必要的劳动人事制度和法规等。专业知识指专业领域的相关知识，例如对网络维护人员的面试来说，就可能会提出下列专业问题：什么是计算机病毒？如何更好地预防计算机病毒入侵？

3. 答题思路

对于知识类的问题的回答并没有什么窍门，只能靠求职者自己平时的积累和扎实的基础展开回答。

二、 面试特殊问题回答技巧

面试特殊问题
回答技巧

（一）智力类问题回答技巧

1. 出题原因

智力类问题能够考查求职者的反应能力、逻辑分析能力、判断能力等。

2. 考官问法

选择一些智力题，考查求职者的综合分析能力。比如，在某软件公司的面试中，曾经有这样一道面试题：假如你在飞机上遇到一位高尔夫球的生产商，向你询问中国每年消耗的高尔夫球的数量，你该怎样回答？

3. 答题思路

智力类问题一般不是要求职者发表专业性的观点，也不是对观点本身正确与否做评价，而主要是看求职者是否能做到言之有理。怎样回答，对于在现实生活中见都没见过高尔夫球的人来说无疑是一头雾水。其实对于这种不可能回答的问题，只要找到它的解决办法就可以了，因为连考官自己也不知道问题的答案。求职者可以这样回答："首先，统计中国高尔夫球场的数目。其次，统计平均每天有多少位客人。再次，统计每位客人平均每天消耗的高尔夫球的数量。最后，我们把 3 个数相乘，其结果再乘一年的营业天数，就可以知道中国每年消耗的高尔夫球的数量。"

（二）情境类问题回答技巧

1. 出题原因

此类试题能够考查求职者的应变、计划、组织、协调能力和情绪稳定性，是目前面试中广泛使用的一种提问方式。

2. 考官问法

设计一种假设性的情境，考查求职者将会怎么做。此类试题的基本假设是，一个人说他会做什么，与他在类似的情境中将会做什么是有联系的。如"当你的客户很明显在刁难你的时候，你会如何应付？"

3. 答题思路

对于此类试题，求职者首先要理解自己的角色，把自己放到情境中去，然后提出比较全面的行为对策。如"首先要以公司的利益为重，尽可能让客户明白，公司的宗旨是全心全意地服务于客户。很多时候我相信客户对于我的刁难也是出于对我公司办事能力的一种考验，我一定会竭尽全力使客户相信公司，相信我。不过，如果客户提出一些很过分甚至违背人性的要求，我是不会妥协的，我相信公司也一定不会让员工在外受到人格上的侮辱。"

（三）压力类问题的回答技巧

1. 出题原因

这种问题通常是故意给求职者施加一定的压力，看看其在压力下的反应，以此考查求职者的应变能力与忍耐性。

2. 考官问法

有时考官可能提出真真假假的"题外题"。某电视台招聘记者，小郑前去应聘。面试中，考官指出："你说你爱好写作，可是我看了你填的报考表，在'自我评价'栏中居然出现了3处语法错误，现在既没有多余的表格，也不准涂改，你怎么办？"

3. 答题思路

对于压力类试题，求职者不要简单地就题答题，要全面考虑，让答案更完整圆满，首尾呼应，不要顾此失彼，留下缺漏，授人以柄。如对于上面提出的问题，小郑听罢吃了一惊，心想填表时自己是字斟句酌的，怎么会有3处语法错误呢？但时间不允许他多想，他当机立断，回答说："为了弥补失误，我可以在表后附一张更正说明，上面写上'某某地方出现了3处语法错误，实属填表人的粗心，特此更正，并向各位致歉。'""不过，"他停顿了一下说，"在发出这份更正说明之前，我想知道是哪些错误，因为不能无的放矢，错误地发出一份更正说明，我不愿意再犯这种错误。"他机智应对的话令考官们笑了。其实他的报考表并没有错误，这不过是考官设的一个"圈套"，用以考查他的自信心和反应能力。从表达角度看，他的得分主要在于后半部的补充说明。这一段内容的表达十分完满，滴水不漏，印证了他机敏全面、认真仔细、一丝不苟的品格，为其赢得了好评。

（四）薪酬类问题的回答技巧

面试谈薪技巧

1. 出题原因

薪酬类问题是敏感问题，也是面试中非常重要的一项内容。考官在初步有意向选择某位求职者时才会提出薪酬问题。同时，提问的另一个目的，是观察求职者对薪酬的态度，这使许多求职者不知所措。有的感觉良好，盲目抬高身价，使费劲争取到的面试机会，因为薪酬问题而谈不和；也有的不谙行情，把自己的心理价位拉得过低，一旦被录用后觉得吃亏而消极怠工或是又想跳槽。因此谈薪酬时要掌握一定的谈判技巧，恰当地表达自己的愿望，就会达到预期的薪资水平。

一般来说，大企业由于其福利保障制度较为完善，薪酬控制较严格，除个别职位的薪酬可以有较大波动外，其余的有较为严格的标准；而中小企业为吸引人才，也为了弥补其福利方面或者是个人发展方面的不足，薪酬范围伸缩的可能性较大。

2. 考官问法

"你希望的薪酬是多少？""你对薪酬的期望值如何？""如果你被聘用，你有哪些要求？比如工资、待遇。"

3. 答题思路

（1）了解业界行情，知己知彼

薪酬问题是关系个人利益的事，因此一定要在入职前把薪酬谈好。面试前要了解业界行情，包括了解所应聘行业全国范围的薪酬水平，掌握该行业的景气指数、科技含量、发展前景，打听在该行业任职的前同事或学友的薪酬现状，并比较不同性质企业的工资水平，衡量自己的专业知识水平、实际操作能力和潜能，预测自己能创造的价值等。还可以从各大招聘网站，调查相同岗位的薪酬水平，然后取平均值。如果求职者在面试中表现得比较好，可以将薪酬水平提高 10%～20%，如果对方比较认可你，这个范围一般企业都会接受的。

（2）拉长战线，以退为进

面试过程中不要给考官太想进入公司的感觉。因为很多企业喜欢用低薪招聘，所以无论求职者面前的这家企业有多么优秀，多么符合求职者的期望值，也要在面试中让对方感觉到你还有其他的公司备选。如果在面试中表现得过于急躁，表明求职者急需这样一份工作，那么薪酬水平就不会太高。所以求职者要试图将战线拉长，打一场漂亮的拉锯战，这样在"谈薪"的谈判桌上就多了一份筹码，薪酬才会高一些。如果你已经调查了解了将要从事的工作的合理薪酬水平，在协商时可以使用"合理的市场价值"等词汇，可以试着说："我对薪酬没有硬性要求。我相信贵公司在处理我的问题上友善合理。我注重的是得到工作机会，所以只要条件公平，我不会计较太多。"或者说："钱不是我唯一关心的事。我想先谈谈我可能对贵公司创造的价值和所做的贡献。如果您允许的话。"这样以退为进，证明你对公司的价值，并表明你要求更高薪酬是以你的工作表现为前提的。

（3）避免主动提出，灵活掌握

面试过程中，通常最后才是"谈薪"环节，如果求职者是初入职场，一定要避免主动提出薪酬待遇的问题。当被考官问及期望的薪酬时，千万不要直接给出自己的心理价格。最好的方法是请对方讲下公司的薪酬体系，然后再结合自己的情况谈薪酬。你可以婉转地对对方说："对这个职位贵公司应有明确的薪酬标准，我愿闻其详。"或问："不知道这个职位前一任职员的薪酬是多少呢？"

如果面试不久，对方就提及薪酬的事，而且态度友善，你可以婉转地说明："我们何不把薪酬的事放到最后，重要的是您觉得我是否合适，能否对公司有所贡献，否则，谈薪酬言之过早。"千万不要主动提出你希望的薪酬数目。如果面试已进行到了一定程度，该是谈薪酬的时候了，你也绝对不要比对方先提出确切的数字，先提出数字的人往往就是输家。通过了解对方公司的薪酬水平以及其他福利，稍加判断，给考官一个预期价格。你可以告诉对方，自己上一个公司的收入，然后谈一谈对薪酬、福利、工作环境的看法。

三、 面试问答注意事项

技巧是锦上添花的，外在的作用也是有限的，实力才是真正的竞争力。求职者的实力是面试取胜的根本。但是在面试问答中，求职者也应注意以下事项。

（一）观点正确， 要点准确

观点是回答问题的灵魂，观点的正确是问答的基础。要使自己的观点正确，就必须加强对国家的路线、方针、政策及国内外时事政治和经济形势的学习。同时，回答问题前应梳理观点，明确从几个方面来说，要点要准确，做到直截了当，重点突出。

（二）全面辩证， 条理清晰

对很多面试题的回答要辩证地分析，思想要开阔，忌绝对化，大多应采用辩证的观点去评析，防止答问出现片面性、简单化。同时，面试要求求职者有较强的逻辑思维能力，在听到面试题后的思考准备中，首先要求思维的逻辑性，然后便是陈述的逻辑性，这种逻辑性要求层次清晰、条理分明、前后衔接紧密、表述前后呼应。

（三）见解独特， 认识深刻

考官要接待若干名求职者，相同的问题要问若干遍，类似的回答也要听若干遍，考官会有乏味、枯燥之感。求职者不要生搬硬套书上、前人既定的观点思想，没有自己思想的求职者很容易直接出局。只有具有独到的个人见解和个人特色的回答，才会引起对方的兴趣和注意。求职者可以提出自己独特的看法、另类的视角，甚至是批评、推翻前人的看法、观点，只要言之有理，能自圆其说即可。

（四）实事求是， 坦诚相对

面试遇到自己不知、不懂、不会的问题时，不应不懂装懂或回避闪烁、牵强附会，应诚恳坦率地承认自己的不足，这样反而会赢得考官的信任和好感。

（五）善于倾听， 勤于思考

求职者要善于倾听。倾听是问答的基础，求职者应耐心、专心、细心地倾听考官谈话内容的要点，主题的变化，语音、语气、语调、节奏的变化等各种信息，准确进行分析，然后进行回答。倾听时身体要前倾，并用点头或摇头等肢体语言表达你对所提问题的理解程度。

求职者要善于思考。考官问完问题后，求职者可以考虑 5 ~ 10 秒后再作答。若是你在回答这些问题时根本不用思考，且倒背如流，考官的第一感觉可能是你事先经过了精心准备，继而会对你所说内容的真实程度打个问号。在回答时，要注意语速不可太快，太快容易导致思维与表达脱节。同时，问答过程中尽量不要抢话，更不要打断对方的讲话。如果确实需要插话，应先征得对方的同意，用商量的语气问一下："请等一下，让我问一句好吗?"或"我提一个问题好吗?"

（六）仪态大方， 情绪稳定

求职者要表情自然，仪态大方。考官试图通过你对一些问题的回答观察你在压力下的反应，所以应避免消极的身体语言。如经常摸嘴、回答问题前假声咳嗽、咬嘴唇、笑容僵硬、抖动腿脚、交叉胳膊等。

求职者要善于管理自己的情绪。面对考官提出的意想不到的问题或刁钻的问题时，一定要稳定情绪，沉着理智，千万不能乱了方寸。

◉ 课堂训练

面试问答训练

1. 一般问题问答训练

模拟面试常见问题的问答，由教师提问，学生根据自己的情况作答。训练学生的反应能力，提升学生在面试中回答问题的技巧。

（1）了解求职者基本情况、能力和经验

①请问你在大学期间，参加过哪些社团或实践锻炼？

②你有组织大型活动的经验吗？

③你担任过某个团队的领导者吗？请简单介绍下你带领的团队。

④请描述一下你在大学期间所完成的你认为最好的一次团队合作，为什么你觉得是最好的？

⑤谈谈你的家庭情况。

⑥你有什么业余爱好？

⑦谈谈你的缺点。

⑧你的座右铭是什么？

（2）了解求职者的岗位适配度

①能说一下你对我们这个岗位的理解吗？

②你对要选择的公司有什么标准吗？

③你对我们公司了解有多少？

④你未来3到5年的职业规划是什么？

⑤请举例说明你如何同时处理多个问题。

⑥讲述你在一次重要目标争取中失败的情况。

⑦如果我录用你，你将怎样开展工作？

⑧你是应届毕业生，缺乏经验，如何能胜任这项工作？

2. 特殊问题问答训练

（1）某酒店面试题模拟训练

如果你被调到某酒店当总经理，上任后发现2019年第四季度没有完成上级下达的利润指标，其原因是该饭店存在着许多影响利润指标完成的问题，具体如下。

①员工伙食差，意见大，餐饮部饮食缺乏特色，服务又不好，对外宾缺乏吸引力，造成外宾到其他酒店就餐。

②分管组织人事工作的主管调离岗位已有月余，人事安排无专人负责，不能调动职工积极性。

③客房、餐厅服务人员不懂外语，接待国外旅游者靠翻译。

④服务效率低，客房挂出"尽快打扫"门牌后，仍不能及时把房间整理干净，旅客意见很大，纷纷投宿其他酒店。

⑤商品进货不当，造成有的商品脱销，有的商品积压。

⑥总服务台不能把市场信息、客房销售信息、财务收支信息、客人需求和意见等及时地传给总经理及客房部等有关部门。

⑦旅游旺季不敢超额订房，生怕发生纠纷而影响酒店声誉。

⑧仓库管理混乱，吃大锅饭，物资堆放不规则，失窃情况严重。

请问：上述因素中，哪三项是造成2019年第四季度利润指标不能完成的主要原因（只准列举三项）？请陈述你的理由。

（2）某信息技术集团面试题模拟训练

在奴隶社会的一个城邦，住着一万名奴隶主、一万五千名半自由民和三万名奴隶。这个地方因为水源不太卫生，经常暴发瘟疫，然后人口数量下降得很厉害。所以他们感受到了来自邻近的强大的城邦的威胁。他们决定进行一系列的改革来抵御侵略、繁荣经济、发展城邦。然后你奉命去进行调研。

城邦的大致情况是这样的：奴隶主的窝棚集中在城邦的中心区域，居住地相对集中，本身不从事生产劳动，在他们的居住地附近有讲堂和神庙；而半自由民的居住地相对比较分散，居住地点分散在城邦外围的各个农田的邻近的位置；在城邦的附近有一条小河。

奴隶主a："最近经常闹瘟疫，我的奴隶都死了好多，没人给我交粮食和钱了。"

奴隶主b："饮水太不卫生了，我们需要水渠。"

奴隶主 c：“我希望到讲堂讲学，所以最好将讲堂修缮一下。”

半自由民 a：“我的孩子要是有机会上学就好了。”

半自由民 b：“我最近织了些草鞋去卖，赚了不少钱。不过好像越来越难卖出去了。希望大家都来买我的草鞋。”

奴隶 a：“再不下雨的话田里的庄稼就完了。”

奴隶 b：“越来越难给奴隶主上交钱和粮食了。”

请你规划改善城邦的目标，找出城里需要建设或改善的设施，提出管理城邦的方法，画出一张设施规划图。

3. 某通信技术有限公司面试题模拟训练

题目：选总经理。如果要录用曹操、孙权、诸葛亮和刘备为总经理，请你把这 4 个人按照你的想录用的意愿从强到弱排序。

流程：5 人一组，15 分钟讨论，4 分钟陈述，1 分钟小组其他成员补充。

4. 某市公务员面试模拟训练

面试指导语：你好，首先祝贺你顺利通过了笔试，欢迎你参加今天的面试。我们会问你一些问题，请你发表自己的见解。对我们的问题，希望你能认真和实事求是地回答，尽量反映自己的实际情况、真实想法。面谈的时间为 5 分钟左右，在回答每个问题前，你可以先考虑一下，不必紧张。好，现在我们开始。

①请你简单介绍一下自己的基本情况和主要经历。

②工匠精神，是指工匠对自己的产品精雕细琢，精益求精、追求完美的精神理念。请谈谈你对“工匠精神”的理解。

③“问题是时代的声音”，中央屡屡强调，各级领导干部要有“问题意识”。请谈谈你的理解和看法。

◎ 思考与训练

1. 面试常见的问题有哪些？

2. 面试问答过程中应注意哪些问题？

3. 请根据个人基本情况进行模拟应聘，回答面试问题。

（1）某地推行以自行车为主的城市慢行交通，但是实行效果不是很好。有部分机动车还占用了自行车道，甚至把自行车道当停车场。对此，你怎么看？

（2）为了帮助青年员工认识和学习优秀传统文化，单位计划开展一次宣传活动，领导让你来负责此次活动，你会怎么办？

（3）老张上交了一个方案，你提出了个人建议，但是老张没有采纳。后来老张的方案被领导否决，而领导的方案与你提的一致，老张认为是你打了小报告，同事也在议论你。请问你该怎么办？

（4）大学生创业园基础设施不完善，创业者反映水、电、网经常会出现问题，还很难找到相关人员反馈设施问题。作为园区管理人员，你认为该如何解决？

阅读推荐

江龙：《职场口才宝典》，南昌，百花洲文艺出版社，2012。

学习提升

1. 智慧树慕课：面试沟通技巧
2. 电视节目：《你好！面试官》

任务 4　电话面试技巧 ///

经典案例

　　陈某是一个看上去就特别执着的人。他告诉记者，他一直知道自己并不是最优秀的，但他认为自己身上有很多别人所没有的优点，比如毅力。他只要认定了的事，就会去竭力争取。他向记者讲述了自己的面试经历，内容如下。

　　我在招聘会上转了半天，终于看中了一家自己向往已久的公司。放下简历后，我就站在公司招聘位置附近观察，看看给这家公司投简历的都有些什么人，我把这叫作知己知彼。一个下午，该公司大概接了不下百份简历。我心里想，自己不可以就这样被动地等着他们打电话过来——一百多个人中就招一个人，我的机会只有百分之一。

　　第二天一大早，我就按照招聘材料上的电话打了过去，接电话的是个年轻的女孩。我告诉她我昨天投了简历，想知道什么时候会有结果，女孩记下了我的名字和联系电话，然后让我等等看，说面试通知三天之内就会有。第三天，我被通知参加面试。到了单位后，我发现一共有 10 个人被选中参加这次面试。面试我们的是个年轻的女孩。在说到薪酬时，我把自己的真实想法说了一通，我觉得自己目前还没有谈薪酬的条件，自己的实际工作能力也还没有得到发挥，这时候是无法去估量薪酬的。当我说这些话时，我注意到面试的女孩在一边点头。

　　临走时，女孩说她并不是这里的负责人，主管出差了，所以最后的面试结果还要请主管根据简历来定。又是三天，我还没有等到第二轮面试通知，于是我又打了个电话过去。对方仍是第一次接我电话的女孩，她在问了我的名字后说她可以先帮我去人事部问问看。中午的时候，公司通知我当天下午去参加第二轮面试。下午，我赶到公司时，人事主管对我说："你们四个都去体检吧，体检结果出来后再说。"

　　参加体检后，好久没有我的消息。思考后，我又给公司打了第三次电话。公司回复我，他们正在商量，等决定后再打电话给我。就在我挂断电话后不到 5 分钟，公司打电话过来让我下周一过去见习。现在我已经在公司正式上班一个多月了。在公司的一次聚会中，我才知道三次面试的名单中都没有我，我的三个电话给了我三次机会。后来，人事主管对我说："小陈，你很主动。尽管你不是面试中最优秀的学生，但公司看重的就是你的这种主动精神，公司欢迎真诚想发展的人，是你为自己赢得了这个工作机会，好好干吧！"

（选自豆丁网：《大学生面试案例分析》）

案例分析

求职者可通过恰当的方式积极、主动地为自己争取机会。

一、电话面试的内涵和作用

（一）电话面试的内涵

电话面试就是企业比较繁忙或人力资源部门负责人（以下简称 HR）面对较多的简历无法逐一进行面试的时候，会通过电话简单地提几个问题，初步判断求职者的沟通表达能力等基本素质，以此节约招聘时间与招聘成本。电话面试短则 5 分钟，长则 20～30 分钟，取决于 HR 对求职者的判断。突如其来的电话面试，常使不少求职者手足无措。因此，掌握必要的电话面试技巧对于顺利通过第一轮面试有着至关重要的作用。

电话面试技巧

（二）电话面试的作用

1. 核实求职者的信息

在未见面之前，企业所了解的求职者的信息全部来自求职者的简历。所以，电话面试不仅是检验简历中已有信息的真实性，同时也会补充提问招聘单位所要了解的其他信息。

2. 考查求职者的沟通表达能力

求职者有学识、有技术，不会表达也是枉然，任何用人单位作为一个集体，所有的工作是需要团队合作的。所以，沟通表达能力是 HR 最看重的。

3. 筛选明显不符合招聘要求的求职者

电话面试不是仅接电话，再简单地交流一下而已，因为应聘单位通过电话面试的形式可以筛掉一批明显不符合招聘要求的求职者。

二、 电话面试的流程

一般来说，电话面试分为四个阶段：信息核实、进入面试、权利反转、面试结束。求职者只有掌握了电话面试的流程，才能够从容应对、步步为营。

（一）信息核实阶段

礼貌接听陌生电话时，首先要确认对方身份与来意。当然，一般 HR 都会直接告知求职者自己的公司名称、岗位以及确认是否是你本人等。如"您好！请问是王××同学吗？我是××公司，人力资源部李××。"这一环节，求职者需要注意以下几点。

第一，当对方说明自身公司信息以后，最好告诉用人单位，自己的确投递过。如果自己已经忘记了，也不要直接询问，建议接听陌生企业来电时进行录音，以便后续确认自己有无投递简历以及查询对方公司的信息。

第二，接到电话的时候求职者可能在路上开车，在厨房做饭，甚至身处商场、饭店等嘈杂的环境。如果不便于接听电话，要跟对方致歉，并约定时间回复。

第三，如果是固定电话，要记得询问对方如何称呼，因为有的公司一部电话几个人用，这样便于回复时找对人。回复时一定要用最快的时间整理思绪，做好准备，再接起电话，即使状态再差，也要通过声音传递一个饱满的状态给对方。

（二）进入面试阶段

电话面试过程中用人单位的问题会涉及非专业与专业两个方面，从而判断求职者是否适合该岗位。这一环节，求职者需要注意以下几点。

第一，提前准备好专业方面和非专业方面的问题。如自我介绍、职业规划、对公司的了解程度、自身的优势与弱点等。

第二，如果遇到某个问题没有听清，不要扯着嗓子喊"喂""听不到"等，给人留下不好的印象，尽量说"您好，不好意思，我没听清，能麻烦您再说一次吗？"等礼貌性的句子。

第三，如果 HR 问的是引导性的问题，不要觉得自己很熟悉就侃侃而谈，应加入一些对行业和品牌的个人观点。建议说一些适中的语句，避免陷阱问题。

（三）权利反转阶段

电话面试快结束时，一般用人单位都会问："你还有什么问题要问我吗?"这时候进入了权利的反转阶段。这一阶段是对求职者临场反应能力的考验，求职者要把握主动权。这一环节中，求职者需要注意以下几点。

第一，一定要有问题要问，避免尴尬和给人留下临场反应能力差的印象。

第二，问该问的，如什么时候出结果、岗位具体职责、将来可能的发展空间等问题。

第三，不要问不该问的，如薪酬福利、内部机密等。薪酬问题要等到对方明确表示你符合对方招聘期望的时候再问。

（四）面试结束阶段

当用人单位回答完求职者的问题或者表达要挂掉电话之前，一定要记得感谢对方来电，以及如果有相关疑问可以随时联系你的意思，这是一个人职业素养的体现。这一环节中，求职者需要注意以下几点。

第一，表达感谢对方来电之意。千万不能忘记，在面试结束的时候要记得感谢对方，表示占用了对方的时间。

第二，向对方说明如果有疑问欢迎来电。求职者要保证对方有你正确的电话号码，以便在接下来的时间里能随时找到你。

第三，电话面试结束后，求职者可以写一封关于面试的简短的感谢信，发到面试公司的电子邮箱。求职者如果发现在面试时有很重要的经历没有提到，那么这封感谢信将为你补充这些附加信息提供机会。一旦邮件发出去，需要留意一下是否有回复。如果在之后的一个星期内还没有得到任何答复，可以去个电话，询问关于是否可以有单独面试的机会。

三、 电话面试注意事项

（一）主动选择通话时间

接到电话的地点可能在任何地方，街道、商场、公共汽车站等，这些地方较为嘈杂，不利于沟通。你可以主动要求另约时间再联系，如说："对不起，我正有事，目前的环境比较吵，是否可以半个小时之后给您回电话?"HR 一般都会答应这样的要求。这时，你要留下 HR 的电话，等到约定的时间主动回复电话。

（二）心态平静

不要因为用人单位来电话，就显得比较紧张，导致语无伦次或者影响发挥，可以适当调整并快速进入状态。

（三）语气友善

最好能面带微笑，电话虽看不到表情，但也能听到语气，语气是体现友善、谦和态度的重要的工具之一。要坐直身体，并面带微笑回答问题。不要以为是电话面试，就可以斜躺在沙发上，跷着腿回答问题，相信你的表情一定会被 HR"看到"，要用重视、严谨的态度来对待电话面试。不能一边使用电脑上网，一边回答电话面试的问题，这样的回答心不在焉，效果可想而知。

（四）准备好简历

电话面试的时候，只能凭声音对对方进行判断，因此，应聘者在回答问题的时候要冷静干脆，手中拿着简历，有利于用肯定的语气回答 HR 的问题。拿着简历进行自我介绍既有条理，也不会遗漏要点。

（五）语速适中

求职者说话的语速不要太快或者太慢，给人感觉很紧张或者很不果断利落的错误印象。尽量保持适中的语速，一定要表述清晰、流畅，让对方觉得你的沟通表达能力不错。

（六）表述清晰

感到紧张是很自然的，不过求职者千万不要让紧张的情绪控制了自己。面试前要试着让自己慢慢放松，一旦你感觉到紧张，而且在说某些话时无法继续下去，最好停下来，深深地吸一口气，然后说："对不起，请让我再来一次！"没有人会因为这些细微的紧张就给你下定论。

（七）如实回答问题

如果没有听清对方的问题，可以再问一次，对问题要尽量如实回答，如果觉得说得不好，可以再重复总结一次。

（八）电话面试结束要感谢对方

面试结束时，要感谢对方来电话，感谢对方的认可，表达进一步合作的愿望，如你可以这么说："感谢您的来电，谢谢您对我的认可，我希望能有机会与您面谈，您有任何问题请随时来电话。"如果对方直接约定面试，一定要拿笔记下时间、地点，重复一次，保证准时参加面试。

👁 课堂训练

1. 模拟电话面试，回答下面电话沟通中的问题。

您好，请问是先生/小姐吗？

您好，这里是公司人力资源部，我姓王，您之前给我们公司投过简历，想花几分钟时间和您做一个简短的沟通，您现在方便吗？

您所学的专业是什么？

您在学校的成绩怎么样？

那您现在换工作的话，您想找一份什么样的工作呢？

能说一下您对我们这个岗位的理解吗？您现在的工作模式是什么？

您对要选择的公司有什么标准吗？

您那边的薪酬大概是个什么样的呢？底薪多少？提成如何？年薪大概多少？

您期望的薪酬是多少？

您之前了解过我们公司吗？

如果邀请您来公司面试，何时比较方便？

关于我们公司，您有什么问题想要咨询的吗？

2. 请根据给出的招聘要求进行1分钟的电话面试自我介绍。

招聘公司：某房地产销售公司

招聘岗位：助理实习生

岗位要求：年龄20周岁以上，统招大专（含）以上；有强烈的进取心、责任心、能承受工作压力；热爱销售工作，无经验亦可，有专业培训；有强烈的责任心、积极地工作态度。

薪酬待遇：无责任底薪5000元＋提成；初入行顾问平均薪酬为月度收入6000元；行业人均产能高，人均月度业绩2.8万；五险一金、带薪年假、带薪海外游、年度体检。

3. 请模拟某国际连锁快餐企业电话面试流程。

服务性行业选择性很大，你为何选择×××？

你认为在×××工作最需要什么？

你认为在×××工作最重要的是什么？

无论光顾的客人对于错，一旦发生争执，你如何面对和处理？

客人提出无理要求你如何应对？

你曾经在服务性行业做过吗？

思考与训练

1. 电话面试前应做好哪些方面的准备工作？

2. 电话面试包括哪些基本流程？

3. 电话面试过程中应注意哪些问题？

阅读推荐

1. [美]罗恩·费莱：《101种面试巧妙回答(世界500强面试)》，刘伟聪译，北京，中国铁道出版社，2011。

2. 郭晓博：《著名企业求职面试指南》，北京，电子工业出版社，2011。

学习提升

1. 智慧树慕课：职场菜鸟礼仪指南

2. 智慧树慕课：胡刚——职场沟通

项目任务书

面试口才训练项目任务书

课程名称	职场口才	学习项目	面试口才训练	项目任务	模拟面试
学生班级		组别序号		组长姓名	
小组成员					

任务描述

某房地产公司招聘互联网运营实习生，岗位职责是负责平台的整体运营、新产品的策划与推广；收集客户的需求与反馈、提升产品的用户量和交易量；日产销售数据、活动数据的整理。入职要求是应届大专及以上毕业生，专业不限；期望在运营岗位长期发展，公司提供转正机会；具有良好的人际沟通能力，团队精神，专业精神；积极主动，热爱运营工作。小王在投递简历后被通知参加面试。如果你是小王，你要如何完成本次面试任务呢？

任务准备：求职简历、文件包、笔记本、笔、职业装等。

训练方法：按照面试的规范流程，小组内部 4 名同学分别扮演求职者小王、考官，模拟完成以上任务情境。

学习目标

一、专业能力

1. 认识到面试口才对求职成功的重要性。

2. 能够运用面试礼仪提升应聘单位的满意度。

二、社会能力

1. 树立服务意识、效率意识、规范意识。

2. 强化人际沟通能力。

3. 培养维护组织目标实现的大局意识和团队能力。

4. 树立爱岗敬业的职业道德和严谨务实勤快的工作作风。

5. 强化自我管理能力、自我修正的能力。

三、方法能力

1. 利用多种信息化平台进行自主学习的能力。

2. 制订工作计划、独立决策和实施的能力。

3. 运用多方资源解决实际问题的能力。

4. 准确地评价自我能力和接受他人评价的能力。

5. 自主学习与独立思维的能力。

学习引导

一、学习建议

在职场中，通过求职面试推销自己，打动考官，从而赢得就业机会是求职者成功的必经之路。当前，面试日趋多元化和程序化，对求职者的考查也越来越全面和严格。尤其是一些知名企业的面试，更是让求职者如临大敌。因此，在面试过程中需要遵循一定的礼仪规范并掌握面试的口才技巧，包括提前准备、准时赴约、面试介绍，面试问答等环节，都必须要掌握一定的技巧。要学好、用好面试口才，建议采取如下学习方法。

1. 登录"智慧树慕课"，选定"有话好好说——职场新人口才攻略"课程中"面试口才"微课，观看微课教学视频，并完成相应的进阶训练，在微课学习中如有疑问可在线提问，与教师互动交流。（线上学习）

2. 认真学习课程内容，进一步掌握有关提高面试口才的知识和技能，完成"难点化解"题目。（线下学习）

续表

3. 假定自己是求职者小王，与学习小组成员商讨和训练如何进行面试自我介绍和面试问答，并在课堂上展示(小组内模拟本次面试过程)。同时，注意观察其他组展示情况，并将所见所闻记录在本任务书的"课堂记录"一栏。(线下学习)

4. 课后完成拓展任务、加强训练，小组内将自己的训练过程拍摄微视频上传到课程平台，并与其他学习小组进行互动评价。(线下学习与线上学习相结合)

5. 在本任务书的"学习小结"一栏做好小组的学习小结。

二、难点化解

1. 面试时可以穿平时的休闲服装等，不用可以修饰自己。□是　　□否

2. 面试时只要不迟到就可以，不用提前候场。□是　　□否

3. 面试之前应该整理好自己的形象，给人很专业干练的印象。□是　　□否

4. 要提前准备好自己的简历、笔记本、笔、职业装等。□是　　□否

5. 正式拜访前，不再需要通过电话的方式提前确认一下，而是可以直接上门。□是　□否

6. 敲门要用食指，力度适中，间隔有序敲三下。如无应声，可稍用力，再敲三下，如有应声，要侧身隐立于右门框一侧，待门开时再向前迈半步，与主人相对。□是　　□否

7. 通过初次登门拜访，可以确定张总的购买意向级别，如果张总是 A 级客户，要马上安排对其的再次访问。□是　　□否

8. 单选：面试是考官与求职者之间面对面地观察和交谈的一种(　　)沟通方式。

A. 单向　　B. 双向　　C. 独立　　D. 特殊

9. 单选：我国的第一个求职面试类电视节目是(　　)，含蓄的中国人开始走上舞台求职面试。

A.《非你莫属》　　B.《直来直往》　　C.《你好面试官》　　D.《超级面试》

10. 单选："无领导小组讨论"中，面试者组成一个临时的工作小组，一般每组(　　)。

A. 3～5 人　　B. 5～7 人　　C. 9～10 人　　D. 10 人以上

11. 考官第一个问题一般是让求职者进行自我介绍，请将本次面试的自我介绍写在下面。

_____

_____

_____

_____

_____

_____

_____

_____

_____

_____

课堂记录

请认真观察其他小组训练展示，并记录你们小组看到的优点和问题。

学习小结

请简要记录你们小组对本项目任务学习的总结。

拓展训练

小王的本次面试非常成功，该企业在面试后打来电话与小王再次确认，进行电话面试。请按照电话面试的规范流程，小组内部 2 名同学模拟以上任务情境。课后运用角色扮演法模拟训练该电话面试的场景，并拍摄微视频上传至课程平台。

PROJECT 3

项目三
善解人意——
交谈口才训练

任务1 交谈概述 ///

💬 **任务目录**

1. 了解交谈的含义和作用。
2. 掌握交谈的基本原则。
3. 把握交谈的注意事项。

💼 **经典案例**

我上周跟朋友小王一起吃饭的时候，他一脸幸灾乐祸地笑着说："你知道吗，真是风水轮流转，谁都不能得意得太早。"

看我一脸"愿闻其详"的样子，小王兴致勃勃地说了下去。原来，那天小王的同事小李，跟部门秘书因为报账的事情大吵了一架。

部门秘书本来是关系户硬塞进来的，平时的工作作风可想而知。小李让秘书报账，结果被秘书直接拒绝："你不是报过这种账吗？就自己报下吧，别找我了。"小李气得要"吐血"，自己是报过一次账没错，可是不在其位，不谋其事，你怎么能把自己的分内工作甩给我呢？

小王笑嘻嘻地继续说："真是恶人自有恶人磨啊，还记得前几天做酬金的时候，小李是怎么把事情甩给我的吗？"

就在前不久，把小王气得要"吐血"的正是小李。因为有项酬金的计算工作比较复杂，负责此事的小李就一直搁着没做，三番两次地让小王去做，小王开始没理他，但直到有一天领导问起了小李。

没想到小李就一脸无事地说："这我没做过啊，我不会。"然后就看着自己旁边的同事小王。领导心领神会地对小王说："那你们俩负责把这事做了吧！"

小王倒不是怕干活的人，只是这别人甩过来的事，确实做得不情愿，那天小王几乎是熬了一个通宵才搞定，还影响了自己的本职工作，当月绩效被扣了一半多。

没想到现在风水轮流转了，今天就轮到小李被甩锅，也难怪小王会幸灾乐祸。

（选自个人简历网：《如何避免被人当成"职场便利贴"随意使唤》）

案例分析

成功的交谈，要有感情的交流、思想的碰撞，也要合理地达成目标。职场中，很多人会像小李和秘书这样，因为交流不畅产生矛盾。职场中，只有掌握交谈法则，才能处理好职场中遇到的问题和难题，最大程度地发挥个人价值。

一、 交谈的含义

交谈是由两个或两个以上的人，以口头语言方式交流思想状态、沟通感情、互通信息、协调行为等的言语活动，是人与人之间分享欢乐、分担忧愁的一种形式，是表达思想及情感的重要工具，是人际交往的主要手段。事先没有明确目标的即兴式交谈，也叫聊天。交谈以对话为基本形态，包括交谈主体、交谈客体、交谈内容三个方面。这三个方面不仅具有固定性，而且具有互换性。

交谈口才概述

🔗 **相关链接**

文儒戏为句曰："正好睡时行十里，不交谈处饮三杯。"①——[宋]宋敏求《春明退朝录》

那就男女之间，永远没有交谈的时候了。② ——[清]吴趼人

在厂门右侧，却是那钱葆生和一个巡长模样的人在那里交谈。③ ——茅盾《子夜》

交谈是人类语言表达活动中最常用的一种方式。随着人类社会的高度发展，交谈已成为政治、外交、科学、教育、商贸、公关等各个领域中重要的、不可缺少的一项语言活动。交谈是一门艺术，而且是一门古老的艺术。在人类发展史上，交谈作为一种社会现象，是和人类劳动、生活、交际活动一起发展起来的。与演讲、竞

---

① ［宋］宋敏求：《春明退朝录》卷中，18 页，北京，中华书局，1985。
② ［清］吴趼人：《二十年目睹之怪现状》，108 页，北京，中华书局，2001。
③ 茅盾：《子夜》，373 页，北京，人民文学出版社，2004。

聘、面试、会议、辩论等这些特殊场合的表达相比，交谈作为一种日常说话方式，更贴近每个人，运用最多，范围最广，但也恰恰是最容易被我们忽视方法的一种表达方式。

二、 交谈的作用

交谈是建立良好人际关系的重要途径，是连接人与人之间思想感情的桥梁，是增进友谊、加强团结的一种动力。"良言一句三冬暖，恶语伤人六月寒。"交谈在交往中的作用举足轻重。一个人善于交谈就能广交朋友，给人提供帮助，为社会增添和谐的气氛，就能享受到社会特有的温情。在现实生活中，我们经常看到不少人因话不得体，伤害了亲友，得罪了同事，甚至有些人因言语失误，结怨结仇，操刀动斧，酿成生活悲剧。

（一）高水平的交谈就是影响力

"一言之辩，重于九鼎之宝；三寸之舌，强于百万之师。""一言可以兴邦，一言可以亡国。"从这些内容中足见说话的力量有多大。良好的交谈能使你的沟通更有效率；良好的交谈能使你的前途更加辉煌。在社会中，有一些人说话交谈的水平比其他人高，这些人说的话就更有影响力。

在中国四大古典名著中，很多人之所以最喜欢看《三国演义》，就是因为里边除了有很多能征善战、叱咤风云的名将之外，还有许多运筹帷幄、能言善辩的谋士，尤其是像诸葛亮那样的一流谋士，更是凭借其出色的口才而成为智慧的化身，从凡人走向神坛，照耀历史的星空。

经典案例

诸葛亮舌战群儒

鲁肃回报孙权，孙权安排第二天召集文武于帐下，请卧龙先生来，升堂议事。第二天，鲁肃到驿馆接孔明同往孙权大帐中。孔明只见张昭、顾雍等一班二十多位文武官员，峨冠博带，整衣端坐。孔明一一见礼，之后在客位上落座。

张昭等人看到诸葛孔明丰神飘洒，气宇轩昂，料他一定是来游说的。张昭便率先开口试问孔明道："我张昭乃是江东的小人物，早就听说先生高卧隆中，自比管仲、乐毅，有这样的事吗？"

孔明回答道："这只不过是亮平生的一个小可之比。"

张昭道："新近听说刘备刘豫州三顾先生于草庐之中，幸得先生，以为'如鱼得水'，因而欲想席卷荆襄。如今荆襄却一下归属了曹操，不知你们是何用意啊？"

孔明暗想：张昭乃是孙权手下的第一谋士，若不先难倒他，如何说服得了孙权？于是答道："在我看来，我主取汉上之地易如反掌。我主刘备谦卑仁义，不忍去夺同宗兄弟的基业，因此将荆州推让掉了。刘琮是个小孩子，听任佞言，私自投降，致使曹操很猖獗。如今我主屯兵江夏，是另有良图，这可不是等闲之辈所能理解的。"

张昭道："如果是这样，先生可就自相矛盾了。先生自比管仲、乐毅，管仲辅佐桓公称霸诸侯，一统天下；乐毅扶持微弱的燕国，拿下齐国七十多个城池。这两个人，可都是济世之才啊！而先生只会在草庐之中笑傲风月、抱膝危坐。如今既然事从刘备，就该为百姓谋利益，除害灭贼。然而刘备在未得先生之时，尚能够纵横天下，割据城地；如今得了先生，人们更加仰望，就连三岁的幼童都说刘备是如虎添翼，不久汉室兴旺，曹操可灭了。朝野上下无不拭目以待，对先生抱着极大希望。可为何自从先生跟了刘备，曹兵一来，你们就丢盔卸甲，望风而窜，弃新野，走樊城，败当阳，奔夏口，无容身之地。如此辜负了刘表遗愿，令天下百姓大失所望。那刘豫州自从有了先生，为何反倒不如当初了呢？管仲、乐毅难道就是这样的吗？——我的话愚鲁直率，请先生不要见怪！"

孔明听罢，无声地笑了笑，说道："大鹏展翅飞万里，它的志向难道是那些小燕雀能认识的吗？比如一个人得了多年的痼疾，应当先给他喝点稀粥，同药一起服下。等到他肺腑调和、形体慢慢养得安稳些了，再用肉食补养，加上效力强的药治疗，这样病根才能除尽，人得以全面康复。如果不等病人气脉缓和，就给他吃烈药和味道厚重的食物，想要求得平安，实在就难了。我主刘备，以前兵败于汝南，寄靠在刘表门下，兵不到一千，将只关、张、赵云，正像是到了病重危急的时刻。新野小县地僻人稀粮又少，他不过是暂时借以安身，怎可能长久坐守在那里呢？但就是在这样的处境条件下，却能够火烧博望，水淹曹军，令夏侯惇等心惊胆寒。依我看来，就是管仲、乐毅用兵，也不过如此吧。至于刘琮投降曹操，豫州当时根本不知，且又不忍心乘乱夺取同宗之业；当阳之败，豫州不忍丢下百姓，几十万人扶老携幼相随渡江，每日与民一同颠簸十余里路而放弃去取江陵，真是大仁大义啊！寡不敌众，胜负乃是兵家常事。昔日汉高祖刘邦多次败给项羽，然而垓下一战却取得了决定性胜利，难道不是因为韩信为他出了良谋吗？可韩信辅佐刘邦那么久，也没得几次胜利啊。因此说，国家大事，天下安危，要靠谋划。那些夸夸其谈、善于巧辩之徒，靠虚荣之气压人；尽管能够坐着议论、站着高谈，可是到了关键时刻应付各种形势变化，却什么都不行了。这才真正是叫天下耻笑的呀！"孔明一番话，说得张昭没有一句可以对答。

（选自个人图书馆网：《诸葛亮传》）

案例分析

在《诸葛亮舌战群儒》中，面对群儒的质疑和嘲讽，诸葛亮从容应对，可以看出诸葛亮的确是一位非常聪明的善辩之人。多参与交谈就可以培养口才，张扬个性。交谈的影响力所在，不仅仅是征服他人，通过良好的交谈可以使双方畅快精神，缓解疲劳。心理分析学派创始人、奥地利的医生弗洛伊德就是用"聊天法"治好了许多有精神疾病的患者。良好的交谈还可以促进情感沟通，在各种礼仪形式中，交谈礼仪占据主要地位。所以，强化语言方面的修养，学习、掌握并运用好交谈的礼仪，是至关重要的。

（二）高情商的交谈就是核心力

能够换位思考、将心比心，并站在对方的立场上思考问题，进而调整自己的言行，是高情商的重要表现之一。把自己摆在对方的角度，对事物进行认识和把握，说出的话才能真正说到他人的心窝里，才能赢得他人的好感，成为交谈的核心。能够换位思考了，就会有意识地投其所好，一下子抓住他人的心，自己反而成为核心。汽车大王福特说："假如有什么成功秘诀的话，就是设身处地替别人着想，了解别人的态度和观点。"因为这样不但能实现你与对方的沟通，而且能更清楚地了解对方的"要害点"，从而有的放矢，击中"要害"。用心了解并利用对方的兴趣爱好，就能加深给对方的好感，例如，在交谈中，往往要和中老年人谈健康，和年轻妈妈谈孩子，和青少年谈时尚。选择合适的话题，并让对方有亲近感和认同感，就会使你与对方产生情感上的共鸣。

🧳 经典案例

耶鲁大学文学教授威廉莱亚·惠勒普斯，在《人性》这篇论文中这样叙述：我在六岁那年，有一个星期六去斯托拉多姨妈家度周末。记得傍晚时分，来了一个中年男子，他先和姨妈嘻嘻哈哈谈了好一会儿，然后便走近我面前和我说话。当时我正迷上小船，整天抱着小船爱不释手地玩。以为他只是随便和我聊几句，没想到他对我说的全是有关小船的事。等他走了以后，我还念念不忘，对姨妈说："那位先生真了不起，他懂得许多关于小船的事。"

姨妈笑着告诉我，那位客人是纽约的一位律师，他对小船根本没有研究。我不解地问："为什么他说的话都和小船有关呢？""那是因为他是一位有礼貌的绅士，他想和你做朋友。知道你喜欢小船，所以专门挑你喜欢的话题和你说。"姨妈笑着告诉我其中的道理。

（选自张月：《别输在不会说话上：事业和生活中最有效的说话法则》，广州，广东旅游出版社，2014）

案例分析

善解人意是一种体贴，换位思考是一种宽容，将心比心是一种理解，正是这些品质，使我们每天能看到别人的微笑，并由衷地露出自己的微笑。

（三）高效率的交谈就是生产力

交谈不仅是人们交流思想的重要手段，而且是学习知识、增长才干的重要途径。善于同有思想、有修养的人交谈，就能学到很多有用的知识，"与君一席谈，胜读十年书"就是对交谈意义深刻的总结。英国文豪萧伯纳曾经说过："你我是朋友，各拿一个苹果，彼此交换，交换后仍各有一个苹果；倘若你有一种思想，我也有一种思想，而朋友相互交流思想，那么，我们每个人就有两种思想了。"交谈可以沟通思想，传递信息，创造价值。深圳蛇口工业区的一家企业，每星期二晚会召开"聊天会"，以求集思广益，因此，解决了许多生产和管理中的问题，对形成企业的凝聚力产生了积极影响。

经典案例

仅用 6 分钟就决定投资

有一位默默无闻的小商人给一位国内知名投资人写信，约对方在北京见一面，地点是这位投资人投资建设的大楼。这位小商人回忆说："聊了 6 分钟，投资人要投

300 万美元。"他觉得 300 万美元太多，只要了 200 万美元。投资人当时 6 分钟就决定投资，他说原因就是小商人是他心目中的那个人。从与小商人的交谈的过程中投资人看到的不仅仅是经济效益，还有他高瞻远瞩的能力，又或者是他的坚持不懈的精神，以及为其描绘的蓝图。

案例分析

交谈可以创造不可估量的价值。好口才能使他与投资人谈投资时，仅用了 6 分钟，就打动了投资人，决定为他投钱。由此可见，广泛地交谈可以交流信息、深化思想、增强认识能力和处理问题、解决问题的能力。因此，掌握交谈的礼仪要求、提高交谈的语言艺术，对于提高工作水平和工作效率，也具有极其重要的作用。

三、 交谈的基本原则

尽管人人都会交谈，然而效果却大不一样。所谓"酒逢知己千杯少，话不投机半句多"，这说明了交谈的优劣直接决定着交谈的效果，交谈需要掌握以下基本原则。

（一）以诚相待， 以礼相待

1. 以诚相待

真诚是做人的美德，也是交谈的原则。真诚交谈是人际交往的基本原则，真诚的语言能敲开紧闭的大门，能瓦解不信任的防线，能架起友谊的桥梁。交谈双方态度要认真、诚恳，有了直率诚笃的态度，才能有融洽的交谈环境，才能奠定交谈成功的基础。认真对待交谈的主题，坦诚相见，直抒胸臆，不躲不藏，明明白白地表达各自的观点和看法。交谈要发自内心，不加矫饰，用真诚的话语打动对方，只有发自肺腑的语言才能触动别人的心弦。与对方真心实意地交流是自信的结果，是信任别人的表现，只有用自己的真情激起对方感情的共鸣，才能与交谈者达到推心置腹、情感交融的境界，交谈才能取得满意的效果。

2. 以礼相待

良好的礼节可以为交谈创造和谐融洽的气氛。交谈时要注意使用礼貌语言，这是一种习惯，更是一种修养。如果交谈中有其他急事需要暂时中断交谈，应声明并表示歉意；不要随意打断、纠正别人的谈话；交谈中眼睛要注视对方，不要东张西望，只有懂得尊重别人，才能被别人尊重。

🧳 经典案例

一天，数控7班的学生陈某不小心碰翻了卢某盛满粥的碗，卢某沾了一身的粥，陈某心里觉得不好意思，但他却什么也没说，或者不知道怎么开口。这时，卢某有了怒气，说："你没长眼睛呀？"陈某听了，声音也不轻地说："干吗，我又不是故意的。"卢某说："不是故意的就算了？"陈某说："那你还想干吗？"两人你一言我一语，不久就吵了起来。最后还打架，进了保卫科。

[选自左美霞：《让你成为一个受欢迎的人：浅谈口语交际中"交谈"的原则与技巧》，载《职业》，2011(6)]

案例分析

这中间主要是他们的交谈出现了问题，只需礼貌地说句"对不起"，一句诚恳的道歉完全可以化解矛盾。

（二）相互理解，求同存异

交谈是双向活动，要取得满意的交谈效果，就必须顾及对方的心理需求，因此，交谈中首先要认清对象。充分考虑交谈对象方面的因素，需要了解他们的知识水平、兴趣、爱好等。交谈中，来自对方的尊重是任何人都希望得到的。交谈的双方由于学识、阅历以及看问题的角度不同，对同一个问题往往会产生异议。双方在产生分歧时，应相互理解，多从对方角度去考虑问题，不要做无意义的争执。而且，交谈中不要谈别人不高兴的事或不想说的事，否则会引起别人的反感，交谈无法继续下去。

（三）平等交流，学会倾听

1. 平等交流

交谈是双方思想、感情的交流，是双向活动。交谈双方无论地位高低，年纪大小，或长辈晚辈，在人格上都是平等的。要以自然平等的态度与人交谈，切不可盛气凌人、自以为是、唯我独尊。交谈的双方可能身份地位不同，但不论在何人面前，交谈的态度都应该是坦然、平等的，面对达官贵人不要手足无措，面对地位比自己低的人时也不要趾高气扬，要把握自己，与任何人的交谈都应该落落大方。所以，谈话时，要把对方作为平等的交流对象，在心理上、用词上、语调等方面体现出对对方的尊重。尽量使用礼貌语，谈到自己时要谦虚，谈到对方时要尊重。恰当地运用敬语和自谦语，可以显示个人的修养、风度和礼貌，有助于交谈的成功。

2. 学会倾听

交谈是交互的，不要以自我为中心，唱独角戏，应该让别人也有发言的机会。"善听者善交人"，人人都喜欢同一个懂得倾听的人交谈，交谈中不能只说不听，听是交谈持续的重要环节，听是尊重对方的表现，听是获得信息的主要渠道，有助于听者深刻理解讲话内容，领会言外之意，还能激发对方的热情。

经典案例

商场中，一名顾客急匆匆地来到收银台。

顾客说："小姐，刚才你算错了 50 元。"

收银员满脸不高兴："你刚才为什么不点清楚，银货两讫，概不负责。"

顾客说："那就谢谢你多给的 50 元了。"

顾客说完后，扬长而去，收银员目瞪口呆。

案例分析

顾客本着诚实的原则回来退钱，结果收银员根本没有认真倾听顾客的话，也没给顾客清楚表达的机会，如果收银员能认真听完顾客的话，而不是推诿责任，就不会损失 50 元钱。与任何人交谈，都要虚心而专注地听对方把话讲完，听清对方的想法，这是一个人礼仪修养的体现，也是对他人的尊重，更有助于问题的解决。

四、 交谈的注意事项

与人进行一次成功的谈话，是一种莫大的享受，而参与一场枯燥无味、死气沉沉的交谈，除了浪费时间之外，还会有一种受折磨的感觉。交谈虽然是一种比较随意的语言交流，但要谈出效果，必须注意一些具体事项。

（一）言之有物

交谈的双方都想通过交谈获得知识、拓宽视野、增长见识、提高水平。因此，交谈要有观点、有内容、有内涵、有思想，空洞无物、废话连篇的交谈是不会受人欢迎的。没有材料做根据，没有事实做依凭，再动听的语言也是苍白的、乏味的。

交谈时，要明确地把话说出来，将所要传递的信息准确地输送到对方的大脑里，正确反映客观事物，恰当地揭示客观事理，贴切地表达思想感情。要引导对方谈得意之事。任何人都有自己得意的事情，如果他人问了，说起来就会饶有兴致，会进一步敞开心扉地交流，也会进一步融洽你们的关系。要多提善意的建议。当一个人关心你时，并且还提了一些善意的建议，你会欣然接受，对这个人产生好感。反过来，你对别人若也如此，别人也会同样对你产生好感。

（二）言之有序

言之有序，强调交谈要有逻辑性、科学性，能够根据交谈的主题和中心去设计讲话的次序，安排讲话的层次。如果说话时，一段话没有中心，语言支离破碎，想到哪儿就说到哪儿，东一榔头西一棒槌，给人的感觉是杂乱无章、言不及义、不知所云。所以，交谈时，先讲什么，后讲什么，思路要清晰，内容要有条理，布局要合理。为了突出"序"，主要可以运用分类表述法和数字表述法，比较常用的是"黄金三点论"，很多问题通过"黄金三点论"都能全面系统地论述到位。

"黄金三点论"就是在日常谈话时，尽量表达三个要点，因为只说一两点会显得单薄没有内涵；说四五点别人又不容易记住，显得冗长烦琐；说三点很容易让人记住，同时又给人以思路清晰，讲话有条理的感觉。在事先没有任何准备的谈话中运用"黄金三点论"十分有效，可以边讲边想，有助于组织语言，避免思维混乱。"黄金三点论"常用表达句型有"首先……其次……最后……""第一……第二……第三……""过去……现在……未来……""事件的起因……经过……结果……""我们的任务是分三步走：第一步……第二步……第三步……""我就三个方面谈一下自己的心得：第一个方面……第二个方面……第三个方面……"等。

（三）言之有礼

交谈时要讲究礼节礼貌。"知礼"能够反映个人的修养和知识水平，能为交谈创造一个和谐、愉快的环境。讲话者的态度要谦逊，语气要友好，内容要适宜，语言要文明；听话者要认真倾听，不要做其他事情。这样就会形成一种信任、亲切、友善的交谈气氛，为交谈成功奠定基础。交流时要关注细节。对方频繁地看手表，那是有其他事要去做，就应适时结束交谈，从而获得对方的好感。

（四）言之有趣

言之有趣即谈话中注意表达的趣味性，做到生动有趣。提升语言的趣味性能够增强讲话的冲击力和表现力，还能够活跃气氛，缓解紧张，化解矛盾。首先，内容上切忌千篇一律，必须有所调节，适当穿插一些笑话、格言等；其次，在语言上要做到抑扬顿挫，有张有弛，有快有慢，节奏感强，相得益彰；此外，谈话时可以适当多用一些肢体语言，配合谈话的内容，交谈过程中注意互动。

孔子曰："己所不欲，勿施于人。"交谈的方法和技巧不计其数、不胜枚举。但是，究其核心要义，终究离不了"换位思考、将心比心"八字箴言，世界上没有说不好的话，关键看你会不会换位思考，站在对方的立场，多为别人着想。

◎ 思考与训练

1. 交谈的作用有哪些？

2. 交谈有哪些基本原则？

3. 交谈的注意事项有哪些？

4. 阅读下面的材料，从语言交际的角度，分析一下"我"会"得罪"小主人的原因。

抬头看，一条小路通到绝壁上的石洞里。石洞门口还挂着布帘子。无疑，这里住着工人。我抓住树枝爬上去，钻进石洞。奇怪！石洞门口有个小孩，看来不过七八岁。他坐在小板凳上，两个肘子支在膝盖上，双手掌托住冻得发红的脸蛋，从帘子缝里傻呵呵地向外望着对面的绝壁。我进来，他看了一眼又往外瞅着。

石洞挺大，里头热腾腾的，有锅碗盆罐，有床铺。床头贴着"胖娃娃拔萝卜"的年画。墙上裱糊的报纸，让灶烟熏得乌黑。

"屋里怎么没有人哪？"我一边说，一边抖着大衣和帽子上的雪。

坐在那里的小孩扭转头，眼睛忽闪忽闪地望着我，说："叔叔！我不是个人？"他站起来背着手，挺着胸脯站在我跟前，不住地用舌头舔着嘴唇，仿佛向我证明：他不仅是个人，而且是个很大的人。

我用双手捧住那挺圆实的脸盘说："小鬼！你机灵得很哟！"

他把我的手推开，握着两个小拳头，偏着脑袋质问："哼！叫我'小鬼'？我有名字呀!"他指着床上那个睡得挺香的小女孩说:"妹妹叫宝成,我叫成渝!"

不用问,这孩子像我碰到的千百个孩子一样:工地里出生,工地里成长。工人们喜欢用工地的名字给孩子命名。成渝这孩子大约是生长在成渝铁路工地,那个叫宝成的小女孩,也许就出生在此处。

我坐在火炉跟前,一边抽烟,一边搓着手上的泥。

成渝爬在我的膝盖上,伸长脖子,望着我的眼睛,问:"叔叔!明天还下雪?说呀,叔叔!明天还下?"

我把那冻得发红的小鼻子按了一下,说:"天上要通电话,我一定给你问问。可是——"

嗬!他恼啦!一蹦起来,站在离我一公尺(米)远的地方,皱着眉头,偏着脑袋,把我上下打量了一番,说:"你!哼!还哄我!你口袋装着报纸。报上有天气哩。"

哦!他是说,每天的报纸上都登载着天气预报的消息。这小家伙精得很哪!

成渝噘着小嘴巴,又坐在门口,双肘支在膝盖上,两手托着圆圆的脸蛋,从帘子缝里望着对面的工地。我问他水壶在哪里,他也懒得说。真后悔:不该得罪这位小主人!

我说:"成渝!明天还下雪,是不是你就不能出去玩啦?"

他连看我也不看,说:"爸爸说,明天还下雪,就要停工哩!"

(选自杜鹏程:《夜走灵宫峡》,见中国少年儿童出版社编:《1958 年儿童文学选》,北京,中国少年儿童出版社,1959)

📨 阅读推荐

1. [美]莉儿·朗帝:《磁场:10 秒钟让你不同凡响》,曾琳译,重庆,重庆出版社出版,2011。

2. 蔡康永:《蔡康永的说话之道》,长沙,湖南文艺出版社,2017。

3. 陈秀泉:《口才与沟通》,北京,科学出版社,2012。

任务 2 交谈技巧 //

> 💬 **任务目录**
>
> 1. 掌握与同事交谈的技巧。
> 2. 掌握与上司交谈的技巧。
> 3. 掌握与下属交谈的技巧。
> 4. 掌握与客户交谈的技巧。

💼 经典案例

研发部梁经理才进公司不到一年，工作表现颇受主管赞赏，不管是专业能力还是管理绩效，都获得了大家的肯定，在他的缜密规划之下，研发部一些延宕已久的项目都在积极推行当中。

部门主管李副总发现，梁经理到研发部以来，几乎每天加班。他经常第二天来看到梁经理电子邮件的发送时间是前一天晚上 10 点多，接着甚至又看到当天早上 7 点多发送的另一封邮件。这个部门总是梁经理下班时最晚离开，上班时第一个到。但是，即使在工作量吃紧的时候，其他同事似乎都按时走，很少跟着他留下来。平常也难得见至梁经理和他的部属或是同级主管进行沟通。

李副总对梁经理如何和其他同事、部属沟通工作觉得好奇，开始观察他的沟通方式。原来，梁经理是以电子邮件交代工作。他的部属除非必要，也都是以电子邮件回复工作进度及提出问题。很少找他当面报告或讨论。对其他同事也是如此，电子邮件似乎被梁经理当作和同事合作的最佳沟通工具。

但是，最近大家似乎开始对梁经理这样的沟通方式反映不佳。李副总发觉，梁经理的部属对部门逐渐没有了向心力，除了不配合加班，还只执行交办的工作，不太主动提出企划案或问题。了解具体情况后，李副总找梁经理聊了聊，梁经理觉得效率应该是最需要追求的目标。所以，他希望用最节省时间的方式达到工作要求。

李副总以过来人的经验告诉梁经理，工作效率很重要，但良好的沟通绝对会让工作进行顺畅许多。

（选自豆丁网：《经典人际沟通案例分析》）

案例分析

在这个日新月异、竞争激烈的社会，一个人想要立足职场，在众多竞争者中脱颖而出，最重要的因素是什么？职场，或者说当代社会，最重要的能力是表达能力。学会好好说话，如今已经越来越成为一项重要的生存技能。

与演讲、竞聘、面试、会议、辩论等这些特定场合中的表达相比，交谈作为一种日常说话方式，更贴近每个人，运用最多，范围最广，应该多加重视。交谈看似小事情，实则意义重大，交谈通畅，工作效率自然就会提高，忽视交谈，工作效率势必下降。很多职场人士都忽视了交谈的重要性，而一味地强调工作效率。职场人不仅需要扎实的业务技能和专业知识，而且需要良好的交谈能力，与同事交谈，与领导交谈，与下属交谈，与客户交谈等，都离不开良好的技巧。在职场中，要建立良好融洽的人际关系，必须进行有效的交谈。

一、与同事交谈的技巧

每个人都要处理各种各样客观存在的人际关系，这些关系的亲疏好坏，会产生不同的效益。处理好了会助力发展，处理不好则将成为发展的阻力。同事关系是职场人际关系中重要的关系之一，一个人除了与家人、朋友、师长等相处外，最重的是与同事的相处、配合、协作。与同事的关系影响着工作的效益和个人的心情，以及事业的成功。

与同事交谈的技巧

同事之间的关系，可以说是人际关系中最微妙的关系之一，它不像朋友那样无话不谈，但由于朝夕相处，彼此也很了解，如果处理不好，就很可能影响本职工作。只有掌握了同事间的相处技巧，形成和谐、团结、协作的同事关系，才能达到提高自己和共同提高的目的，从而在职场路上越走越顺。职场新人要尽快适应职场环境，融入新集体，就要学会交流的语言技巧，创造和谐的同事关系，从而为自己营造一个良好的工作环境。

（一）心怀诚意， 精诚合作

1. 对待同事像对待朋友一样真诚

白居易说："功成理定何神速，速在推心置人腹"，就是强调待人要真诚。每个人都有不同的脾气、品性、爱好、生活方式 ，同事在一起工作虽然分工不同，但彼此要互相支持、帮助、关心，向同事释放更多的善意，关心对方的感受，友好相处，以真心换取真心，相互多了解，才能增进真正的友谊。

2. 要真心实意地尽己所能帮助同事

"赠人玫瑰，手有余香"，人与人之间需要互相帮助，同在一个单位工作的人，可能有着不同的价值观，但是要精诚团结、齐心协力地工作。对于新同事要积极主动，耐心细致地帮助和教导；当同事诚恳地向你请教问题时，应该诚恳地回答对方，不要敷衍塞责。遇到我们无法回答的问题，应该诚实地表示自己并不清楚，不可随口搪塞；同事如果生活上有困难，也要慷慨解囊；如果工作上出了差错，要及时帮助补救，为其排忧解难，互相支持和帮助。

■ 经典案例

桑普斯是一家广告公司的策划部经理，每天上班的时候，他都会在门口跟保安瑞斯打招呼，保安瑞斯也总是以微笑回应桑普斯。桑普斯对公司里的每个员工都非常客气，因为这样做能够让他觉得自己的心情非常愉快，工作也充满了激情，不过最近桑普斯的心情可不怎么好，因为他一个月之前接受老板的命令，要给一个客户拿出一份广告策划方案。但是，今天就是最后一天了，如果明天交不出方案，恐怕自己的位置也保不住了。

早晨，桑普斯来到公司门口，发现瑞斯跟他一样，也是愁眉苦脸的，桑普斯走过去对瑞斯问道："什么事情让微笑的瑞斯变得这么糟糕了？"瑞斯张了张嘴，显然想说什么，但很快又摇了摇头，努力地挤出了一个微笑给桑普斯。整整一上午，瑞斯苦笑的表情一直徘徊在桑普斯的脑海，他的工作也没有任何进展，午休的时候，桑普斯特意拉着瑞斯去吃午餐，问他到底有什么事情。原来，今天是瑞斯六岁女儿的生日，瑞斯答应要给女儿买一双旱冰鞋，但是，收入微薄的瑞斯根本买不起，所以才会愁眉不展。

下午，桑普斯打电话订购了一双旱冰鞋，然后跟着一脸错愕的瑞斯来到了瑞斯的家，反正明天就会被老板臭骂甚至是开除，不如今天晚上跟瑞斯好好喝几杯，自然，礼物是爸爸送给女儿的，桑普斯只是一个来"参加"生日宴会的客人而已。不过瑞斯的女儿却对这位客人非常感兴趣，拉着他去看自己的绘画作品，桑普斯眼前一亮，因为他发现自己从小女孩儿的作品中找到了灵感，他匆匆告别，回到公司加班，用了一个晚上的时间，做好了一份非常出色的广告策划方案。

（选自百度文库：《沟通与口才：同事之间应该互相帮助》）

案例分析

正如卡耐基所说："如果你要别人喜欢你，或是培养真正的友情，就要对别人表现出诚挚的关切，这既能帮助别人也能帮助自己。"真心实意地帮助别人会让别人感受到你的善良和真诚。

3. 无法相助时要真诚友善地拒绝

当遇到别人提出的要求是你难以接受或者不喜欢的，就必须学会拒绝。拒绝是一门学问，拒绝他人时，要采用合适的、相应的技巧，让他人在你的拒绝中感觉到你的真诚和善意，否则将伤害到对方，引发怨恨和不满，导致关系破裂，自己也会陷入被动。拒绝对方时应注意以下几点。

第一，要耐心地听完对方的话，不要急于拒绝，这样容易引起对方的反感，这样才能让对方感受到你确实有实际困难，不得已而为之。

第二，拒绝的时候不要流露出不悦的神色，不要以高高在上的态度拒绝对方，这会让对方觉得你是从主观上不想提供帮助，进而产生逆反心理。

第三，在迫于无奈，表示出无能为力时，一定要使用"真是不好意思""实在对不起""真的很抱歉"等用语，表示自己不能提供帮助的歉意，从而缓解对方的挫败感。

第四，拒绝时要设身处地地站在对方的角度进行换位思考，把拒绝的理由表达得合情合理。例如，当有同事邀请，而你又确实不能赴约的时候，一定要真诚地说清原因；当同事就你能力之外的事希望你伸出援手时，一定要表达清楚自己的难处；当同事有不合理的请求时，可以通过委婉的方式提示他。

4. 要善于发现并赞美同事的长处

人人都有可赞美之处，只不过每个人的长处和优点有大有小，有多有少，只要仔细观察，就能随时发现别人身上的闪光点。在日常相处中，很多人容易忽视赞美同事的重要性。作为你的同事，他们身上会有很多值得你学习的地方，而且这时你千万不要吝惜赞美的语言，当你的同事有杰出表现时，你应该表示称赞，从而拉近你们之间的距离。

赞美要真诚。给予别人真诚的赞美，是对他人的尊重、期望和信任，有助于增进彼此间的了解和友谊，是协调人际关系的好办法，真诚的赞美是最直接、最有效提升同事好感的方式。夸张或虚伪的赞扬会让人觉得不自在，只有发自内心的赞美才会使同事身心愉悦。赞美也要适当，对于年轻的同事，可以赞赏他的创造力；对于年长的同事，可以赞扬他的高风亮节；对于认真的同事，可以赞扬他的尽职尽责。对于同事的赞美，最好不要选择那些早为众人所熟知的明显长处，而应选择那些蕴藏在其身上的极为可贵又尚未引起重视的优点，这样既能打动对方，又有助于同事关系的和谐。

5. 要积极履行并兑现自己的承诺

"一言既出，驷马难追""人无信则不立"，一旦你对同事承诺了，就一定要尽力做到，只有这样才能赢得同事的信赖。

6. 要每天保持真诚而灿烂的笑容

情绪是可以传染的，如果你在办公室整天闷闷不乐的，与同事的关系就会变得僵化。除了微笑，也可以适当使用幽默的方式，以幽默的力量缓解压力，活跃氛围，与同事分享快乐。

📁 经典案例

老陈比较胖，行动不便，可是他从未因为胖而自卑。一次，办公室的同事们趁午休的空当闲聊，说到了"胖"这个话题。性格开朗的老陈对同事们说："你们别不信，其实我是个极具亲和力的男人。当在公交车上让座时，我完全能够让两位老人或三位身材苗条的女士坐下。"老陈的一席话博得了在座的同事哈哈大笑。这种轻松愉快的幽默表现出他非凡的亲和力。老陈的谈吐给同事带来了轻松感，使交谈的氛围更加和谐融洽。

（原创案例）

案例分析

待人要讲究真诚和热情，和别人交谈要讲技巧，但光有技巧是不行的，要以真诚为本。

（二）因人而异，公私分明

古人云："言为心声。"话说得好坏，主要取决于说话者的思想水平、文化修养，但讲究语言艺术也同样重要。我们身边的人，有口若悬河的，有不知所云的，有谈吐隽永的，有语言干瘪的……但真正能打动人的还是那些适合对方身份和特点的话，因为这些话能够引起他们足够的重视和共鸣。适合对方身份和特点，就是要力求做到"因人而异"。

1. 因人而异，精准沟通

在和同事沟通时，一定要因人而异，平时要注意摸清每个同事的性格特点，调整态度，采用恰当的方法，那么沟通自然就会顺畅。

（1）急性子的同事

遇到急性子的同事，最好一个问题一个问题地交代他，不能把所有的问题都一股脑地交给他，否则，达不到预期的效果。

（2）做事慢的同事

和做事慢的同事打交道会让人感到头疼，但为了工作又不得不和他们沟通，对于慢性子的同事，与他沟通时一定要有耐心，把事情讲清楚，必要时用自己的合理进度去带动对方。

（3）生性傲慢的同事

对于生性傲慢的同事，你没有必要为此太过烦恼，只要在交谈中抓住他们的弱点适当地"攻击"一下，暗示他每个人都有弱点，没必要目中无人。

（4）心理较为自卑的同事

对于心理较为自卑的同事，不要展示自己的优越的条件，尽量不要提及家人的显赫地位，向同事们炫耀，导致大家对你的反感。

2. 公私分明，合理沟通

现代社会是一个价值观多元化的社会，每个人的价值观都有差别，身为职场人士，有一种比较难处理的情况，就是遇到在脾气秉性不相投或者价值观上有差别的同事，这时要谨记首要法则——公私分明，在不影响工作的前提下，注意以下沟通方法。

(1)保持礼貌性的接触行为

这一点在职场中是非常重要的，即使你不喜欢这位同事，但也要对这位同事有礼貌，要保证工作实效，不然就是自己个人素质有待提高。

(2)完整地说出自己的看法

在职场中，如果同事的做法危及自己的工作，那么你也可以适当地说出自己的不满，可以让同事了解你的意见，从而进行调整。

(3)即使彼此之间价值观不相同，也要相互包容

如果遇到同事和你在价值观方面相抵触的情况，那么我们就要学会包容。彼此站在对方的角度上思考，这个问题可能就不会激化出更多的矛盾，甚至还可以化解。

(三)尊重对方，宽容以待

1. 与人为善，柔和委婉

"善待他人就是尊重自己"，当你积极发现他人的优点时，别人也会发现你的优点，当我们善意地对待他人时，也会获得善意，更容易赢得别人的好感，所以，善待他人是人们在寻求合作和成功的过程中应该遵守的一条基本准则。

交谈中，柔和委婉地表达是一种语言的艺术，柔和委婉地表达比口无遮拦地表达更能展现人的语言修养。职场中的交谈如果过于直白会伤害对方的自尊心，甚至容易"祸从口出"，从而形成一堵"心墙"，使他人无法靠近。只有柔和委婉地表达，才能适应对方心理上的自尊感，更容易产生赞同，也才有助于在职场中立足。言谈中少用一些"绝对肯定"等感情色彩太强烈的词，多用一些"可能""也许""我试试看"等感情色彩不强、褒贬意义不太明确的中性词，使自己能够"伸缩自如"。如果与他人存在不同意见，可以委婉地表达，如"是呀，关于这一点，我同意你的意见，但可能还有更好的方法"等，把话说得柔和委婉才能使同事愿意亲近你、认同你。

2. 关注对方，尊重对方

尊重对方就是尊重自己，如果能多关注并尊重对方的特点、习惯、秉性等，就能为同事间的交流涂上一层润滑剂，就能帮你实现目标、解决矛盾，甚至可以化干戈为玉帛。

小梁是西北某地区人，而小秦是北京人，一次两人在业余时间闲聊，谈得正起劲。小梁看见小秦头发有点长了，便随口说："你头上的毛长了，该理一理了。"不料小秦勃然大怒："你的毛才长了呢！"两人不欢而散。其实，小梁那个地区的人都管头发叫作"毛"，殊不知，北京人却把"毛"看作一种侮辱语言，如"杂毛""黄毛"等。

（选自百度网百家号：《在社交中，说话的分寸决定效果，这些细节你注意到了吗?》）

案例分析

口不择言往往会惹出大麻烦，与人交往要慎言。

3. 把握尺度，保护隐私

与同事交谈，要讲究一定的分寸，如果话太少，会让同事觉得你不合群，话太多，容易让同事反感，也容易让别人误解，所以要适时、适当地把握好尺度和分寸。"要想别人尊敬你，必须先尊敬别人"，要经常和同事谈心，了解同事的生活，发现同事的长处，了解同事的爱好。但是，同事之间不要说东道西，因为很多事情在外人看来是无法理解的，如果以讹传讹，将会造成严重后果，所以，要尊重同事的隐私权，关怀同事要把握好度。如果揭露别人的隐私，不但会损害别人的声望，而且还会将自己的人格拉低。

4. 控制情绪，融洽相处

人与人之间难免会有不同的观点，但是一定要管理好个人情绪，不要因一时之气与同事发生口角。同事是你的合作伙伴，不要为了一些小事与同事争论，不要在激动时，失去理智，口不择言，为了逞一时之快而损害对方的自尊心和利益，这样会破坏原有的良好人际网，以后就很难再获得他们的友谊了。毕竟并肩作战的岁月很长，许多事还是唇齿相依的，不予让步的争论只能让大家会对你望而生畏，刻意避开你，这样你就很难与同事相互合作。

5. 调整心态，宽容以待

工作中会遇到很多不同的状况，需时时谨记"严于律己，宽以待人"，宽容是人与人相处的润滑剂，在职场中和同事相处得不好是有一定原因的，要学会根据这些原因去思考解决问题的方法。对待他人要充满亲和力，这是人格魅力的一种体现，也能使交谈更轻松，起到"话半功倍"的效果。遇到问题要多从自身找原因，学会用适当的方式给自己解压、调整心态、笑对生活。有些人在工作中，经常出现失衡的心态，与身边的同事相处的时间长了，彼此之间的互相了解也就更加深刻，也往往就会出现一些伤害对方的事情。当你心态失衡时，很容易向对方说一些伤心的话，虽然不是故意说出来的，但却能伤害对方的感情，就会给对方留下心胸狭窄的印象。因此，我们面对身边的同事，不管发生什么事情，尽量要保证自己的心态平衡。

经典案例

清康熙年间，安徽桐城人张英担任文华殿大学士兼礼部尚书。他老家桐城的官邸与吴家为邻，两家院落之间有条巷子，供双方出入使用。

后来吴家要建新房，想占这条路，张家人不同意。双方争执不下，将官司打到当地县衙。县官考虑到两家人都是名门望族，不敢轻易了断。

这时，张家人一气之下写封加急信送给张英，要求他出面解决。张英看了信后，认为应该谦让邻里，他在给家里的回信中写了四句话：

千里来书只为墙，让他三尺又何妨。

万里长城今犹在，不见当年秦始皇。

家人阅罢，明白其中含义，主动让出三尺空地。吴家见状，深受感动，也主动让出三尺房基地，"六尺巷"由此得名。

（选自苏勇：《安庆桐城六尺巷，做邻相让传佳话》，载《扬子晚报数字报纸》，2014-10-29）

案例分析

与人交往不仅要说"善言"，还要有"善行"。

二、 与上司交谈的技巧

上司与下属的关系，首先是一种领导与被领导的关系，但是除此之外，双方还应该建立一种友爱合作的关系。如何获得上司的好感，这件事让很多人费尽心思。美国人力

与上司交谈的技巧

资源管理学家科尔曼说过："职员能否得到提升，很大程度在于领导对你的常识程度。"上司是否器重你，除了个人工作能力之外，还受很多因素的影响，其中是否能恰到好处地与上司说话，就是一个非常关键的因素。与自己的老板或者上司打交道，应该说什么，不应该说什么，什么时候说什么话等，都是有讲究的。

（一）得体沟通，汇报工作

不同的上司有不同的性格，在同他们的沟通当中，要因人而异。大部分上司都喜欢经常主动请教他的下属，聪明的下属应该懂得：完成工作时，立即向上司汇报；工作进行到一定程度时，必须向上司汇报；预料到工作会拖延时，应当及时向上司汇报。汇报要掌握以下技巧。

1. 调整状态，营造气氛

向上司汇报工作要先营造利于汇报的氛围，可就一些话题进行简单的交谈。这不仅是必要的礼节，而且可借此机会稳定情绪，厘清汇报的大致脉络，打好腹稿。

2. 先说结论，后讲情况

上司一般相当忙碌，而且经常处于紧张的心理状态，所以往往希望首先知道结果。汇报工作的时候，就应当先报告工作结论：成功或失败，这样才不会让上司感到着急。

3. 以点带面，逐步具体

汇报工作要讲究一定的逻辑层次，不可"眉毛胡子一把抓"，讲到哪儿算到哪儿。一般来说，汇报工作要抓住一条线，即本单位工作的整体思路和中心工作；展开一个面，即分头叙述相关的做法措施、关键环节，遇到的问题、处置结果、收到的成效等。

4. 突出重点，抛出"王牌"

任何一项工作都有重点，把握住了重点，意味着抓住了工作的要害，这些要害问题往往关系着单位的重要利益，上司也会重点关注这些问题。汇报者要抓住重点工作过程和典型事例加以分析、总结和提高。建议向上司汇报工作时，每次只突出一个重点，最多不要超过三件事情，这样有利于上司厘清思路，迅速决断。

（二）恰当交流， 密切关系

1. 积极主动与领导交流

社会心理学研究认为，交往频率对建立人际关系具有重要作用，不与上司主动交流，甚至采取回避态度，很难与上司的认识取得一致，那么相互之间的支持、协调和配合就会大受影响。因此，作为下属，应该积极主动地与上司交谈，渐渐地消除彼此间可能存在的隔阂，使上下级关系相处得正常而融洽。

2. 保持不卑不亢的态度

上司总是有强过你的地方，或者才干超群，或者经验丰富，所以对上司要做到礼貌、谦逊、尊重。同时，要在保持独立人格的前提下，保持不卑不亢的态度，不能一味地对上司唯马首是瞻，甚至违背良心去迎合上司，要在尊重上司的前提下，向上司诚恳、合理、巧妙地表达出应该说的话，从工作出发，摆事实，讲道理，与上司进行得体的沟通。

3. 事先做好充分的准备

如果有工作要汇报，要充分了解自己所要说话的要点，简练、扼要、明确、有序地向上司汇报。如果有些问题是需要请示的，自己心中应有两个以上的方案，而且能向上司分析各方案的利弊，这样有利于领导做决断。事先应当周密准备，弄清每个细节，把所有能提出的问题都列出来，以备可以逻辑清晰地进行回答。

4. 对上司的优点多加赞美

人性深处，所有人都渴望被赞美，上司同样如此。赞美自己的上司要选择恰当的方式，最好是在无所求的情况下来说赞美之词，以避恭维讨好之嫌。赞美上司要注意说话的态度和表情，言语谨慎，表现得像朋友一样。赞美上司要有的放矢，对于上司的优点要尽量具体化，比如，上司刚刚安排了一个办事仔细的同事管理档案，你如果说："您可真是活伯乐呀"，这样说有些夸张、空泛、笼统，会给上司留下油嘴滑舌、诡诈虚伪的印象，如果说："我觉得您看人真的很准，总能把每个人派到最适合的岗位上去，比如张三那么细心，正是管理档案的最佳人选。"赞美的用语越翔实具体，越恰如其分、不留痕迹，越能体现出真诚和可信。

5. 善于用幽默融洽关系

卡耐基说："快乐人生中有那么一条，就是如何运用智慧的幽默，这样开玩笑就不易伤害别人的心，使他人和自己的生活时时刻刻地充满了风趣和快乐。"幽默的语言风趣诙谐，能使人发笑，又含义深刻，发人深思。幽默是一个人的学识、才华、智慧等在语言表达中的体现。用幽默的方式让上司开心是融洽关系的极佳方式，幽默的方式确实可以创造轻松的沟通氛围，拉近人与人之间的距离，为人际关系注入"润滑剂"。

🖼 经典案例

某公司开始实施销售业绩倍增计划，主管召集下属严厉地训话："各位，现在是我们加油的时候了。从明天开始，早上七点半大家就要到这里集合。八点钟钟声一响，大家就要立刻向外去推销。"大家都不满地抱怨时间太早。这时有位凡事讲求效率和正确性的员工，不慌不忙地反问道："请问……是时钟开始敲八下时，还是敲完八下才往外跑？"

案例分析

主管过于严格的要求招致了他人的不满，这位聪明的员工使用幽默的语言把众人的注意力转移到自己身上，使尴尬紧张的气氛轻松下来，用自己的幽默帮了主管的忙。

（选自太平洋时尚网：《幽默使社交双赢》）

（三）选好时机， 恰当沟通

1. 选择合适的时机进行适当的交流

心理学研究表明，人们的心境不同，对交流信息的接受程度也不同。与上司交谈非常讲究时机，如果要提建议，就要选择在他们心境最佳的时机，遇到高兴事，工作完满结束时更易于听进不同的意见。上司一天到晚要考虑的问题很多，应当根据自己的问题的重要性，选择适当时机去反映。

🖼 经典案例

刚毕业的高明怀着满腔热忱进入了现在的公司，他不仅好学，而且作为新人热情高涨、想尽快在工作中做出一番成绩，所以他每天都向领导请教，不仅请教自己的项目组长，而且常常直接去问部门经理。大家看见这个新人如此肯上进，都愿意毫无保留地教给他各种工作技巧。

这一天，项目组组长张大姐正在上小学的儿子病了，接到班主任的电话，张大姐急坏了，跟领导请了假正收拾背包打算去学校接儿子去医院。碰巧高明有一张图纸看不懂，而这张图纸是张大姐画的，一定要请教她才行。

高明赶紧拦住了行色匆匆的张大姐："张姐，这个图例是什么意思啊？我半天都没看懂。"

张大姐头也没顾得上抬，说："小高，我得赶紧去孩子学校一趟，等我回来告诉你。"

高明却仿佛没看出来张大姐着急的样子，仍旧紧跟了上去："不行啊，您看这都三点了，等您回来都下班了，就一个小图例，您就现在告诉我吧。"

"你这孩子，真是的！"张大姐丢下这一句话，头也不回地走了。

高明还是摸不着头脑。这时他决定直接去问经理，走到经理办公室门口却正好听见经理在发火："这么简单的一个报告，居然有6处错误，还有1个错别字，你的4年大学就是这样读的吗？"随后看见一位女同事脸色难看地抱着文件走出来。

高明紧跟着就进去了，把图纸经理办公桌上一摊，指着图纸问："经理您看，这个图例是什么意思？"

正在气头上的经理没好气地说："学校制图课没学过吗，回去看教材！"

不明所以的高明只好灰溜溜地出来了，他问坐在身边的一位老同事："今天领导们都是怎么了？"

老同事意味深长地说："小高，先放下手中的图纸，好好学习一下怎么选择合适的时间跟领导们说话吧。"

（选自百度文库：《心理学与口才技巧》）

案例分析

说话做事的时机对于结果的成败起着关键的影响作用，如果不想像高明一样四处碰钉子，就要注意在说话之前，观察上司的脸色和工作状态，看上司是否有紧急的事情在处理，是否在接待客人，是否有良好的心情等，确定上司有时间、有精力、有心情和你交谈沟通后，再进入上司的办公室，抓住合适的时机进行切入，表达自己的想法，就会有事半功倍的成效。

2. 面对上司要多说建议少提意见

提建议是和对方站在一个立场上解决问题，而意见则是站在和对方相反的立场上进行批评和指责。当上司出现错误的时候，我们不该看见不说，更不能当众指出上司的错误，而是应该单独与上司面对面地提出合理的建议。《左传》中讲道："臣献其可，以去其否"，就是说建议用可行的去代替不该做的。提建议时，不能直接点破上司的错误所在，不要替上司做决定。卡耐基说过："如果你仅仅提出建议，而让别人自己得出结论，让他觉得这个想法是他自己的，这样不是更聪明吗？"

经典案例

佩佩年轻干练、活泼开朗，入行没几年，职位"噌噌"地往上升，很快成了单位里的主力干将。几天前，新老板走马上任，就把佩佩叫了过去："佩佩，你经验丰富，能力又强，这里有个新项目，你就多费心盯一盯吧！"

受到新老板的重用，佩佩欢欣鼓舞。恰好这天要去某城市谈判，佩佩一合计，一行好几个人，坐公交车不方便，人也受累，会影响谈判效果，打车吧，一辆坐不下，两辆费用又太高，还是包一辆车好，经济又实惠。

主意定了，佩佩来到老板跟前。"老板，您看，我们今天要出去，"佩佩把几种方案的利弊分析了一番，接着说，"所以呢，我决定包一辆车去！"汇报完毕，老板的脸不知道什么时候黑了下来，生硬地说："是吗？可是我认为这个方案不太好，你们还是买票坐长途车去吧！"一旁的佩佩愣住了，她万万没想到，一个如此合情合理的建议竟然被打了"回票"。

"没道理呀！傻瓜都能看出来我的方案是最佳的！"佩佩大惑不解。

（选自百度文库：《掌握和老板说话的三大技巧》）

案例分析

面对上司时，多说建议，少"拍板"。

3. 避开禁忌才能助力职场发展

职场中，要想与上司进行有效的沟通，就需要有较强的语言表达能力。很多人感觉"伴君如伴虎"，上司不可捉摸，其实，只要好好地掌握语言技巧，很多问题都能迎刃而解。一个会说话的下属不但在职场中受欢迎，在其他任何地方也都将是受欢迎的。与上司沟通时，尤其要注意细节性的语言禁忌。

第一，无论私底下你和上司的关系有多好，都要记住工作中，你们仅仅是工作关系，不要因为和上司关系好而肆无忌惮或者违反原则。

第二，回答上司的问题时不要说："随便""都行""都可以"。也许你觉得这是自己"好说话"的表现，但上司会觉得你冷漠，不懂礼节。

第三，上司分配工作下来，不要说"不好办""有困难"，会让上司下不来台，一方面显得自己在推卸责任，另一方面显得上司没有远见。

三、 与下属交谈的技巧

随着在职场的发展，通过个人的努力，职场新人会逐步进阶成项目负责人、部门负责人，作为上司，除了业务外，对外要做好形象塑造、公关处理，对内要做好内部协调，提升凝聚力，尤其要注意与下属的交谈方式。

与下属交谈的技巧

在人员管理上，有很多管理技巧和领导艺术，但是，国内外的实践经验和相关研究表明，赞美是最好的激励方式之一。人们渴望得到他人肯定的心理需要得到满足，这便会成为使其积极向上的原动力，如果上司能够充分运用赞美表达对员工的认可和信任，能有效提高员工的工作效率，因为上司的赞美就是对员工的肯定，领导的赞美意味着员工的价值，更意味着未来的发展空间。

在现代企业管理中，激励已经逐渐成为首要职能，也是调动下属积极性的最佳方式。所以上司必须要懂得如何激励下属，如何去发掘下属的潜能和热情，从而打造一个团结、和谐、高效的工作团队，实现企业的高效管理，维持企业的向心力和凝聚力。

（一）以尊重为基础的赞美最有力量

下属士气的高低，直接关系着企业的命运。能否有效地鼓励下属，关键在于上司。无论一个上司有多么优秀，个人也只能发挥1%的作用，如果下属受到很大激励的话，就能发挥100%的能量，所以上司对下属的激励非常重要。

在管理的过程中，上司必须放下手中的"鞭子"，多使用煽情妙语去激发士气，赢得下属的尊重和理解，在友好和合作的气氛中，使下属愉快而又积极地去工作，从而取得双赢的完美结局。通用电气首席执行官杰夫曾说过："一旦成为一名领导者

之后，你所面临的最大挑战就是要学会激励身力的人、培养他们，并帮助他们学会改变自己。你必须完成这一挑战，同时明白，上司的任务就是为自己的团队成员提供服务。"

☕ 经典范例

上司在公司会议中的讲话

我今天看到标语上有这么几个字：勇气和坚持，我以前讲过，实力就是抗击打能力，你怎么打我，我都不倒，明天又来了。从这里面可以看到实力是一种勇气和坚持。

有勇气是因为你艺高人胆大，而坚持是因为你有使命感。你可能比别人看得远，你看到的别人可能没有看到，所以你坚持走下去。

今天很残酷，明天更残酷，后天很美好，但是很多人死在了明天晚上，看不到后天的太阳，但我们要看到后天的太阳。

范例分析

这位上司激励员工很大程度上就靠的是自己的激情和口才。当他激励自己的员工，为他们鼓劲打气时，更显现出了内心的热忱与激情，给了员工极大的肯定和赞美，同时，唤起员工的荣誉感、责任感和进取心。

💼 经典案例

在下属有所付出时，应该从成绩中寻找一定的优点给予肯定，这种夸奖虽然不够明显，但是却能够激励下属不断努力。办公室秘书小高在一次竞赛中获得年度新闻稿件一等奖。拿回证书后，上司立即给予了小高较高的评价："小高，不错。你的那篇稿子我拜读过，文笔流畅，观点突出。好好努力，会很有发展的。"上司的这种称赞不但让下属认识到了自己的价值，对自己充满信心，也让下属领会了上司对自己的关怀，同时也是上司对自己付出的一种肯定，从而更加尊敬上司，努力工作。

夸奖下属时最好能够针对具体事件，因为事件比较客观，容易被人接受。如"你今天在会议上提出的维护宾馆声誉的意见很有见也。""今天你做的报表清晰明了，看起来很是轻松，希望以后都能够这样"。这样的夸奖针对下属具体的事件，能够让对方知道他哪里做得好，同时也使对方感到你对他的称赞是真诚客观的。

（选自百度文库：《领导如何夸奖下属》）

案例分析

恰到好处的称赞使下属意识到了自己的价值，从而也对自己充满了信心，同时，还会使下属领会到上司对自己付出心血的肯定，便会产生荣誉感和成就感，能激励下属更努力地工作。

（二）赞美的力量可以创造奇迹

洛克菲勒说："要想充分发挥员工的才能，方法是赞美和鼓励。一个成功的管理者，应当学会如何真诚地去赞美他人，引导他们去工作。我总是深恶挑别人的错，而从不吝惜夸奖他人的好处的人。事实也证明，企业的任何一项成就，都是在被嘉奖的氛围下取得的。"

经典案例

韩国某大型公司的一个清洁工，本来是一个最底层、最被人看不起的角色，但就是这样一个人，却在一天晚上公司保险箱被窃时，与小偷进行了殊死搏斗。事后，有人为他请功并问他原因，答案却出人意料。这个清洁工说："当公司的总经理每次从我身旁经过时，总会赞美说'你扫的地真干净'。"就是这么一句简简单单的话，却使这个员工受到了感动，在关键时刻帮了公司的大忙。

（选自麦田故事网：《哲理故事：公司的清洁工》）

案例分析

生活中的每一个人，都有较强的自尊心和荣誉感。你对他们的真诚表扬与赞同，就是对他们价值的最大程度的认可和重视。而能真诚地赞美下属的上司，能使员工们的心灵需求得到满足，并能激发他们潜在的才能。

（三）审时度势地赞美才能入心、 入脑

美国著名女企业家玛丽凯经理曾说过："世界上有两件东西比金钱更为人们所需——认可与赞美。"赞美是一件好事，但绝不是一件易事。上司赞美下属时如不审

时度势，不掌握一定的赞美技巧，就容易变好事为坏事，所以要掌握以下技巧。

1. 赞美要及时

当员工做出了成绩，或者做了有益于公司的好事时，最希望被人知道，及时得到赞美。心理学表明，人们的这一期待是有时间期限的，得到的赞美越及时，人们越容易受到鼓舞。

2. 态度要真诚

每个人都珍视真心诚意的语言，它是人际沟通中最重要的东西。在赞美下属时，必须确认你赞美的人确有此优点，并有充分的理由去赞美他，避免空洞、刻板公式化的夸奖，或不带任何感情的机械性话语。

3. 赞美要新颖

赞美的新意很重要，新颖的语言更有魅力和吸引力，新颖的赞美更具有鼓励作用，要做到有新意，就要独具慧眼，善于发现别人很少发现的闪光点和兴趣点，在赞扬一位下属时，要注意选择这位下属所独具的那部分特性，如果上司赞扬某位下属的工作是其他人都具有的能力，都能完成的事情，这种赞扬会让这位下属不自在，也会引起其他下属的强烈反感。此外，上司要赞扬的是下属的工作结果，而不是工作过程。基于工作过程的赞扬，会增加下属的压力，进而还会对赞扬产生某种条件反射式的反感。

4. 赞美要具体

表扬下属时，要针对他的工作，而不是针对人，哪件事做得好，什么地方值得赞扬，说得具体些，这样才能使受夸奖者产生心理共鸣。比如："你刚才结尾的地方很有创意。"这样，下属便知道哪里做得好，如果能进一步夸赞其内在特质："结尾做得很有创意，可见你是个很有创意的人"，就更能提升下属的心理满意度。丘吉尔说："要让一个人有某种优点，你就要说得好像他已经具备了这种优点一般。"赞美是一种鼓励，是一种肯定，可以激发人们的自豪感与上进心。现实工作中，当下属付出艰辛劳动时、接受工作指派时、取得成果时，他们往往更渴望得到上司的尊重与承认，这时候，给予其真诚的赞美，会让人有一种如沐春风的感觉。

四、 与客户交谈的技巧

无论在任何岗位、任何职务，都少不了和客户交流，只有掌握交谈技巧，才能得到客户的认可。"关怀是心与心靠近的基础""倾听是一种无言的赞美和恭维"，与客户的交流一定要淋漓尽致地做到以下这两点。

（一）关怀和了解

多了解顾客的需要，选择合适的话题，缩短与客户之间的距离，使自己逐渐被客户所接受，而后把话题引向自己的业务，进而开始商谈。

经典案例

有一位优秀的空调营销员，他从不口若悬河地向顾客介绍空调的好。因为他明白，人并非完全因为东西好才想购买它，而更大的原因是因为需要它，同时也觉得不错，所以才会购买它。如果不需要的话，东西再好，顾客也不会买。因此他在介绍产品时并不是说"这般闷热的天气，如果没有冷气，我们会忍无可忍的"之类刻板、教条的介绍语。而是把有购买倾向的顾客，当成刚从炎热的阳光下回到一个没有空调的屋子里的人："您在炎热的阳光下出了一身汗回家来了，当您打开房门，迎接您的却是一个更加闷热的蒸笼。您刚刚擦干脸上的汗水，可是额头上又渗出了新的汗珠。您打开窗子，迎面吹来的是阵阵热风；您打开风扇，却仍是热风吹面，使您本来疲劳的身体更加烦闷。可是，您想过没有，如果您一进家门，迎面吹来的是阵阵凉风，那是多么的美妙惬意啊！"

（选自百度文库：《销售秘籍：卖产品不如卖效果》）

案例分析

只有充分了解客户的需求，才能明确引导客户的具体期待，进而为客户营造良好的情境，激发客户的购买欲望，最后促成成功。

在话题的选择上，可以寻找大家都熟知的话题，如近期的社会热点或焦点问题；可以就地取材引出话题，聊天场地中的任何人、事、物，比如，从身边的一本书找到话题，或者从对方的口音上找话题，从乡音说到地域，从地域说到家乡的风土人情、名胜古迹等；可以因人而异地从客户的兴趣、最感兴趣的事着手，因为这些总是对方最熟悉、最有话可说、最乐于谈的。例如，对方喜欢摄影，便可以此为题，谈摄影的取景、相机的优劣、钻研摄影艺术的甘苦等。如果你对摄影略懂一二，那定会谈得投机；如果你对摄影不太了解，也是个学习的机会，可静心倾听，适时提问，借此学有所得。

经典案例

有一位著名的棒球运动员，在球场上是一个难以攻破的堡垒，他在某保险公司业务员眼里也被当作一个难以攻破的堡垒，因为他对保险根本就不感兴趣。他对一个个喋喋不休的业务员们很反感。

有一天某位业务员又上门了。与别的业务员不同的是，进门后，他没唱那些令人生厌的老调，也没有对保险的好处进行宣传，而是以一位相当在行的热心球迷的身份来倾听对方大谈棒球。

他倾听的态度、他的问题、他简短的议论，都给这位职业球员留下了深刻印象，他被视为一位很有棒球运动员素养的同行交谈者。在一个适当时刻，业务员向球手提出一个关键的问题："你对贵队的另一位投手利里夫的评价如何？"

"利里夫，正是有了他，我才能放手投球的，因为他是我坚强的后盾，万一我的竞技状态不佳，他可压阵。"

"请原谅我打个比喻，你想过没有，如果把你的家庭比作一个球队，你家庭也有个利里夫。"

"利里夫，谁？"

"就是你，"业务员谈锋正健，"你想想，你的太太和两个孩子之所以'放手投球'，换句话说，能无忧无虑地生活，就是因为有了你，你是他们坚强的后盾和幸福的保证。所以你就是他们的'利里夫'。"

"你的意思是？"

"请你原谅我的直率，我是说人有旦夕祸福，万一你有个不测，我们就可以帮助你、帮助你的太太和孩子，这样，你就可以更放心地驰骋球场，绝无后顾之忧。所以，从这种意义上说，我们也是您的'利里夫'。"

至此，棒球运动员才想起他的对话者身份，然而他被感动了，这笔生意当场就拍板定案。

（选自百度网百家号：《找到顾客的兴趣爱好就是找到了共鸣，那离推销成功就不远了》）

案例分析

在这个案例中，这位保险业务员很善于选择交谈方式和交谈内容，从对方的职业、家庭等方面入手，使对方容易接受，并缩短了彼此的距离，为他后来的成功打开了大门。

（二）热情和积极

热情是情绪兴奋、高昂的一种标志，是与客户相处或合作喜悦心情的表现。客户总是喜欢与充满热情、面带微笑的工作人员谈合作、做生意，因为能得到愉快的心情和周到的服务。你的热情能让客户知道你在重视他、关心他，与他站在同一立场上，热情还表明你乐于善待和帮助他，与他携手协力促成合作。

热情的反应可以使简单的举动变得不同寻常，热情的赞美可以让客户心情舒畅，可以给你的客户"充电"，使你的客户觉得他在你心目中的地位超过他人。因此，在迎接客户时要热情，起身迎接或面带笑容打招呼都是热情的表现。

在接受客户的要求或请求时，请表现出你的热情，告诉他，你非常愿意为他效劳，可以说"我很高兴为您……""我为您效劳，不胜荣幸……"这样的话。

热情不会越用越少，它始终令人愉悦。在与人的交流中，热情总是起着积极的作用，这是使自己脱颖而出，并与其他人建立起特殊关系的一条捷径。如果待人接物缺乏热情，将会让人十分扫兴。

■ 经典案例

汽车推销大王乔·吉拉德总是设法让每一个光顾他生意的顾客感到他们似乎昨天刚见过面。"哎呀，比尔，好久不见，你都躲到哪里去了?"乔·吉拉德微笑着，热情地招呼一位走进展销区的顾客。

当一位满身尘土、头戴安全帽的顾客走进来时，乔·吉拉德就会说："嗨，你一定是在建筑业工作吧。"很多人都喜欢谈论自己，于是乔·吉拉德尽量让他无拘无束地打开话匣子。"你说得对。"他回答道。"那你负责什么? 钢材还是混凝土?"乔·吉拉德又提了一个问题想让他谈下去。

有一次，当乔·吉拉德问一位顾客是做什么工作的时候，对方回答说："我在一家螺丝机械厂上班。""噢，那很棒，那你每天都在做什么?""造螺丝钉。""真的吗?

我还从来没有见过螺丝钉是怎么造出来的呢。方便的话我真想上你们那儿去看看，欢迎吗？"乔·吉拉德只想让对方知道自己是多么重视他的工作。或许在这之前，从未有谁怀着浓厚的兴趣问过他这些问题。相反，一个糟糕的汽车推销员可能嘲弄他说："你在造螺丝钉？你大概把自己也拧坏了吧，瞧你那身皱巴巴的脏衣服。"

有一天，乔·吉拉德特意去工厂拜访这位顾客的时候，看得出对方真是喜出望外。他把乔·吉拉德介绍给年轻的工友们，并且自豪地说："我就是从这位先生那儿买的车。"乔·吉拉德趁机送给每人一张名片。正是通过这种策略，他获得了更多的生意。

（选自百度网百家号：《主动性职场》）

案例分析

热情地对待每一位顾客说起来很容易，可是做起来却很难。只有尊重你的每一位顾客，才会有机会抓住尽可能多的顾客。

美国的哲学家约翰·杜威说："人类心中最深远的驱策力就是希望具有重要性。"每一个人来到世界上都有被重视、被关怀、被肯定的渴望，要热情地赞美客户身上的闪光点，对客户的能力和品格进行美化，当你满足了他的需求后，他被你重视的那一方面就会焕发出巨大的热情，并成为你的朋友。

在合作的过程中，当客户提出某些需要你费些力气才能完成的请求时，你不要显出大吃一惊的样子，也不要大发牢骚以得到他同情：

"什么？你想在这个时候让我……"

"你现在才说，怎么不早讲呢？"

"5 分钟后我们就下班了，我还要……"

不要把灰心失望的情绪写在脸上，不要唉声叹气，或扭扭捏捏，或一脸愠怒，或沉默冷淡，或冰冷回应。

（三）倾听和虚心

著名学者查理·艾略特说："专心致志地听人讲话是最重要的，也是对人的最大尊重。"与人交流，我们必须学会倾听，通过积极地倾听，及时、准确、恰当地接收掌握对方语言中的关键信息，获知对方的真实想法，并适时地给予对方尊重。能用心聆听别人意见的人，必是一个富有思想、有缜密思维和谦虚性格的人。

💼 经典案例

推销员：保罗先生，经过我的仔细观察，发现贵厂自己维修花费的钱，要比雇佣我们来做花的钱还多，对吗？

保罗：我也计算过，我们自己干的确不太划算，并且你的服务质量也不错，但是，毕竟你们缺乏电子方面的……

推销员：哦，对不起，我能插一句吗？我想说明一点，没有人能把所有的事情都做完！不是吗？修理汽车需要特殊的设备和材料，比如……

保罗：对，对，但是，你误会我的意思了，我要说的是……

推销员：您的意思我明白，我是说，您的下属即使是天才，也不可能在缺乏专门设备的情况下，做出像我们公司那样漂亮的活儿来，不是吗？

保罗：你还是没有弄懂我的意思，现在我们这里负责维修的员工是……

推销员：保罗先生，现在等一下，好吗？就等一下，我只说一句话，假如您认为……

保罗：我认为，你现在可以走了。

（选自百度文库：《好好说话：有趣的口才精进技巧》）

案例分析

推销员被下了逐客令，原因是这个推销员三番五次地打断保罗的讲话。在人与人的交往中，这是一大忌！经常随便打断对方讲话的人，只能让讲话者产生厌恶的情绪。

1. 要专注

别人和你谈话的时候，你的眼睛要注视着他，保持目光接触，无论他的地位和身份比你高还是低，都必须这样做，只有虚浮、傲慢或自卑的人才不去正视别人，同时，可以结合听的内容做出适当的辅助性表情，如微笑、点头、皱眉等，都能表明你在很专注且认真的倾听。

💼 经典案例

以前有一个实力薄弱的小国派使者去一个大国进贡，使者给国王带来三个一模一样的小金人，国王甚是喜欢，拿在手里把玩个不停。

不过使者却给国王出了个难题，他问国王："您能不能分辨出这三个金人哪个价值最高?"国王想了很多办法来衡量小金人的价值，还请来国内的能工巧匠来做检查，从做工到重量都仔细对比，但三个小金人似乎没有丝毫的差别，没法判断哪个金人的价值更高。正当国王一筹莫展的时候，一位大臣毛遂自荐，说有办法衡量出每个金人的价值。

国王赶紧派人叫来使者，让他和自己一起见证揭晓答案的时刻。大臣手里拿着三根稻草，胸有成竹地走进大殿。他拿着稻草插入第一个小金人的耳朵里，稻草从小金人另一边的耳朵钻了出来。他又拿着稻草插入第二个小金人的耳朵里，稻草从小金人的嘴巴钻了出来。最后，他拿着稻草插入第三个小金人的耳朵里，稻草掉进小金人的肚子里，一点儿声音也没有发出来。

大臣躬身对国王说道："很明显，第三个小金人是最有价值的。"国王听完他的话，转头看向旁边的使者。使者点点头，表示答案完全正确。

大臣接着解释道："第一个小金人不懂得倾听，他听到的话都是左耳朵进，右耳朵出。第二个小金人虽然会听，但是他更会说，不能保守秘密。只有第三个小金人，把听到的话放到了心里，由此可以判断出他的价值最高。"

（选自百度网百家号——凡凡职场日记：《职场沟通，会听的人才会说，聆听需要专注》）

案例分析

人们渴望别人能仔细倾听自己的诉说，却经常把别人的诉说当耳旁风，左耳朵进，右耳朵出。渴望别人能保守住自己诉说的秘密，却把别人的秘密泄露出去。有时候人们也喜欢想当然地将别人的话按照自己的习惯进行理解，而且还觉得自己的理解是正确的，就是因为这样，很多倾诉失去了原本的意义。

2. 要互动

倾听别人的话时，偶尔插上一两句赞同的话是很好的。不完全明白时，加上一句问话也是非常必要的，这表示对谈话内容的留心。但是，不可以把发言的机会抢过来，除非对方的话已告一段落，该轮到你说话时才可以这样做。互动时，要适度，不要过于频繁和复杂。通用公司的一位副总裁曾经说过："销售员为什么会失去销售机会？这个问题我们曾在会议上投票表决过，75%的人都认为是销售员话说得太多了。"言多众人忘，言少众人记。说了多少话并不重要，重要的是说出来的话别人能记住多少。很多喋喋不休的长篇大论都不会给人留下什么深刻的印象，而一些简单明了的话却被人奉为金玉良言，就像商场的一些推销员一样，如果他们一直夸夸其谈停不下来，顾客可能早就被吓跑了。

此外，倾听别人表达时，不可做一些与此无关的事情，更不可傲慢地纠正他人的错误，这是不恭敬的表现。例如，有些人常喜欢把一件已经对你说过好几次的事情重复地说，也有人会把一个说了好多次的笑话还当新鲜的东西，作为一位听众，就需要耐心地听下去。当对方偶然问你一些问题时，要根据谈话内容，真诚地回答。

3. 要分析

倾听时，在接收信息的同时，要进行逻辑分析，抓住对方话语的重点内容，从较多的内容里抓住中心要旨，透过现象看本质，才能真正听懂对方所说的话。哪里有声音，哪里就有力量。美好的谈吐可以帮助人树立最佳形象，谁都不想自己给人留下谈吐不佳的印象，你有一千个理由羡慕别人的口才，你更有一万个理由去努力成为具备高超表达力的人。日日行，千里不在话下；天天读，万卷亦非难事；时时练，妙言舌灿莲花，美好的未来必将照进人生。

◉ **课堂训练**

1. 如果你是如下情景中的清清，你会如何应对同事的不情之请？

大海：唉，清清，你手头的工作做得差不多了吧？

清清：不是啊，我还有很多还没做完呢，今天晚上估计又要加班了。

大海：唉，我那部分也有不少呢，我今晚又有事情，可是马上就到下班的时间了。

清清：但是你那部分，一定要做完才可以走哦，老板说了明天早上就要的。

大海：清清啊，我一直很看好你的，你一定可以的，你很快就能做完的，其实我剩下的部分都是很简单的，以你的能力，很快就能搞定的，明天我请你吃饭。

2. 如果你是如下情景中的沙沙，你会如何应对同事的借钱的请求？

大海：清清，你也在这里，好巧哦。

沙沙：是啊，大海。

大海：昨晚，你看新闻了吗？iPhone 又出新款了。

沙沙：看了，可是太贵了。

大海：还好了，刚好，我这手机很卡了，也是时候换了。

沙沙：那你就换啊。

大海：那你也支持我换了？

沙沙：嗯。

大海：其实啊，我就还差三千块钱，要不，你先借我三千块钱，等到下个月发了工资我就马上还给你。

3. 如果你是如下案例中的张丹峰，你会如何有效应对？

张丹峰刚刚从名校管理学硕士毕业，出任某大型企业的制造部门经理。张丹峰一上任，就对制造部门进行改造。张丹峰发现生产现场的数据很难及时反馈上来，于是他决定从生产报表上开始改进。借鉴了跨国公司的生产报表，张丹峰设计了一份非常完美的生产报表，从报表中可以看出生产中的任何一个细节。

每天早上，所有的生产数据都会及时地放在张丹峰的桌子上，张丹峰很高兴，认为他拿到了生产的第一手数据。没有过几天，出现了一次大的品质事故，但报表上根本没有反映出来，张丹峰这才知道，报表的数据都是随意填写上去的。

为了这件事情，张丹峰多次开会强调，认真填写报表的重要性，但每次开会，在开始几天可以起到一定的效果，但过不了几天又返回了原来的状态，这使得张丹峰怎么也想不通。

4. 谈谈如下案例给你带来的启示。

有一个单位招聘业务员，由于公司待遇很好，所以很多人面试。经理为了考验大家就出了一个题目：用一天的时间去推销梳子，向和尚推销。很多人都说这是不可能的，和尚是没有头发的，怎么可能向他们推销？于是很多人就放弃了这个机会。但是有三个人愿意试试。第三天，他们回来了。

第一个人卖了1把梳子。他对经理说："我看到一个小和尚，头上生了很多虱子，很痒，在那里用手抓。我就对他说用手抓头不如用梳子抓，于是我就卖出了1把。"

第二个人卖了10把梳子。他对经理说："我找到庙里的住持，对他说如果上山礼佛的人的头发被山风吹乱了，就表示对佛不尊敬，是一种罪过，假如在每个佛像前摆一把梳子，游客来了梳完头再拜佛就更好！于是我卖了10把梳子。"

第三个人卖了3000把梳子。他对经理说："我到了最大的寺庙里，直接跟主持讲，你想不想增加收入？住持表示想。我就告诉他，在寺庙最繁华的地方贴上标语，捐钱有礼物拿。什么礼物呢，一把功德梳。这个梳子有个特点，一定要在人多的地方梳头，这样就能梳去晦气、梳来运气。于是很多人捐钱后就梳头，这又使很多人去捐钱。一下子就卖出了 3000 把。"

◎ 思考与训练

1. 与同事交谈的技巧有哪些？

2. 与上司交谈的技巧有哪些？

3. 与下属交谈的技巧有哪些？

4. 与客户交谈的技巧有哪些？

✈ 阅读推荐

1. 苏豫：《走进职场学说话》，北京，中国华侨出版社，2010。

2. 夏志强：《职场说话技巧》，北京，经济管理出版社，2011。

3. 吴昱荣：《职场暖心话术：最轻松有效的职场口才提升宝典》，北京，中国华侨出版社，2013。

➦ 项目任务书

交谈口才训练项目任务书

课程名称	职场口才	学习项目	交谈口才训练	项目任务	与客户交谈
学生班级		组别序号		组长姓名	
小组成员					
任务描述					
星期日的上午，某品牌服装的展厅里客户三三两两地看着衣服，销售顾问王小姐在自己负责的区域站着，这时一位打扮朴素的女顾客走了进来，王小姐赶紧去迎接这位顾客，"您好！您是想为自己选衣服吗？" "嗯，我想看看今年的新款。" "那您是走对店了，我们有好几款新进的连衣裙，我给您介绍一下。" "好的。"					

　　"您看这款是我们今年的主打款式,这款连衣裙面料非常好,不贴身,不夸张地说这是同价位连衣裙中最好的哦,而且价格合理,特别便宜,非常适合您。"

　　客户怀疑地看着王小姐说:"这件有那么好吗?"

　　"那当然了,我可以跟您保证,我们旁边那家店主推的款跟我们这款根本没法比,别看价格差不多,但是无论是款式还是品质都差得太远了,凡是懂质量的都买我们这款。"

　　客户听完王小姐的介绍,想了想转身走出了服装店。

　　同学们分析一下,销售顾问王小姐的话有什么问题?如果你是王小姐,你该如何与客户进行交谈和沟通?

学习目标

　　一、专业能力

　　1. 正确运用交谈口才进行职场沟通。

　　2. 正确运用服务语言进行沟通,提高自己的营销服务工作能力。

　　二、社会能力

　　1. 树立服务意识、效率意识、规范意识。

　　2. 形成较好的人际沟通语言能力。

　　3. 强化人际沟通能力、客户关系维护能力。

　　4. 培养维护组织目标实现的大局意识和团队能力。

　　5. 树立爱岗敬业的职业道德和严谨、务实、勤快的工作作风。

　　6. 强化自我管理能力、自我修正的能力。

　　三、方法能力

　　1. 利用信息化平台进行自主学习的能力。

　　2. 制订工作计划、独立决策和实施的能力。

　　3. 准确的自我评价能力和接受他人评价的能力。

　　4. 学以致用的能力。

学习引导

　　一、学习建议

　　职场中与人打交道,交谈沟通是最重要的交流方式,其运用的好与坏直接关系到个人和企业的形象与效益。交谈口才主要包括与同事交谈口才、与上司交谈口才、与客户交谈口才。要学好、用好交谈口才,建议采取如下学习方法。

　　1. 登录"智慧树慕课",选定"有话好好说——职场新人口才攻略"课程中"与同事交谈口才""与上司交谈口才""与客户交谈口才"的微课,观看微课教学视频,并完成相应的进阶训练,在微课学习中如有疑问可在线提问,与教师互动交流。(线上学习)

　　2. 认真学习课程知识,进一步掌握提高交谈口才的知识和技能,完成"难点化解"题目。(线下学习)

　　3. 假定自己是销售顾问王小姐,与学习小组成员商讨和训练接待顾客,并在课堂上展示。同时,注意观察其他组展示情况,并将所见所闻记录在本任务书的"课堂记录"一栏。(线下学习)

　　4. 课后完成拓展任务、加强训练,小组内将自己的训练过程拍摄微视频上传到课程平台,并与其他学习小组进行互动评价。(线下学习与线上学习相结合)

续表

5. 在本任务书的"学习小结"一栏做好小组的学习小结。

二、难点化解

1. 单选：下面不适合交谈选择话题的是(　　)。

A. 既定的话题　　　　　　　B. 个人隐私

C. 内容文明、格调高雅的话题　　D. 轻松的话题

2. 单选：带有地方口音的服务人员，要多加练习普通话，练习的重点是(　　)。

A. 语气　　　　B. 发音　　　　C. 声音　　　　D. 条理

3. 多选：与客户沟通中，在语言方面一般需要注意以下这几点(　　)。

A. 使用问句表示尊重　　B. 要用肯定型语言取代否定型语言

C. 拒绝时要将"对不起"和请求型语句并用　　D. 帮助客户做决定

E. 用请求型语言取代命令型语言

4. 多选：分析需求时，服务人员询问顾客，先询问(　　)的问题，容易切入话题。

A. 较难的话题　　　　　　　　B. 容易的话题

C. 开放性话题　　　　　　　　D. 封闭性话题

5. 多选：销售顾问王小姐与客户的沟通中主要犯了这些忌讳(　　)。

A. 主观性议论　　　　　　　　B. 夸大不实

C. 质疑性话语　　　　　　　　D. 肯定性语言

课堂记录
请认真观察其他小组训练展示，并记录你们小组看到的优点和问题。

学习小结
请简要记录你们小组对本项目任务学习的总结。

拓展训练
1. 如果顾客对销售顾问王小姐介绍的衣服很满意，只是在价格上还是认为过高，希望再有些优惠。请你根据所学知识，与顾客进行价格协商。 2. 小组课后运用角色扮演法模拟训练该场景，并拍摄微视频上传至课程平台。

PROJECT 4

任务 1　电话沟通概述 ///

🗨 任务目录

1. 了解电话沟通的特点、沟通的有效条件。
2. 掌握影响电话沟通的因素。

💼 经典案例

售后：您好，××公司售后服务部，请问有什么能够帮助您的？

顾客：你好，我的电脑坏了。

售后：您能描述一下具体哪里坏了吗？

顾客：应该是硬盘坏了啊，电脑开机后无法启动，机箱还发出吱吱的声音，屏幕显示硬盘无法通过检测。我想这应该就是硬盘坏了，导致电脑无法启动！

售后：看来您是一位电脑专家呀！

顾客：专家谈不上，就是自己经常琢磨吧。

售后：您真厉害，不过还有一种可能，您不妨试一试。可能是您的电脑显卡或内存条接触不良，建议您先切断电源，然后把显卡和内存条拔下来再重插一下。如果问题还不能解决，您再送过来维修怎么样？

顾客：好吧，我先试试，再见！

售后：好的，感谢您的来电，再见！

（片刻过后，电话铃响起）

售后：您好，××公司售后服务部，请问有什么能够帮助您的？

顾客：你好，我是刚打过电话的客户。我用你教的方法试了，把显卡和内存条拔下来再重插一下，电脑果然正常了，谢谢你！

售后：不客气！恭喜您维修成功，请问还有什么需要帮助的吗？

顾客：没有了，再见！

售后：感谢您来电，祝您愉快！再见！

（选自程淑丽：《客服人员超级口才训练：客服人员与顾客的135次沟通实例》，北京，人民邮电出版社，2010）

案例分析

这个案例中，售后人员通过高情商的解答，使顾客采纳了其提出的建议，成功地解决了问题。因此，沟通能力的好坏可以决定一个人的成功与否，情商又决定沟通能力的优劣。

现代社会中，电话日益成为人们沟通的桥梁，是不可或缺的通信工具。每个人都会使用电话，但高效而礼貌地使用电话不是每个人都能做到的。一个人接打电话的沟通技巧是否运用得当，会影响到他是否能够达到本次沟通的目的，甚至会直接影响到公司以及个人的形象。因此，学习和掌握基本的电话沟通技巧和电话礼仪是很有必要的。

一、 电话沟通的特点

电话沟通是目前最方便的一种沟通方式，具有省时、省力、快速沟通的优点，主要特点如下。

电话沟通概述

（一）只闻其声， 不见其人

面对面沟通，即使讲得不好，也可以用态度和表情来弥补。而电话沟通，由于看不见对方，仅凭声音去揣测对方是有难度的，这也为顺利沟通设置了障碍。

（二）单面性和特殊性

电话沟通中只能通过声音来判断和影响对方，所以电话中的任何细节都会影响到通话的效果。对方在电话沟通中占据2/3的时间，自己绝不能超过1/3的时间，这样才能保证良好的双向沟通。

二、 电话沟通的有效条件

（一）电话沟通要有高情商

情商是人为人处世、处理应急事件的能力表现，情商高的人做事总能事半功倍。

（二）电话沟通要懂专业

企业的销售员，在工作中可能会担任咨询员、销售员等多个角色，所以要充分地了解企业的文化、背景、产品等各方面的专业知识，这样才能解答对方的咨询。

经典案例

顾客：您好，请问你们的电子琴和××品牌的电子琴有什么区别？

接话员：您好，我们公司的产品从外观到内部结构与其他品牌都是有区别的。

顾客：你们的音色和键盘的触感和×品牌的明显不一样，能说一下你们的特点吗？

接话员：我们的效果更好。

顾客：你们产品有哪些优势？

接话员：我们的电子琴性能好，质量过硬，售后服务更好。

顾客：看来你对产品并不了解！

接话员：就算吧。

（原创案例）

案例分析

案例中，接话员对公司的产品还不如顾客专业，所以顾客有理由怀疑该公司的产品及管理水平，也就不会购买他们公司的产品了。

（三）电话沟通要有耐心

耐心服务，是接话人员的一项比较重要的责任。下面案例中的接话员就因为接电话时语气不当惹了一次不必要的麻烦。

经典案例

一个炎炎夏日的午后，党政综合办公室的电话响了，工作人员接过电话："喂，您好！""我找你们镇长！"对方的口气让人觉得无礼和强硬。

工作人员心中顿时感到不快，但还是忍住了："请问，您是哪位？""你管我是哪位干吗？我找你们镇长！""对不起，镇长暂时不在，您有什么事儿跟我说行吗？""你是干吗的？在我们村边修公路占了我的田，马副镇长都解决不了，你是谁呀？跟你说？你能解决？就找你们镇长！"工作人员火了："你这个人怎么这样，我说过了，镇长不在！不跟我说，你也不至于在电话里吵吵嚷嚷的呀！""吵吵了你又能咋样？你们政府是干什么吃的？"工作人员气得火冒三丈："干什么吃的也不是听你吵吵的！"说着，把电话"啪"的一声挂掉了。

结果，第二天，打电话的人找到镇长办公室，手中拿着个录音笔，同镇长理论："镇长，占地的事我先不说，你先听听你的下属对待老百姓的态度，这就是共产党员的干部吗？"说着，这人把录音笔递给了镇长。

原来这是一个缠访户，预先把昨天的通话录音了，后来经过镇长一番调解，事情才算平息。

因为这次事件，领导专门给党政办的同志开了一次会，强调了接电话的要求，当然，那位工作人员也受到了严厉批评。

（选自百度文库：《电话礼仪案例》）

案例分析

在基层工作过的同志应该都有同感，类似的事情在基层时有发生，如果我们因一时的意气用事，不考虑说话的后果，往往会给单位、给领导带来不必要的麻烦。所以，接听公务电话，任何时候，对任何人，都要有耐心，心平气和，不可动怒。

（四）电话沟通要细致

细致、认真、周到是一种工作态度，反映了一种工作作风，由于接听电话等日常工作不细致、不认真带来消极影响，甚至影响整个公司工作顺利推进的例子也不胜枚举。

经典案例

秘书：您好，××公司，请问您需要什么帮助？

客户：不记得我了吗？三天前我给你打过电话咨询问题，你说昨天给我回电话，可是昨天我等了一天，也没接到你的电话！

秘书：啊！您是××先生吧？

客户：不容易呀，还记得我！

秘书：很抱歉，昨天忘记了给您回电话，真是不好意思！

客户：算了！你没回电话，我也不计较了，我向你咨询的问题，你现在告诉我答案吧。

秘书：真是对不起，我忘记去查找资料了，这个问题我还是给不了您答案，不好意思！

客户：什么？你不但没给我回电话，而且根本就没在意我的问题啊！你太不负责任了！

案例分析

由于秘书的不细致，忘记了对客户的承诺，没有尽到责任，引起了客户的强烈不满。

（五）电话沟通要热情

在这个注重能力的社会中，很多企业、公司、单位都欣赏满腔热血、充满热情工作的人，这样才能建立相互信任的良好关系。如果在电话沟通中，给对方留下了不好的印象，这个负面印象就可能长久地影响对方对企业的看法及信心。所以，在短暂的电话沟通中，一定要展示自己的热情。

经典案例

客服人员（面带微笑）：您好，欢迎致电××快递公司，我是12号客服人员，请问有什么能够帮助您的？

顾客（听到对方友善热情的声音，气就小了很多，但声音还是很严厉）：你们公司的效率怎么这么差啊？我发的快递都发了一个星期了，对方还是没有收到。

客服人员（保持微笑，声音里带着歉意）：真是非常抱歉，发生了这样的事情，您先别着急，我帮您查一下出了什么意外，麻烦您告诉我快递单号是多少，好吗？

顾客（听到对方态度这么诚恳，气消了一大半，冷冷地说）：××××，你查吧！

客服人员（仍然微笑，迅速查完）：不好意思，让您久等了！您的快递正常情况下应该昨天上午到货，但因为××地区突降暴雪影响了交通，所以耽误了两天，目前预计明天下午能够到达，由此给您带来的不便请见谅，非常抱歉。

顾客(显得很无奈)：是这样啊，你知道这样会影响我的信誉的，我的客户已经很不耐烦了，我跟他说的两天前就能到货。

客服人员(自信地微笑着)：先生，非常抱歉，您看这样好吗？为了不影响您的信誉，我们可以出面向您的客户做出解释，我想您的客户会理解您的，好吗？

顾客(精神一振)：哦，这样最好了，谢谢你！

客服人员(露出了开心的笑容)：不客气，让顾客满意就是我们最大的责任！请问还有什么能够帮助您的吗？

顾客(开心地微笑着)：没有了，你们公司的服务真是不错，我以后发货肯定还选你们公司。

(选自程淑丽：《客服人员超级口才训练：客服人员与顾客的135次沟通实例》，北京，人民邮电出版社，2010)

案例分析

在整个电话的沟通过程中，你的心态将对结果起着至关重要的作用。热忱影响着思维心态，可以激励、感染他人，消除顾客的抱怨，促使他人形成对自身的良好印象，并营造一种积极向上的氛围。

（六）电话沟通要自信

打电话时即使客户看不见，也要表现出自信的样子。很多恐惧打电话的人往往感觉自己无能为力，而思维积极者则恰恰相反，他们有一种"我能做"的态度。因此，他们感觉自己很有力量，他们是乐观的，敢于面对挑战的。

经典案例

客服人员：您好，这里是××公司客服部，请问有什么可以帮助您的？

顾客：我想买一支防晒霜，请问防晒霜的防晒指数一般有哪些？

客服人员：目前市面上的防晒产品防晒指数有15、25、30、50的，防晒指数越高，防晒能力也就越强。

顾客：我后天就要随公司去海南旅游，时间紧张，没有时间去商场购买。怎么在你们这里直接购买呢？

客服人员：您先在我们的网站上注册，选定防晒产品后提交订单。

顾客：好的，你讲得真清楚啊！

客服人员：另外，您要在海边使用，最好选防水的、防晒指数在 50 以上的防晒霜。

顾客：好的，谢谢。还有，我今天提交订单，明天下午 5 点之前能送到吗？

客服人员：您在什么位置？

顾客：我在××路 A 座 1003 室。

客服人员：好的，没有问题。我会特别提醒发货人员留意您的订单，请快递人员务必于明天下午送到您那里。

顾客：非常感谢！

（原创案例）

案例分析

一个电话营销人员推销产品的效果，往往取决于其对产品信任的程度。当你所推售的产品给你带来了方便，价格也公道，服务也很好，你就相信这样的产品值得每个人拥有。所以在推销时，你的语调可以使你的客户相信你。然而对于很多新人来说，在拿起电话时，就会产生一种有求于人的心理，这很不利于推销。

（七）电话沟通要真诚

任何方法、技巧的作用都不会大过你的真诚。在电话营销人员与客户进行沟通的过程中，要让客户相信你说的每一个细节。

📁 经典案例

一天下午，在日本东京百货公司，售货员彬彬有礼地接待了一位来买唱机的女顾客。售货员为她挑了一台唱机。事后，售货员清理商品时发现，错将一台空心唱机货样卖给了那位女顾客。于是，立即向公司警卫做了报告。警卫四处寻找那位女顾客，但不见其踪影。经理接到报告后，认为事关顾客利益和公司信誉，非同小可，马上召集有关人员研究。当时只知道那位女顾客叫基泰丝，是一位美国记者，还有她留下的一张"美国快递公司"的名片。据此仅有的线索，东京百货公司公关部连夜开展了一连串的查询工作，但毫无结果。后来又打国际长途，向纽约的"美国快递公司"总部咨询，深夜接到回电，得知基泰丝父母在美国的电话号码。接着，又给美国打国际长途，找到了号码。几个人忙了一夜，总共打了35个紧急电话。

第二天一早，东京百货公司给基泰丝打了道歉电话。几十分钟后，东京百货公司的副经理和提着大皮箱的公关人员，乘着一辆小轿车赶到基泰丝的住处。两人进了客厅，见到基泰丝就深深鞠躬，表示歉意。除了送来新的合格的唱机外，还赠送唱片1张、蛋糕1盒和毛巾1套。

了解到事情的来龙去脉后，基泰丝深受感动，她坦率地陈述了买这台唱机是准备作为见面礼送给外婆的。回到住所后，她打开唱机试用时发现，唱机没有装机芯，根本不能用。当时，她火冒三丈，觉得自己上当受骗了，立即写了一篇题为《笑脸背后的真面目》的批评稿，并准备第二天一早就到东京百货公司兴师问罪。没想到，东京百货公司主动上门致歉，这让基泰丝深为敬佩，她撤掉了批评稿，重写了一篇题为《35次紧急电话》的稿件。

《35次紧急电话》稿件见报后，反响强烈，东京百货公司因一心为顾客的理念而声名鹊起，门庭若市。后来，这个故事被美国公共关系协会推荐为世界性公共关系的典范案例。

（选自百度文库：《电话沟通技巧》）

案例分析

真诚并不只是通过语气体现的，真诚的行为更能打动人心。

（八）电话沟通要负责

著名企业家松下幸之助说："做人和做企业都是一样的，第一要诀就是要勇于承担责任，勇于承担责任就像是树木的根，如果没有了根，那么树木也就没有了生命。"当出现问题的时候，我们应该主动承担责任，而不是寻找各式各样的理由和借口来推卸责任。

经典案例

客服人员：您好，××公司客户服务部，请问有什么能够帮到您的？

顾客：你好，我的电脑运行速度特别慢，我怀疑是内存条的问题，因为昨天我朋友把他不用的一个内存条装在我电脑上了，后来电脑速度就很慢了。你说是不是这个原因呢？

客服人员：非常感谢您的信任。可能是这方面的原因，同时，我有另外一种看法，不知道您认为如何？

顾客：你说吧！

客服人员：您的电脑很可能中了病毒，您不妨把杀毒软件更到最新，然后对电脑进行全盘扫描，看电脑是否中了病毒，好吗？

顾客：是这样啊。

客服人员：操作完成之后，您再试试，看看电脑的运行速度是否恢复正常了。如果有问题您再打电话给我，好吗？

顾客：好的。谢谢！

（选自程淑丽：《客服人员超级口才训练：客服人员与顾客的135次沟通实例》，北京，人民邮电出版社，2010）

案例分析

这个案例中，顾客的说法也许是错的，但是客服人员没有直接说"您错了"，而是用婉转的方式让顾客明白是自己错了。客服人员的这种方式不但解决了顾客的难题，也没有让其丢面子。因此，沟通能力的好坏可以决定一个人能否成功，情商又决定沟通能力的优劣。

三、 影响电话沟通的因素

（一）表达因素

语言是人际沟通和信息传播的最重要的工具，其用途在于传达信息，实现人与人或组织之间的交流和沟通。但是，由于人们语言修养上的差异，虽然使用同一种语言，但对同一信息却会产生差异的理解。如"中国队大败美国队"，不同的人对这句话就会产生不同的理解，有人会理解为中国队输给了美国队，而有的人却理解为美国队输给了中国队。在沟通过程中如果发表观点的人表达能力不好，普通话不标准，词不达意，口齿不清，也会使人难以了解对方的真实意思，从而造成信息失真，沟通失败。

⬛ 经典案例

2011年12月，一段名为《大连话，汽车保险理赔报案》的配画音频在各大视频网站广泛传播。其中搞笑到令人"喷饭"而又无奈的对话，让人捧腹不已，在网上有着上百万的点击率。当说普通话的保险公司的理赔小姐，遇到说大连话的车主，这电话聊天实在是"伤不起"啊！

在这段3分34秒的电话沟通中，主要情节是报案人大连的包先生在大连市甘井子区革镇堡镇，驾驶自己的新车时发生了一起交通事故，倒车的时候，不慎将汽车撞到了路边的"道牙子"上，导致底盘被撞坏。由于包先生的车所投保的保险公司全国报案中心设立在杭州，所以接线员不熟悉大连话，报案人说大连话，解释起来相当麻烦。

当普通话遇到大连话，因为发音的差异，表达能力不佳，两人交流的可谓风马牛不相及。大连司机的"道牙子"一词在大连方言里是表示"马路牙子"，指马路边上的护路方砖。普通话接线员不了解大连方言，听成"倒鸭子"，继而询问"倒鸭子"有没有危险从而引发了笑话。

（原创案例）

案例分析

在实际生活中，方言会产生沟通障碍，用普通话交流是对彼此的尊重，也是解决问题的关键因素之一。

（二）环境因素

在嘈杂的环境中接打电话，容易导致双方都听不清楚而误解对方。这样既耽误时间，使你错过机会，又让对方的心情受到影响，从而对你产生不良印象。在嘈杂的环境中接打电话，会给人以急躁不安、不尊重他人感受的印象，也说明你做事不够周全、不善于思考。接电话时如果环境嘈杂，应礼貌地与对方商量另约时间，或者请对方允许自己找一个安静的地点再接电话。打电话时应尽量到安静的场所。如果环境嘈杂，应避免长时间大声重复问话或猜测对方的意图。

拨打电话前先"清场"。准备打电话时，先环顾四周情况，看看是否嘈杂。当电话本身性能好时，4米内的细微声响，都能使对方察觉，所以，拨打电话前，应先"清场"，以免对方受到干扰。

平日放置物品时，也应极力避免将诸如茶杯、花瓶等物品，放置于电话旁边，否则匆忙举起话筒之时，极有可能使电话碰到上述物品。

💼 **经典案例**

小王平时有些邋遢，办公桌的物品摆放得到处都是。有一天，小王接电话时，电话线把水杯挂倒了，水洒到了旁边的笔记本电脑上，造成了电脑的损坏，很多重要的文件都在电脑里。小王不但遭到了领导的批评，还要自掏腰包维修电脑。

（原创案例）

案例分析

请切记不要将水杯、花瓶等物品，放置于电话旁。对于卷得像麻花似的电话线，也要在拨电话前将其捋顺，以免有碍通话。

（三）情绪因素

在我们日常生活中，情绪对信息沟通的影响也是十分明显的。如情绪低落时，可能会对与人沟通持抵触态度，在这种情况下沟通，会对沟通造成障碍。

💼 **经典案例**

物业：您好，××物业管理公司，请问有什么需要帮助吗？

业主（怒气冲冲）：我是这个小区的业主，你们的物业服务简直太差了，还收我们那么多物业费，简直就是一群强盗！

物业：我们的服务怎么差了，我们又怎么抢劫了？你说明白，如果说不说明白，我要告你诽谤！

业主：这不明摆着嘛，我住一楼，道边上天天有小商小贩摆摊，人来人往的，吵死了，还让人正常生活不？还有就是那股烂菜和烂水果味儿，弄得我们白天黑夜一直关着窗子，呼吸不到新鲜空气，这对我们身体会造成多大的损害啊？

物业：商贩们摆摊做生意，自然会讨价还价，吵点也是正常的。再说了，瓜果蔬菜总会有些要摔坏的，难道你们家就没有坏过这些东西？你有什么好挑毛病的？

业主：你，你……难道这个小区内允许摆摊吗？

物业：他们有自己的自由，你倒管管看。

业主：你们还讲理吗？我要去举报你们！

（选自程淑丽：《客服人员超级口才训练：客服人员与顾客的 135 次沟通实例》，

北京，人民邮电出版社，2010)

案例分析

在这个案例中，业主的脾气虽然大了些，但物业也不能以敌对情绪来应对。正常来说，物业首先应该安抚好业主的情绪，为解决问题营造良好的氛围。然而，物业不仅没有消解业主的怨气，反而通过一再地推脱责任，最后致使矛盾升级。

◎— 思考与训练

1. 在日常工作中，打电话已经成为不可或缺的沟通方式，越来越多的场合都依赖电话来解决问题，感受电话语言也成为人们判断对方性格、修养的途径。那么，来电话时如何正确地接听电话呢？

2. 如果你是某学校新闻专业的学生，三年级时你到某外贸公司办公室实习，办公室李主任去开会了，刚好有人找电话找李主任，接电话时你应该说些什么呢？

✈ 阅读推荐

1. 李智贤：《电话销售中话术模板》，北京，机械工业出版社，2011。

2. [美]尼可·史汀顿：《线上沟通这样才高效》，黄睿睿译，北京，九州出版社，2018。

任务 2　电话沟通基础知识 ///////////////////

任务目录

1. 了解电话沟通的基础用语。
2. 掌握电话沟通的声音运用。
3. 掌握拨打和接听电话的礼仪。

经典案例

售后：您好，××公司售后服务部，请问有什么能够帮助您的？

顾客：你好，我的电脑坏了。

售后：您能描述一下具体哪里坏了吗？

顾客：应该是硬盘坏了啊，电脑开机后屏幕一片黑。我想这应该就是硬盘坏了，导致电脑无法启动！

售后：看来您是一位电脑专家呀！

顾客：专家谈不上，就是自己经常琢磨吧。

售后：您真厉害，不过还有一种可能，您不妨试一试。可能是您的电脑显卡接触不良，建议您先切断电源，然后把显卡拔下来再重插一下，再重新安装显卡驱动程序。如果问题还不能解决，再为您维修怎么样？

顾客：好吧，我先试试，再见！

售后：好的，感谢您的来电，再见！

（片刻过后，电话铃响。）

售后：您好，××公司售后服务部，请问有什么能够帮助您的？

顾客：你好，我是刚打过电话的客户。我用你教的方法试了，还是不行啊！

售后：您别着急，请您留下地址和电话，稍后会有维修人员上门为您维修。

案例分析

这个案例中，售后服务人员为顾客提供了解决问题的方法，在尝试无果后，又为顾客提供上门维修服务，可谓十分贴心。

一、 电话沟通基础用语

（一）接听电话时

接听来电时，要礼貌客气，注意礼仪。许多人都是先从"喂喂"开始应答。然而，在公司打电话时，就不应该呼叫"喂喂"，这样十分不礼貌、不尊重。拿起听筒后，应口齿清楚地说"你好"，然后再说出自己公司的名称和部门名称。电话结束时，语气要随和有教养，等对方结束通话了以后再挂断电话。有些人会说："嗯，知道了，挂了！"这样十分没礼貌，而且语气生硬。

（二）拨打电话时

对方在与你说话时，要形成互动，有效沟通。电话交流仅仅是双方互相回答、听说互动的过程。如果你要同对方谈话的内容太多，应先问问对方是否方便。比如："您现在忙吗？要三分钟才能讲完，您介意吗？"对方说："不忙，请讲。"这时，你可以按照计划说。假如对方回答："对不起，我现在有点儿别的事儿。"这时，你应再约一个时间并说出重点，再告诉他："以后再详谈。"另外，当对方听你说话时，你要时不时地问问对方，对你说的话有什么看法，请其发表些意见，假如一直是你在说，对方听多了就会分散注意力或不耐烦。你问对方一个问题或问一下是否同意，就是提醒对方认真听，同时也是一种交流的补充，使双方都精力集中。当你听对方讲话时，要边听边说"对""不错""很好"，这些话不要长，一两个字就行，目的是为了让对方知道你在很认真地听他讲话，他讲起来也就有热情了。如果一方讲得很来劲，而另一方不出声，讲话者就会失去热情，以为对方不愿意听。

（三）听不清楚对方讲话时

当对方讲话听不清楚时，若要反问不失礼，方法应得当。如果惊奇地反问："什么？"或怀疑地回答："哦？"对方定会觉得无端地招人怀疑、不被信任，从而非常愤怒，连带对你印象不佳。但如果客客气气地反问："对不起，刚才没有听清楚，请再说一遍好吗？"对方定会耐心地重复一遍，丝毫不会责怪。

（四）代接电话时

正确的方式应该是接到电话，首先客气地问一句："请问您哪里？"或"要不要请他给你回电话？"如果使用了表示积极负责的礼貌用语，对方定会心平气和地继续与你交谈下去。因为电话纠纷而失去重要客户是得不偿失的。因此，每接一个电话，都应该将对方看作自己的朋友和客户，要态度恳切、有耐心，使对方乐于同你交谈。

（五）出现误会时

由于电话中双方无法看到对方的表情、手势，也没有办法把握氛围，因此，常会导致误会的发生，造成意外的麻烦。例如，接线的人忘了转达主管人员必须回的电话，客户等了好久，却始终没有接到对方打来的电话，只好再打一次，这次却刚巧是主管接的。主管一旦知道对方生气的原因，应该立即前往道歉，说声："真是对不起！秘书工作疏忽了，竟然忘了告诉我。"再加上句："希望您能常打电话指教，我真心欢迎您的指教！"用诸如此类的话解释清楚没回电话的原因，客户一定会谅解的。

（六）禁忌用语

在接电话时切忌使用"说！""讲！"。"说""讲"带有命令式的语气，既难让人接受，又不礼貌。有的人在接听电话时，一接起电话马上说："说"或"讲"，或者多加一两个字"听到，说！"这种生硬的电话接听方式显得过于粗鲁无礼，有一种盛气凌人的气势，好像是摆架子。给人的感觉是"有什么话快说，老子没空和你在电话里啰唆！"有的人对这样的电话应答方式也懒得再"说"，干脆一声不吭地将电话挂了。本来还想联系一些业务或者提供一些信息，一听他这口气就不舒服，说了等于白说，这种人懒得理他。有些人在电话沟通中，总是担心对方听不懂自己的话，便不停地询问对方"你懂我的意思了吗？""你知道吗？""明白了吗？"这种口吻很容易让人产生反感。

在生活中，每个人都希望与有涵养的人在一起，不会愿意与那些"爆粗口"的人交往，所以不雅之言要禁出口。总之，尊重、热情、耐心、诚恳、礼貌地对待在电话沟通中的语言规范是极为重要的。得体的言辞、平和的语速会使他人感到十分亲切，同时也会充分体现你的学识、文化、教养与风度，并充分体现你的存在和价值。

电话销售人员：不好意思，打扰一下，请问是李经理吗？

客户：是我，有什么事吗？

电话销售人员：是这样的，李经理，不好意思，打扰到您，我是××旅行社的小刘，请问，您以前有没有使用过××旅行优惠卡住酒店？

客户：什么卡？

电话销售人员：××旅行优惠卡。

客户：没用过。

电话销售人员：冒昧地问一下，您想使用吗？

客户：不想。

电话销售人员：不好意思，打扰到您了，我可以再问您一个问题吗？

客户：什么事，快说，我一会儿还有事呢！

电话销售人员：您想不想体验一下这种旅行优惠卡带给您的便利呢？

客户：怎么个便利法？

电话销售人员：非常抱歉，李经理，我们的旅行优惠卡主要是方便您在全国各地坐飞机、住酒店时享受折扣的。

客户：我以为是什么呢，现在打折的卡多得是，我不需要！

电话销售人员：不需要也没关系，谢谢您，不好意思，打扰您了，李经理，再见！

（客户随即挂断电话。）

（选自百度文库：《客服人员超级沟通技巧》）

案例分析

在上面的案例中，销售员虽然表现得非常谦虚礼貌，但似乎有些过头。这种过于谦卑的态度，在某种程度上已经形成了自卑，这样失去了沟通中平等的原则，不利于沟通的有效展开。

二、 电话沟通中的声音运用

《吕氏春秋·季夏·音初》中说："是故闻其声而知其风，察其风而知其志，观其志而知其德。"意思是说听一个人说话的声音就能知道这个人的风度，观察这个人的风度就可以明白他的志趣，而清楚他的志趣后就能知晓他的德行与品行了。因此，我们要将自己的声音做最大限度的美化。

（一）发音准确

电话沟通中，正确而清晰的发音，将有助于准确地表达自己的思想；而不准确的发音，将有损形象，不利于表达自己的意思。如果发音含混不清，则给人思路不清、观点不正确的印象。

● 经典案例

季女士的单位要查员工是否兼职，她被告知名下注册了三家公司，单位要她尽快处理。季女士发现有人冒用她的身份证注册了两个公司后，电话联系上了高坪区市场监督管理局的一名工作人员咨询如何处理。这名工作人员有时说普通话，有时说四川话，让人听得很费劲，并以要筹备召开什么明星大会、忙不过来、抽不出人手为由进行推诿、不作为。后来，经核实，因工作人员普通话不标准，让季女士将"筹备民营经济大会"误听为"筹备明星大会"，并因此给季女士造成了推诿、不作为的误会。

（选自仪陇新闻网）

案例分析

电话沟通效果稍逊于面对面沟通，因此，更要注意自己的发音。

（二）注意语调

一项研究指出，一个人的语调可以表明他们是否值得信任。研究人员请到320个人听64个不同的人说"你好"这个词，并根据10项性格特点为他们打分。虽然播放的声音还不足1秒钟，但结果表明，对于分辨更容易被信任以及不值得信任的嗓音，参与者的意见普遍一致。为了弄清楚其原因，该团队还用一台电脑语音模型模仿了实验参与者选出来的最值得信任和最不值得信任的嗓音的声学特点，然后让500多人在线听这段录音，并根据他们的感知从1到7为这些声音的值得信任程度评分。研究发现，人们一致认为有个性且抑扬顿挫的声音比那些没什么特点的声音更值得信任。虽然被评为"最值得信任的"音频剪辑有不同的音调，但"最不值得信任的"音频剪辑则大多是语调平平。所以说，在电话沟通中，一定要做到抑扬顿挫，合理地变化语调。

（三）语速适当

电话沟通中，讲话速度的快慢将影响向他人传递信息的效果。语速过快，给人以紧张焦虑的感觉，甚至使人无法听懂所说内容。语速太慢，则给人的感觉是领会迟钝。

一般情况下，打电话的语速保持在一分钟 120 字到 140 字比较合适。当然，如果能够根据对方的语速而调整自己的语速，这样效果更好。

（四）音量适中

电话沟通是一门艺术，说话声音的大小，往往能暴露出内在修养的高度、层次和性格。音量过大给人的印象是缺少教养，而音量过小则让人感觉缺乏担当。很多人在乘坐高铁、飞机的时候，本想着闭目养神好好休息一下，但总能碰见那种不顾及他人大声打电话的人，这样打电话的人，容易让对方产生反感。还有另一种情况就是与人电话交流时音量过低，含糊不清。与他人电话交流时，音量过小如蚊子哼哼，久而久之会让人感到底气不足、含糊不清，也会给自己的工作和生活带来影响。

（五）把握节奏

要增强声音的感染力，沟通中重要的影响因素就是说话的节奏。节奏一方面是指讲话的语速，另一方面也是指对客户所讲问题的反应速度。在日常生活中，大多数人从来不考虑说话的节奏，事实上，通过改变说话节奏来避免单调乏味，对促进沟通交流是相当重要的。那些讲话磕磕绊绊没有任何节奏感的人，很少能够打动对方，这样的人，几乎说不出什么值得我们去注意的东西。只有懂得说话的节奏、思路清晰的人，才会有活跃的思维。掌握好节奏的最高境界是说话自然流利。当然，恰当的停顿不属于不流利，因为我们经常利用停顿展开新的思路，或者从一个要点过渡到另一个要点，或者重复某个词以期给客户留下更深一层的印象。

三、 拨打电话礼仪

（一）时间的选择

1. 从一周的时间来看

周一大部分客户会参加早会或者单位的重要会议，开完会也要安排一些具体的工作，找领导对接工作等，时间比较紧，因此，周一尽量避免打电话给客户。周五打电话过去，由于临近周末，很多人并不想办理具体的事，因此，周二到周四是打电话的最佳时间。至于周六日，除非有很好的私人交情，否则应避免打电话。

2. 从一天的时间来看

上班的时间是 8：00～9：00，很多公司会开 30 分钟以内的早会。9：30～11：30 是工作时间，11：30～13：00 是吃饭、午休时间，13：00～16：30 是工作时间，16：30～17：30 是下班之前的杂务时间。从这个时间表来看，最佳的打电话时间是 16：30～17：30，在这段比较悠闲的时间内打电话，客户能够听进去；其次是上午 9：30～11：30，这段时间客户头脑清晰，正在进入工作状态，精力旺盛；最后是 13：00～16：30，这个时间段客户有时间接电话，但客户状态松懈，电话内容要简短、有内容。

3. 按照工作性质安排打电话的时间

客户是老板或者私营业主的，打电话时间在 13：00～16：00；客户是自由职业者的，打电话在 15：00 以后；客户是服务行业的从业者的，下班之后的 17：30 以后；客户是公务人员的，除了午休和下班时间，都可以；客户是医生的，打电话应在 9：30～11：00 和 14：00～16：00 这两个时间段；客户是销售人员的，打电话时间没有特殊限制，开会时间除外。

4. 按照打电话内容的性质来安排打电话的时间

如果是邀请客户参加活动或者宴会时，可以在 11：00 或 16：00 左右的午饭和晚饭之前，利用 10 分钟以内的时间说清楚目的，然后把时间、地点、主题等内容发信息给客户；如果是营销客户，可在客户比较有时间的 10：00 左右以及 15：00 左右打电话，建议这类电话可以预约见面时间，再谈具体内容；如果是与客户确定签约或者重大事宜，选择 10：00 之前打电话，尽快约定具体时间和地点见面确定。

5. 按照不同国家的时差安排打电话的时间

如果是打电话给外国人，尤其是欧洲这样距离较远的国家，还要明白时差的问题。国内是白天，在国外没准人家刚睡，所以要考虑打电话时间的选择。

(二)空间的选择

一般来讲，私人电话就是在家里打的，办公室电话是在办公室打的。生活中，打私人电话就是用个人手机，或用家里的电话，不占公司的便宜。还有一点要注意，如果在公众空间大声打电话的话，实际上是一种噪声骚扰，任何一个有教养的人是不能在公众场所大声打电话的，如影剧院、会议中心、餐厅、商场等。

经典案例

马某夫妻在达州南城的某酒店内休息，突然被一名大声接电话的顾客吵醒，马某妻子劝解其小声通话遭拒绝后双方发生抓扯。相互推搡时，高声"喊"电话的顾客王某已通话半个多小时，马某出手狠狠地扇了他一耳光，导致其轻微脑震荡。

（选自四川新闻网）

在公交车上一位30来岁的少妇打起了电话："你怎么还没走？都快九点了，赶紧去上班……"由于她声音太大，全车其他乘客将她"训"老公的话听了个一清二楚。车上不少人皱起了眉头，更多的人朝她投去了有些不满的目光，但少妇浑然不觉。由于公交车厢一般都拥挤又颠簸，只有环境安静才能让人心情舒适，持续的声音就会让人心烦意乱。

（选自余姚论坛）

案例分析

以上案例就是有些不自觉的人拿起电话就讲，根本不在意在什么地方，所以打电话要注意选择空间。

(三)通话的时长

从互相尊重这个角度看，通话时间宜短不宜长。电话礼仪有一个规则，叫作电话三分钟原则，就是通话的时间应该有效地控制在三分钟之内。这并不是说让你掐着表，或者放一个闹钟，每次通话之前拨好闹钟，到三分钟就挂断，而是要长话短说，废话不说，没话不说。当然实际生活中有多少事说多长时间，说清楚为止。

💼 经典案例

记得有一次我的电话响了，我拿起电话，对方就说："你猜我是谁啊?"我说："听不出来。"对方说："我是谁你都不知道啊!"好不容易猜对了，又说："你猜我在干什么?""不对，我在吃东西，你猜我吃什么呢?""不对，你没认真猜。""不对，我告诉你吧，我什么都没吃!"我当时就想，这人真是太不礼貌了。

（原创案例）

案例分析

任何一个有教养的人，他是一个办事有效率的人，他是一个尊重时间的人，时间就是金钱，时间就是效益，时间就是生命，我们生命是由时间组成的，你浪费别人的时间就是浪费人家的生命，所以打电话时一定要控制好时间。

（四）通话前的准备

通话之前应该核对对方公司或单位的电话号码、公司或单位的名称及接电话人的姓名。打电话之前应静下心来想一下需要向对方说什么、怎么说，将所说的要点写在纸上，准备好相关资料，以免在打电话时有所遗忘。如果为了补充忘记说的事情而重新打电话，会给对方带来不必要的打扰。打电话前，把对方的姓名、电话号码、通话要点等内容列一张清单，这样就可以避免在谈话时出现缺少条理、现想现说的状况。准备好在应答中使用的备忘纸和笔，以及必要的资料和文件。清单内容一般包括以下几个方面。

1. 对方的姓名、电话号码

如果是商务电话，那它和我们生活中的电话是完全不同的，对方的姓名对于我们来说可能是陌生的，而我们在打电话的过程中，把对方的姓名说错的话，是非常不礼貌的。所以，为了避免这种情况，我们可以把它列在一张清单上，而且尤其注意姓名中的生僻字，我们一定要提前查好。另外，就是对方的电话号码，譬如，我找张三，我没给他打过电话，我首先要知道张三有几个电话号码，第一个打不通我就拨第二个，省得再去查找，这样做也能节省自己的时间。

2. 打电话的目的

打电话不说清楚目的和要求，电话就白打了。有的人打电话本来想向对方求助，开口时却因为不好意思、怕对方拒绝等种种原因而含糊其词，不说出真正的想法。有的人打电话时以为对方能明白自己的意思，因此在通话时不说清自己的目的和要求。这样做的直接结果就是对方不知道你到底想说什么。如果对方没有深入体会你的话语，就有可能误解你是闲来无事聊天。如果对方想帮你，却又怕直接询问伤害你，你不说清楚目的就会误解对方。打电话时应该开门见山地简短说明目的和要求。打电话提出目的和要求时用语不要模糊、模棱两可。

💼 经典案例

销售人员：您好。麻烦您接总务处处长。

总务处：您好。请问您找那一位？

销售人员：麻烦请陈处长听电话。

总务处：请问您是？

销售人员：我是大华公司业务主管王维正，我要和陈处长讨论有关提高文书归档效率的事情。

（销售人员王维正用较权威的理由——提高文书归档效率让秘书很快地将电话接上陈处长。）

陈处长：您好。

销售人员：陈处长，您好。我是大华公司业务主管王维正，本公司是文书归档处理的专业厂商，我们开发出一项产品，能让贵处的任何人在 10 秒内能找出档案内的任何资料，相信将使贵处的工作效率大幅提升。

陈处长：10 秒，很快嘛！

销售人员：处长的时间非常宝贵，不知道您下星期二或星期三，哪一天方便，让我向处长说明这项产品。

陈处长：下星期三下午两点好了。

销售人员：谢谢陈处长，下星期三下午两点的时候准时拜访您。

（选自百度文库：《语气与自信》）

案例分析

王维正以总务处的任何人在 10 秒内都能取得档案内的任何资料这一说法，来引起陈处长的兴趣。销售人员在电话中与准客户谈话时要注意做到下面几点。

第一，谈话时要面带笑容，虽然对方看不到您的笑容，但笑容能透过声音传递给对方。

第二，经常称呼准客户的名字。

第三，要表现热心及热诚的服务态度。

王维正虽然感觉出陈处长所谓"10 秒，很快嘛！"是抱着一种怀疑的态度，但是他清楚今天打电话的目的是约下次会面的时间，因此不做任何解说，立刻陈述电话拜访的理由，做出缔结的动作——约定拜访的时间，迅速结束电话的谈话。

（五）注意通话的礼节

打电话时，需要先说"您好"，声音要清晰明快。一般情况下，只有在确认信号好坏的时候才能说"喂"，其他情况下应避免用"喂"开头。电话接通后除了先问候对方，还应自报家门，再证实一下对方的身份，应先说明自己是谁，除非通话的对方与你很熟悉，否则就该同时报出你的公司及部门的名称，然后再确定一下对方的身份，并确认对方是否方便通话。在通话中讲述事情要条理清晰，突出重点，让对方容易理解。遇到数字和专有词汇，最好复述一遍，以免出现差错。说完事情后，最好再简要地和对方确认一次。不要反复絮叨，那样会让人觉得你做事拖拉。

（六）礼貌挂断电话

职场中，原则上应该由拨打电话的一方先结束通话，需要等对方挂断电话后再轻声挂上电话。挂断电话的方法不可轻视，将话筒随意放下或重重挂断，都是对接听电话方的不敬。电话被挂断之前，对方一直都把听筒贴在耳朵上，如果听到"咔嗒"一声响，会使对方心情不悦。拨打电话的注意事项见表 4-1。

表 4-1　拨打电话的注意事项

顺序	基本用语	注意事项
1. 准备		确认对方的姓名及电话号码； 准备好要讲的内容和所需要的资料文件； 明确通话要达到的目的

顺序	基本用语	注意事项
2. 问候及自我介绍	"您好，我是××公司××部的××"	要报出自己的姓名； 讲话要有礼貌
3. 确认接电话对象	"请问，××部的××在吗?" "麻烦您，我要找××先生"	要确认接电话的人是否是你要找的人； 确认了你要找的人后，要重新问候
4. 打电话内容	"我打电话是想向您咨询一下关于××的事"	应先将想要说出的事情的结果告诉对方； 如果是比较复杂的事情，要先提醒对方做记录； 要对时间、地点、数字等进行准确的传达
5. 结束语	"谢谢" "给你添麻烦了"	说完后可以总结所说内容的要点，语气诚恳，态度和蔼
6. 放回电话听筒		等对方放下电话，再轻轻放下电话听筒

四、 接听电话礼仪

（一）迅速、 礼貌地接听电话

接电话首先应做到迅速接听，力争在铃响三声之前就拿起话筒，这是避免让打电话的人产生不良印象的一种礼貌做法。电话铃响过三声后才做出反应，会使对方焦急不安或不愉快。通常，应该在电话铃响过两声之后接听电话。如果电话铃响过三声之后仍然无人接听，客户会认为这个公司员工的精神状态不佳。但也不要铃声才响过一声就拿起听筒，这样会令对方觉得很突然，而且容易掉线。

如果因为特殊原因，电话铃声响过许久之后才接电话，要在通话之初向对方表示歉意，如"不好意思，让您久等了!"电话接通之后，接电话的人应该主动向对方问好，一般以"您好"开始礼貌问候对方之后应主动报出公司或部门名称，如"您好，这里是某某公司……"如果是个人电话，还应说出自己的姓名。如果对方没有马上进入正题，可以主动请教:"请问您找哪位通话?"有的人拿起电话张口就问:"喂，找谁? 干吗?"这是很不礼貌的。此外，千万不要边打电话边嚼口香糖或吃东西。

（二）仔细聆听， 热情反馈

沟通过程中表现出来的礼貌最能体现一个人的基本素养。用清晰而愉快的语调接电话，能显示出说话人的职业风度和可亲的性格。虽然对方无法看到你的面容，但你的喜悦或烦躁仍会通过语调流露出来。打电话时语调应平稳柔和，如能面带微笑地与对方交谈，可使你的声音听起来更为友好热情。作为受话人，通话过程中，要仔细聆听对方的讲话，并及时作答，给对方以积极的反馈。通话过程中如听不清楚或意思不明白时，要马上告诉对方。

● 经典案例

客服人员：您好，××公司客服部，请问有什么能帮助您的？

顾客：你好，我的电脑出了点问题，你帮我想想办法吧。

客服人员：好的，您能描述一下具体出现了什么状况吗？

顾客：最近用起来特别慢，我打开一个网页都要等半天，而且会无缘无故断电，直接关机。还有，电脑特别热，我坐旁边都觉得热。

客服人员：哦，还有别的情况吗？

顾客：就这样，反正很不好用，我都烦死了。

客服人员：您不用着急，问题是可以解决的，您的电脑现在出现了发热量高、运行缓慢、无故关机这些症状，我这样理解对吗？

顾客：嗯，是的。

客服人员：您现在打开任务管理器，看一下 CPU 的使用率好吗？

顾客：好的，啊，100% 呀！

客服人员：造成这种状况的原因可能是您的电脑中毒了，病毒占用空间太大导致 CPU 一直满负荷运行，发热量自然就高了，温度太高的时候，电脑的自动预警保护机制就可能自动切断电源。建议您将杀毒软件更新到最新，查杀病毒之后电脑就会恢复正常。

顾客：哦，好的，谢谢你。

（选自程淑丽：《客服人员超级口才训练：客服人员与顾客的 135 次沟通实例》，北京，人民邮电出版社，2010）

案例分析

电话沟通中，仔细聆听并积极反馈顾客的原话，给他肯定回应，会让他产生成就感，对沟通非常有利。拨打电话应以对方容易听懂为要点。我们都希望对方声音清晰、吐字清楚、语速适中，但有时没有注意到自己讲话的声音却非常小，有时发音还不太清楚。所以接电话时，应用比平时略高的声调清晰地讲话。

（三）规范地代转电话

如果对方请你代转电话，应弄明白对方是谁，要找什么人，以便与接电话人联系。此时，请告知对方"稍等片刻"，并迅速找人。如果不放下话筒喊距离较远的人，可用手轻捂话筒或按保留按钮，然后再呼喊接话人。如果因为其他原因需要将电话转到别的部门，应客气地告知对方，你再将电话转到处理此事的部门或适当的职员。例如，"真对不起，这件事是由财务部处理，如果您愿意，我帮您转过去好吗？"

（四）认真做好电话记录

人的记忆力总是有限的，所以要养成接听电话时一定要记备忘录的习惯。在惯用手的旁边常备便条纸与笔，以便随时记下通话要点。大多数人习惯用右手拿起听筒接听电话，接听商务电话时，常常需要做必要的文字记录，很多人就顺手将话筒夹在肩膀上面。这样，电话很容易掉下来，发出刺耳的声音，不仅会给客户带来不适，还会给对方留下慌乱的印象。因此，最好养成左手持听筒、右手拿笔的习惯。

▣ 经典案例

（××公司的客服部要求每名客服人员在办公桌上都放一本备忘录，即使客服人员上门为顾客服务，也要带着这本备忘录，把谈话中比较重要的信息记录下来。一天，业务繁忙，电话铃声响。）

客服人员：您好，××公司客服部，请问有什么能帮助您的？

顾客：你好，我按照你们的指导，使用了一段时间的××净水机，当时感觉还不错，但是最近又不太好用了。

客服人员：您曾经咨询过我们，是吗？

顾客：是啊，我上次就是打电话从你们那里购买的产品啊，大概一个月吧，应该是上个月5号左右。

客服人员（查了下备忘录）：哦，您是××市的朱先生吧？

顾客（吃了一惊）：对呀，上次就是和你说话的吧，难得你还记得我！

客服人员：我们希望对每位顾客负责到底。

顾客：谢谢！太好了。

客服人员：我应该谢谢您对我们这么信任，请问朱先生，您在使用我们的产品一段时间之后，有哪些比较明显的感觉呢？（说完一边听顾客说话一边记录）

顾客：当时我感觉流出的水的异味变小了些，也没有原来那么苦涩了，但是这两天我觉得又和没使用前差不多了。

客服人员：哦，朱先生，您不用担心，基本上每位顾客都有您这样的情况，出现这种情况是正常的。您不用着急，原因是您没有留意更换滤芯的提示，稍后我们会上门免费为您更换。

顾客：哦，听你这么说我就放心了，谢谢你。

（原创案例）

案例分析

因为客服人员在备忘录上查到了这位顾客的个人信息，给了顾客一个惊喜，迅速拉近了和顾客之间的距离，最终的服务效果自然就比较好了。如果要接电话的人不在，也应为其做好电话记录。记录完毕，最好向对方复述一遍，以免遗漏或记错。可利用电话记录卡片做好电话记录。

（五）复述来电要点

在结束通话之前，不要忘记复述一遍来电的要点，防止因记录错误而带来误会，这样也能够提高工作效率。例如，对会面时间、地点、联系电话等信息进行核对，尽可能地避免错误。

（六）及时回复电话留言

在商业投诉中，以投诉不及时回复电话最为常见。为了不丧失每一次商务机会，有的公司做出对电话留言须在 1 小时之内回复的规定。一般情况下，应在 24 小时之内对电话留言给予回复，如果回电话时恰巧对方不在，也要留言表明你已经回过电话了。如果自己确实无法亲自回电，应托付他人代办。

（七）特殊情况的处理

电话铃响时，如果自己正在与客人交谈，应先向客人打招呼，然后再去接电话。

如果来电不宜为外人所知，可以告诉对方"我身边有客人，一会儿我再给您回电话"。不顾客人，在电话中谈个没完，这样身边的客人会有被轻视的感觉。

不要在听电话时与旁人打招呼、说话或小声议论某些问题。如果通电话时，有人有找你，应先对电话那端的人说："对不起！"如果为回答通话对方的提问，需与同事沟通，可说："请让我核实一下！"

如果使用录音电话，应事先把录音程序整理好，把一些细节考虑周到。不要先放一长段音乐，也不要把程序搞得太复杂，让对方感到莫名其妙、不知所措。

如果对方打错了电话，应当及时告之，不要讽刺挖苦，更不要表示出恼怒之意。如果来电人需要把电话打到其他部门，你可以说："您要找的人在×部门，电话号码是××××××。"

接听电话时，千万不要同时处理另一个打进来的电话。可对正在通话的方说明原因，请其稍候片刻，然后立即去接另一个电话。待接通之后，先请对方稍候，或过一会儿再打进来，然后再继续刚才正在接听的电话。

🔗 相关链接

接听电话的注意事项见表4-2。

表4-2　接听电话的注意事项

顺序	基本用语	注意事项
1. 拿起电话听筒并告知对方姓名	"您好，××公司××部××"	电话铃响三声之内接起； 在电话旁准备好记录用的本和笔； 写电话时，不用"喂"回应； 音量适度； 告知对方自己的姓名
2. 确认对方	"女士，您好！" "感谢您的关注"	必须确认对方； 如果是客户来电，要对对方表示感谢
3. 听取对方来电用意	"是""好的""清楚""明白"	必要时要进行记录； 谈话时不要离题
4. 进行确认	"请您再重复一遍，好吗？" "那么明天10点见"	确实时间、地点、时间、事由； 如果是留言，必须记录下电话时间和留言人
5. 结束语	"谢谢" "清楚了，请放心"	结束语应简短
6. 放回电话听筒		轻轻放下电话听筒

思考与训练

1. 拨打电话的礼仪包括哪些？

2. 代转电话有哪些基本要求？

3. 电话沟通有哪些注意事项？

阅读推荐

1. 李智贤：《电话销售中话术模板》，北京，机械工业出版社，2011。

2. [美]尼克·史汀顿：《线上沟通这样才高效》，黄睿睿译，北京，九州出版社，2018。

任务 3 电话沟通技巧 ///////////////////////////////////////

💼 **经典案例**

电话销售人员对客户说："您每天只需花 1.6 元就可以使您的卧室铺上地毯。"客户对此感到惊奇。电话销售人员接着说道："您家卧室有 12 平方米，我厂地毯价格为每平方米为 248 元，这样总共需 2976 元。我厂地毯可铺用 5 年，每年 365 天，这样平均每天的花费只有 1.6 元。"

（原创案例）

案例分析

电话沟通时可以通过突出对客户的好处，吸引对方的好奇心。然后，在解答疑问时，有技巧性地把产品介绍给客户。另外，我们从帮助对方省钱的角度，也可以激起对方的兴趣。

会用电话进行有效沟通不仅是一种智慧，更是一种魅力。掌握电话沟通的方法和技巧，就会成为一个受欢迎的人。职场中，我们要不断提高电话沟通的能力，做一个高情商的人。

一、电话开场技巧

人们常说，第一印象是最重要的。电话沟通的开场白，就像一本书的书名，或报纸的大标题一样。如果使用得当的

电话开场白技巧

话，可以立刻使对方产生好奇心，并想一探究竟。反之，则会让人觉得索然无味，不再想继续听下去。一般来说，一接通电话后的前30秒是至关重要的。如果我们能把握住这30秒，就有可能把电话沟通进行下去。开场法包括以下几种。

（一）有条理的开场法

开场条理清晰地说出自己的身份，表明打电话的目的以及主要业务内容。

经典案例

张总，您好，我是广源信息的杜峰（这句话介绍了自己以及公司）。最近，我们推出了一个新业务（介绍了时间）。是这样的，通常，我们在电话本里只能查到企业的电话，但是我们想找的相关领导和负责人却查不到，这可令我们费尽周折（在这里提出了对方存在的问题和自己要讲的事情）。所以我们制作了一本《广州市各界名片簿》，这里记录着大量企业负责人的相关信息，特别适合一些广告公司联系业务使用（简短的几句话表达了为什么做这件事情）。所以我就向你们公司推荐一下（做这件事情的好处）。

（原创案例）

案例分析

在这段开场白中，对方听了这样的介绍后，就会非常清楚你打电话的目的。虽然没有很特别，但透露出清晰的条理性。

（二）美化自己的开场法

如何让对方产生深刻的印象，我们不妨美化自己。例如，"我是××公司的××，我们公司是本市最大的从事电脑耗材与维修的供应商……""我是××公司的××，我们公司是国内唯一一家从事……"通过"最大""唯一"等词语的表达，可以显示出公司的与众不同，从而给对方留下比较深刻的印象。

（三）他人引荐的开场法

如果有相关的第三方，要对相关的人物做一个简明扼要的说明，这等于建立一座与他人沟通的桥梁。如果开门见山地直接进入话题，显得很唐突，也不利于建立起融洽的关系。"不看僧面看佛面"，对方得考虑给朋友一个面子，因而不会那么直接地挂断电话。

经典案例

常亮：您好，是李经理吗？

李经理：是的。

常亮：我是陈立平的朋友，我叫常亮，是他介绍我认识您的。前几天我们刚通了一个电话，在电话中他说您是一个非常和蔼可亲的人，他一直非常敬佩您的才能。在打电话给您之前，他叮嘱我务必要向您问好。

李经理：谢谢，他客气了。

常亮：实际上我和立平既是朋友关系又是客户关系。一年前他使用了我们的产品之后，公司业绩提高了20%。在验证效果之后，他第一个想到的就是您，所以他让我今天务必给您打电话向您介绍这个产品。

（选自百度文库：《别出心裁的电话开场白》）

案例分析

通过第三人介绍，更容易打开话题。因为有"朋友介绍"这种关系之后，就会无形地打消客户的不安全感和警惕性，很容易与客户建立信任关系。

（四）诱之以利的开场法

诱之以利的开场法，就是要突出对他人的好处。在开场白中，要让他人真正感受到你对他的价值究竟在哪里。

经典案例

电话销售人员：下午好，孙经理，现在接电话方便吗？

客户：方便，您是哪位？

电话销售人员：我是信达通信的，是这样的，孙经理，如果我能向您介绍一种可以让您每月的办公费用降低40%的方法，并且这个方法经过多家公司验证是行之有效的，那么您是否可以给我3分钟左右的时间和您分享一下？

客户：是吗，什么方法呢？

（原创案例）

案例分析

通常情况下，人们对负面事物会比对正面事物更加敏感，因此，强调给客户带来利益的同时，还可以谈及能够帮助客户降低或避免损失并尽量用数字来形容。再者，我们都知道"天下没有免费的午餐"，无论你能帮助客户增加多少收益、减少多少损失，最终还是要绕回到客户需要花多少钱的问题上。对此，电话销售人员不妨用"化整为零"的方法，将产品的实际售价降为一个微小的数字，然后将其与客户获得的收益、避免的损失相比较，从而激发客户的兴趣。

（五）了解兴趣的开场法

要找到对方感兴趣的话题，这样才能保证电话沟通顺利地进行下去。同时还应注意，打电话给对方前要先了解对方各个方面的情况。约翰·沙维祺有"最伟大的寿险业务员"称号，一次他打电话给一位教授，开场白如下："哲学家培根曾经对做学问的人有一句妙语，他把做学问的人在运用材料上比喻成三种动物。第一种人好比蜘蛛，他的研究材料不是从外面找来的，而是由肚里吐出来的，这种人叫蜘蛛式的学问家；第二种人好比蚂蚁，堆积材料，但不会使用，这种人叫蚂蚁式的学问家；第三种人好比蜜蜂，采百花之精华，精心酿造，这种人叫蜜蜂式的学问家。教授先生，按培根的这种比喻，您觉得您属于那种学问家呢？"这一番问话，使对方谈兴浓厚，最终两人成了非常要好的朋友。

（六）吸引注意力的开场法

在电话沟通中，可以采用一些敏感话题或者对方感兴趣的话题来吸引对方的注意力。

经典案例

电话销售人员：晚上好，请问是××小区的业主李先生吗？

客户：是的，请问找我有什么事情？

电话销售人员：我是住宅安防机构的。是这样的，李先生，最近一周在您的小区内连续发生了三起严重的盗窃案，对广大业主的财产安全造成了极大损失，您听说过吗？

客户：听说过。我觉得物业应该增强安保措施才对。

电话销售人员：是的，我们已经建议物业公司加强了对应的安保措施，不过一个小区的良好治安环境，还需要广大业主和我们配合，您说是吗？

客户：是的。

电话销售人员：所以我特别给您提醒需要注意的防盗隐患，希望您多加注意。

客户：好的，你讲。

电话销售人员：首先……其次……再次……，您可以使用住宅视频监控防御系统……

（选自百度文库：《客服人员超级沟通技巧》）

案例分析

在上面的通话中，销售人员通过"财产安全"的话题切入，增强了说服力，最后提到视频监控防盗系统，也就是电话销售人员负责销售的产品。通过这样的层层铺垫，牢牢地吸引了客户的注意力。

另外，如果说财产问题在客户看来是相当敏感的问题的话，那么关系到客户健康的问题则可以称为极度敏感的问题了。

电话沟通是一种感觉，就是在与对方交流时，让他觉得你说的话很有水平，觉得你这个人很有品位，觉得你这个人很有内涵。一段精彩的开场白，不仅可以快速、成功地向对方介绍自己，还可以为后来的沟通奠定良好的基础。

二、 电话问答技巧

电话交谈中，回答问题是构成谈话的重要一环，而回答得是否恰当，直接影响到以后的谈话结果。巧妙回答，就可在交谈中占尽上风，反之则陷入被动状态。

电话问答技巧

（一）电话问答的基本原则

1. 不要马上回答

对于一些问话，不一定要马上回答。特别是对一些可能会暴露我方意图、目的的话题，更要慎重。等时机成熟再回答，这样，效果会更理想。

2. 不要正面回答

在电话沟通中，我们总会遇到一些令人尴尬的问题。此时，如果回答"不能告诉你", 那会显得自己是一个粗俗无礼的人; 如果套用外交用语回答说"无可奉告", 就会给提问者造成心理上的不快与失望。那么, 我们怎么巧妙地回答才能既拒绝对方, 又不会使自己陷入难堪的境地呢? 这时, 我们不要正面回答, 不妨采取"把话题扯远"的方法。

经典案例

一家公司在年会上想请一位演员来表演, 公司职员在打电话给女演员时问: "您的出场费一场至少要1万元, 是不是有些贵?"

女演员没有直接回答, 而是问: "请问你们经营什么产品呢?"

职员答道: "有电视机、电冰箱、空调……"

"那一台电视机多少钱?"

"我们那儿的电视机都是4000元以上的。"

"那如果有人出400元, 你卖吗?"

"当然不能卖, 每种商品的价格都是由它的价值决定的。"职员特别干脆地回答道。

"那就对了, 演员的价值是由观众决定的。"女演员从容地答道。

（原创案例）

案例分析

那个职员问的问题是"出场费一场至少要1万元, 是不是有些贵", 可那位女演员由于不便回答这个问题, 就岔开了提问者的话题, 谈论起"演员出场费的多少是由什么决定的"。这样, 不但回避了正面回答, 而且也没有给对方留下一种答非所问的印象, 使交流气氛变得非常轻松且和谐。所以, 在和别人电话交流时, 如果遇到不方便回答的问题, 也可以采取这种方法。

3. 不要确切回答

模棱两可、弹性较大的回答有时很必要。如对方问: "你们打算购买多少?"如果你考虑先说出订数不利于讲价, 那么就可以说: "这要根据情况而定, 看你们的优惠条件是什么。"这类回答通常采用比较的语气: "据我所知……""那要看……而定""至于……就看你怎么看了"。回答问题的要诀在于知道该说些什么和不该说些什么, 而不必考虑所答的内容是否对题。

电话销售人员：晚上好，陈女士！

客户：哪位呀？

电话销售人员：我是××医疗机构的客户服务人员，工号99，您直接叫我小李就行。今天特意打电话给您，是因为您昨天在我们的专家问答栏目里提到了一个问题，我们担心这个问题会对您的健康造成很大的影响，所以特地打电话过来问一问。

客户：什么问题？

电话销售人员：陈女士，您在专家留言栏目里表示自己现在有时候坐久了起身会感到头晕眼花，对吗？

客户：对的。

电话销售人员：因为从医学的角度来看，您所描述的正好和某病症十分相似，所以为了确认，我可以问您几个问题吗？

客户：可以。

……

电话销售人员：陈女士，为了保险起见，我们建议您去参加××专项体检。

客户：好的。

（选自道客巴巴：《话术交流》）

案例分析

围绕客户关心的问题提供建议能吸引客户的注意力，实现进一步交流。

（二）电话问答的主要技巧

在电话沟通中，最令人烦恼的事莫过于被对方"牵着鼻子走"！要改变这种状况，最有效的方式就是提高问答技巧，以巧妙的提问或回答，将对方谈话的思路引向有利于自己这一方，从而由被动转为主动。电话沟通中的问话技巧有以下四个方面。

1. 明确目的，注意措辞

在电话沟通中，提问的人首先应明确自己问的是什么。如果你要对方明确地回答你，那么你的问话也要具体明确，有针对性。问话的措辞也很重要，因为发问容易使对方陷入窘境，引起对方的焦虑与担心。因此，在措辞上一定要慎重，不能有刺伤对方、批评或者责怪对方的表现。

经典案例

客服人员：您好，请问有什么能够帮助您的？

顾客：你好，我要投诉，我刚买不久的手机坏了。

客服人员：哦，您能说得更具体一点儿吗？是不能打电话了吗？

顾客：是的，始终信号不好，接收不到或者屏幕上什么显示都没有。

客服人员：您说的屏幕上没有显示指的是没有通信网络公司的标识，是吗？

顾客：是的。

客服人员：请问是从什么时候开始出现这种情况的？

顾客：我也不清楚，早上开机时好像就出问题了。

客服人员（针对性发问）：您早上开机的时候，您的屏幕是什么样子的？

顾客：哦，对了，好像和平时有点不一样，出来一行字，不过我没看，随手就按了确定键。

客服人员：好的，您可以试试把手机的 SIM 卡拔下来再重新插入，有可能是 SIM 卡和手机接触不良导致的，您说的那一行字很有可能就是 SIM 卡没插好的提示。

顾客（重插 SIM 卡试完后）：真的是没插好啊，现在全好了，真是太感谢你了！

（选自程淑丽：《客服人员超级口才训练：客服人员与顾客的 135 次沟通实例》，北京，人民邮电出版社，2010）

案例分析

客服人员通过明确的发问，使顾客回忆起当时的情景，并且找到了问题的原因，成功地处理了问题。

2. 根据情况，选择问话方式

问话的方式很重要，提问的角度不同，引起对方的反应也不同，得到的回答也就不同。在电话沟通过程中，对方可能会因为你的问话而感到压力和烦躁不安。这主要是由于提问者的问题不明确，或者给对方以压迫感、威胁感。

（1）澄清性发问

这种问话方式主要是为了了解事情的真相。

■ 经典案例

客服人员：您好，这里是××汽车服务公司，我姓李，请问有什么能够帮到您的？

顾客：你们公司卖的什么产品啊，这样还敢拿出来卖，质量那么差？

客服人员：女士，您不要激动，请问您买的是什么产品？

顾客：前两天我在你们那里换了一个雨刷片和一个助力器，这才不到一个星期，现在都不好用了。

客服人员（澄清性发问）：您说产品不好用了，是什么情况？您能详细地描述下吗？

顾客：雨刷片变形了，车窗上会留下水滴，刮不干净；助力器今天也不好使了，拧方向盘特别费力。

客服人员：您当时买的是哪种雨刷片？我们这里有一种很便宜的雨刷片确实可能会出现变形，不过您不必担心，如果产品质量有问题，我们可以给您更换。至于助力器，刚换没几天，按理来说应该不会出现这样的问题，有可能是没安装好。您方便时可以开车来，我们帮您检查一下，您看可以吗？

（原创案例）

案例分析

客服服务中常会有顾客表述不清的情况，所以客服要掌握澄清性发问的电话沟通技巧。

（2）选择性发问

这种问话方式就是让顾客回答"是"或"不是"，答案会对解决方式有很大的影响。

■ 经典案例

客服人员：您早上开机的时候就发现电脑没有声音了，是不是？

顾客：是的。

客服人员：直到昨天晚上关机，您都没发现电脑有任何异常，是吗？

顾客：是的。

客服人员：昨天晚上，你确定电脑没有被摔过？

顾客：没有。

客服人员：您的电脑才买了一个月，还在保修期内，对吧？

顾客：是的。

（原创案例）

案例分析

客服人员通过选择性发问确认事实，通过选择性问话，客服人员要么会得出结论，要么会找到新的突破口。

（3）针对性发问

针对性问题是指什么？比如，手机通信服务热线可能会接到客户投诉说："开机的时候，手机坏了"，或者说"信号始终不好，接收不到"，或者"屏幕什么显示都没有"等问题，这个时候，客户服务人员可能会问："您早上开机的时候，您的屏幕是什么样子的？"这个问题就是针对性问题。针对性问题的作用是什么呢？能让你获得细节。当不知道客户的答案是什么的时候才使用，可以提出针对性问题，就这些问题进行了解。

3. 注意问话时机

提问的时机也很重要。把握提问的时机表现为，电话交谈中出现某一问题时，应该待对方充分表达之后再提问。过早或过晚提问都会打断对方的思路，而且显得不礼貌，也影响对方回答问题的兴趣。掌握问话的时机，还可以控制谈话的引导方向。如果你想回到原来的话题上，就可以运用发问；如果你希望别人能注意到你提的话题，也可以运用发问，并借连续提问，把对方引导到你希望的结论上。

4. 考虑问话对象特点

对方坦率耿直，提问就要简洁；对方爱挑剔、善抬杠，提问就要周密；对方羞涩，提问就要含蓄；对方急躁，提问就要委婉；对方严肃，提问要认真；对方活泼，提问可诙谐。

三、 不同职业电话沟通技巧

📁 经典案例

顾客：我们公司的电话怎么会有呼叫转移的功能呢？

客服人员：请稍等，我帮您查一下……是你们公司的工作人员通过我们的呼叫平台办理了此项业务。

顾客：怎么能这么随便就办了呢，能不能告诉我是经过谁批准的？

客服人员：我们查看了资料，是你们公司的××办理的。

顾客：请你马上给我取消，而且请帮我一个忙，禁止我们公司所有员工通过你们的呼叫平台办理此项业务。

客服人员：通过座机办理业务是为了方便顾客，而且呼叫转移只是一项普通功能，如果你们不使用可以不办理，我们很难对您这部电话进行限制。

顾客：你不知道，有些员工不上班，又怕领导发现，就办电话转移，转到自己家里去。你们这种流程也不对，随便一个人说要办就能办，这样不是方便用户而是侵权。

客服人员（苛责顾客）：对不起，我们的确很难做到这样的控制，您为什么不能通过加强内部管理来解决这个问题呢？

顾客：你说什么？你的意思是我们的内部管理有问题？你叫什么名字？工号多少？我要投诉你！

（选自百度文库：《电话案例精选》）

案例分析

这个案例中，客服人员发问时使用了不当的语言，导致顾客发怒投诉，使矛盾升级。如果客服说话委婉，注意语气，可能就不会有这样的后果了。

（一）医院服务电话沟通技巧

1. 医院客服接到打错了的电话时

医院客服接到打错了的电话时，最好能这样告诉对方："这是××医院，请问你想找哪里?"

如果自己知道对方所找的电话号码,则告之;如果不是,也应热情友好地处理打错的电话,给对方以良好的印象。

2. 遇到自己不知道的事时

遇到自己不知道的事时,先听清楚对方所讲的内容,然后做如下回答。

"关于××事很抱歉,我不是很清楚。请稍等,我帮您转接××科××来接电话。"

"我先去咨询一下,再给您回复,可以吗?"

"关于这个问题,我院有位资深的专家,您有时间亲自来院检查一下,我们找出病因,给您一个满意的答复。"

3. 接到投诉电话时

接到投诉电话时,先让对方诉说不满,并耐心等待对方心静气消。

肯定对方话中的合理部分,力争取得对方的谅解及信任。到最后道别时,说:"谢谢您打电话来,今后我们一定加倍注意,这样的事绝不会再发生。"

当自己不能解决时,应将投诉内容准确记录,并及时地告诉负责人,请他出面处理。

4. 问询医院地址及工作时间问题

回答地址和工作时间时可说:"我们医院位于××,公交路线可以乘坐×××路××站下。火车站方向可以乘坐×路,××站下。如果您到时还没有找到,可以再与我们联系,好吗?""我院全天接待患者,节假日不休。"

5. 咨询医院手术价格

介绍价格时可说:"我院开展的××手术,包干价为××元,其中包含××××,具体优惠和具体手术方案视患者具体情况由患者和医生来商定,每个人情况不同,是有个体差异的。"

6. 患者问康复期

回答康复期可说:"治疗效果与个体差异,与病程长短,与每个人对药物的敏感性有关,患病要积极治疗,效果才会更加显著。"

7. 有关收费问题

回答收费问题时，可根据实际情况说："我院是按照省卫生系统收费标准定价的（或者说是按照国家药监局、物价局等部门统计审核的），有些治疗项目采用进口先进设备，治疗效果很好。"

8. 结束语

结束时可说："希望我的解答能对您有所帮助，如有不明白也可以直接来院与专家面对面地交流，请专家对您的病情做进一步了解。我院地址是××，节假日不休。"

（二）房产销售电话沟通技巧

1. 善于运用发问技巧

房产销售人员在电话沟通时一定要善于运用发问技巧，多让购房者说话，从而揣测出客户的心态。发问技巧有以下三种。

（1）试探式询问

此方法主要用于初级阶段。电话接通后，先介绍所属单位的情况，再进行试探性提问。

（2）诱导式询问

此方法主要用于中期阶段。在客户了解房屋信息以后，再顺势提问，因势利导，进入下一环节。

（3）想象式询问

此法为后期询问技巧，可预设一些问题使客户对经纪人所属企业表示认可，或对产品、服务表示认可，这样提出约见请求时，遭到拒绝的概率就小。

2. "二选一"约定时间

当客户答应约见时，一般采用"二选一"的方法让客户选择时间而不是让其确定时间，这样就把握了主动权从而可以有效地避免客户以"没空"等借口无限向后推脱。

3. 电话约客技巧

电话约客不是拿起电话就聊天，既然这通电话的目的是约访，那么就要用一些电话销售技巧来帮助你获得成功。

（1）让自己处于微笑状态

微笑着讲话，声音也会传递出很愉快的感觉，你在对方心中自然就变得有亲和力。

（2）音量与速度要协调

人与人见面时，都会有所谓"磁场"。在电话沟通中，当然也有电话磁场，如果业务人员与客户的磁场相吻合，那么谈起话来就顺畅多了。为了了解对方的电话"磁场"，在谈话之初，要采取适中的音量与速度，等明确了对方的特质后，再调整自己的音量与速度。

（3）判别形象，增进互动

从对方的语气语调中，可以简单地判断出通话者的形象，说话速度快的人是视觉型的人，说话速度中等的人是听觉型的人，而说话慢的人是感觉型的人，业务人员可以在做出判断之后，再给对方适当的建议。

（4）表明不会占用太多时间

为了让对方愿意继续通话，可以说"耽误您两分钟好吗？"，一般人听到"两分钟"这三个字时，通常都会觉得反正才两分钟，就听听看好了。实际上，你真的只讲两分钟吗？这得看个人的功力了。

（5）语气、语调要一致

在电话中，开场白通常以普通话为主，但是如果对方以方言回答，可马上转成方言和对方说话，这样也是一种拉近双方距离的方法，主要目的是与对方站在同一个"磁场"。

（6）善用电话开场白

好的开场白可以让对方愿意和业务人员多聊一会，因此除了"耽误两分钟"之外，接下来该说些什么就变得十分重要，如何想多了解对方的想法，不妨问："最近推出的投资型商品，请问您有什么看法？"诸如此类的开放式问句。

（7）善用暂停与保留技巧

当业务人员需要对方给时间、地点的提示的时候，就可以使用暂停技巧。比如，当你问对方："您喜欢上午还是下午？"就稍微暂停一下，让对方回答，善用暂停技巧，将可以让对方有受到尊重的感觉。

保留则是使用在业务人员不方便在电话中说明或者遇到难以回答的问题时所采

用的技巧。举例来说，当对方要求业务人员电话中说明费率时，业务人员就可以告诉对方："这个问题我们见面谈时，当面计算给您听，比较清楚。"此将问题保留到下次交谈时，也是约访的技巧。

（8）身体挺直、站着说话或闭上眼睛

假如一天打二十通电话，总不能一直坐着不动吧！试着将身体挺直或站着说话，你可以发现，声音会因此变得有活力，效果也会变得更好；有时不妨闭上眼睛说话，让自己不被外在的环境影响答话内容。

（9）使用开放式问句，不断问问题

问客户问题，一方面可以拉长谈话时间，另一方面可以了解客户真正的想法，帮助业务员做判断。不妨用"请教您一个简单的问题可以吗？""能请您多谈一谈，为何会有如此的想法？"等问题，鼓励客户继续说下去。

（10）即时逆转

即时逆转就是立刻顺着客户的话说，如当客户说："我是你们公司的客户"，不妨接续着说："我知道您是我们公司的好客户，所以才打这通电话"。

（11）再强调您自己判断、您自己做决定

为了让客户答应和你见面，在电话中强调"由您自己做决定""全由您自己判断"等句子，可以让客户感觉到业务人员是有素质的、是不会死打乱缠的，进而提高约访概率。

（三）酒店服务电话沟通技巧

在酒店服务行业，电话铃声响起，代表的可能是一场宴会、一个旅游团或者是一个大型商务会议的预订。如果不及时接听或者有所耽误，就可能给酒店造成一定的经济损失。很多酒店因电话接听的服务态度差，接听不及时受到客人投诉，损害了酒店形象，影响了酒店经营效益。

1. 询问信息

（1）及时接听电话

尽可能在电话铃声响三声之内接听，这是为了向来电者或潜在客户表示尊重。

（2）愉快问候，注意语调

保持愉快的语调，注意抑扬顿挫，语速不要太快。面对面交流时，55%的信息是通过你的身体与语言传递的，38%的信息是通过你的语调传递的，只有7%的信息是通过话语的内容传递的。电话沟通时，83%的信息沟通是通过你的语调传递的，只有17%来自话语的内容。所以，通话时要保持微笑和热情，使客人在电话的另一端也能感受到。

（3）不要使用专业术语

使用客人不熟悉的酒店术语只会浪费客人更多的时间，应避免发生这样弄巧成拙的事情，切忌在客人面前使用酒店的专业术语。

（4）不要讲得太快或者篡改原意

说话是为了让别人听懂，说话的节奏要适中，声音不要过大，也不要过小。

（5）聚精会神聆听，不要打断来电者

绝对不要打断来电者的讲话，让他们把话讲完，积极地聆听，然后再提出自己的建议或观点。

2. 确认信息

（1）向客人重复听到的信息

重复客人的信息以保证正确无误，避免产生误会。重复客人所说的信息，这说明在专心聆听并积极回应客人。

（2）信息要具体，乐于帮助客人

提供具体信息，通过询问来进一步确定客人的需求。尽可能地为客人着想，做到细致入微，不要让客人有任何疑惑。

（3）一定不要把房号告诉他人

为了保护客人安全，千万不要在通话中把客人房号告诉别人。如果来电者只提供了房号，还要请来电者说出此房间住客的姓名，避免住客受到错误电话打扰。

3. 转接电话

（1）告知将转接电话

让接电话的人知道，有什么事找接听者。如果电话是找酒店同事的，就要先告诉其来电者的信息，这样来电者就不必再重复了。如果可能，介绍通话双方。

（2）让来电者讲完话，再进行等候设置

询问来电者姓名，征得来电者同意，方可将来电者设置为在线等候状态。如果需要让别人在线等候，需要表示感谢，让来电者感受到自己备受尊敬和重视。

为来电者提供选择：尽可能多给来电者提供一些选择，这会节省时间。

经常给等候的来电者以反馈：如果仍然无法接通，最起码要再问询来电者一下，给来电者提供选择的机会。

（3）记录完整的电话留言

尽可能为来电者留言或询问来电者是否需要介入语音信箱，给其选择的机会，有些人可能不喜欢语音留言，就可以为来电者记录完整的留言，包括接听者的姓名、接听日期和时间、来电者的姓名和性别、来电者的单位、来电者的电话号码、简单的信息和签字。

记录完整留言后需重复来电者的信息，特别注意重复来电者姓名和电话号码。

4. 处理需求及问题

（1）处理多重需求

保持冷静是关键，最好是一次处理好一件事，而不是同时马马虎虎地处理几件事。要做好准备，确保手边有你所需的所有物品。你知道通常什么时候会忙，准备停当，就不会在繁忙时手忙脚乱。处理多重需求时应做到以下几点。

第一，优先为付费客人服务。

第二，尽量不要让客人在线等候超过 30 秒。

第三，请同时打进电话的客人等候，按照顺序为客人提供服务。要得到来电者的同意才能设置等候。

第四，再次接起电话时，要对等候的客人表示感谢。

第五，如果接电话的时间过长可以与客人约定好确切的回电时间再打过去。

第六，业务繁忙时只有两种选择，要么请来电者在线等候，要么记下来电者的电话号码稍后打回去。

（2）处理各类情况

如果客人或者其他来电者讲的是别的语言听不懂时，不要烦躁，也不要因为听不懂就挂断电话。这可能是紧急状况。要尽心尽责地为客人解决问题。如果解决不了，可以请能解决问题的员工帮助。

（3）应对不满意客人的来电

当客人投诉时，不要找借口，怀着同情心聆听来电者的话，要提供解决方案。

做记录时，要告诉来电者，长时间的停顿会使来电者产生误解。要理解来电者，电话礼仪的关键所在是聆听、同情、致歉、解决问题并跟进后续事宜。这些做法会使不愉快的来电者变得高兴，也许不是总能见效，但至少不会让来电者对酒店产生不满。

（四）保险回访电话沟通技巧

保险出险后，消费者最关心的是案件的进程和理赔状况，保险公司一般是以服务专线电话回访的方式与客户沟通双方的保险责任及各项理赔须知。

1. 开场技巧

"您好，您是×××先生(女士)吗？"

"先生(女士)，您好，我是××保险公司×××号客服人员，请问您近期在×××银行网点/渠道购买了我公司的×××保险产品是吗？"(客户回答："是")

"感谢您的信任，为了维护您的权益，与您做个简短的电话回访可以吗？"(客户回答："可以")

"谢谢您！为了确保您的权益，我们将对回访内容进行录音。"

2. 确认相关信息

第一，确认是否是由其本人购买的该保险产品以及是否按照要求亲笔签名。

"为确保信息安全，我们要先为您做个身份确认，您的身份证号前六位是××××××吗？请问您的出生年月是什么呢？请问你这份保险的被保人是×××吗？"

"请问您是否收到了保单合同？您和被保险人×××在投保书、投保提示书上亲笔签名了吗？"

"请问您收到保险合同时是否在保险单签收回执上亲笔签名了呢？"

第二，确认投保人是否已经阅读并理解产品说明书和投保提示的内容及是否知悉保险责任、责任免除和保险期间。

"请问您对产品说明书和投保提示的内容已经阅读并理解了吧？"

"请问我公司电话销售人员/银行网点销售人员/业务员/我公司网上销售流程中是否已经对保险产品的合同条款，特别是保险责任和免除保险人责任概念、内容及法律后果都给您做了提示和说明？"

"您的保单缴费期限是××年，需要××年/季度/月缴纳一次保费，首期交纳的保费是××元，保障××年，这个您知道吧？"

"您的保单一次性缴费××元，保险期限××年，这个您了解吧？"

第三，确认投保人是否知悉退保可能受到的损失，以及犹豫期的起算时间、犹豫期享有的权利。

"为了保障您的权益，请您仔细阅读保险条款，您签收保单之日起××日内是犹豫期，在此期间您对保单如有疑义，可退还所交保费；犹豫期后退保您会有一定损失，您是否了解？"

3. 礼貌结束对话

"感谢您的配合，今后如果您对我们的产品和服务有任何疑问，请拨打客户服务热线×××××××。祝您生活愉快！再见！"

思考与训练

1. 电话开场的方式有哪些？
2. 电话问答的基本原则是什么？
3. 酒店服务行业对接听客户电话有哪些基本要求？

阅读推荐

1. 李智贤：《电话销售中话术模板》，北京，机械工业出版社，2011。
2. [美]尼克·史汀顿，《线上沟通这样才高效》，黄睿睿译，北京，九州出版社，2018。

项目任务书

电话沟通口才训练项目任务书

课程名称	职场口才	学习项目	电话沟通口才训练	项目任务	电话推销
学生班级		组别序号		组长姓名	
小组成员					
任务描述					

　　小李初入职场，做的是某产品的销售实习生，今天他将通过电话推介的方式进行产品营销。如果是你是小李，你该如何与客户进行电话沟通？请各组同学根据事先准备好的产品或产品资料(宣传页或产品说明)，设计出该产品电话销售的步骤。各组学生2人结为小组，分别为销售人员和客户。销售人员要尽量运用自己的设计，向客户推荐产品或服务，通话时间为3～5分钟；客户要保证沟通的正常进行。

续表

学习目标

一、专业能力

1. 正确运用电话进行职场沟通。

2. 正确运用电话服务语言进行沟通，提高自己的营销服务工作能力。

二、社会能力

1. 树立服务意识、效率意识、规范意识。

2. 形成较好的人际沟通语言能力。

3. 强化人际沟通能力、客户关系维护能力。

4. 培养维护组织目标实现的大局意识和团队能力。

5. 树立爱岗敬业的职业道德和严谨、务实、勤快的工作作风。

6. 强化自我管理能力、自我修正的能力。

三、方法能力

1. 利用信息化平台进行自主学习的能力。

2. 制订工作计划、独立决策和实施的能力。

3. 准确的自我评价能力和接受他人评价的能力。

4. 学以致用的能力。

学习引导

一、学习建议

职场中，电话是人们沟通的桥梁，是不可或缺的通信工具。每个人都会使用电话，但高效而礼貌地使用电话不是每个人都能做到的。一个人接打电话的沟通技巧是否运用得当，不仅会影响到其能否达到本次沟通的目的，还会直接影响到个人以及公司的形象。因此，学习和掌握基本的电话沟通技巧和电话礼仪是很有必要的。电话沟通口才主要包括电话沟通基本用语、电话沟通礼仪、不同职业电话沟通技巧等，要学好、用好电话沟通口才，建议采取如下学习方法。

1. 登录"智慧树慕课"，选定"有话好好说——职场新人口才攻略"课程中"电话沟通口才"的微课，观看微课教学视频，并完成相应的进阶训练，在微课学习中如有疑问可在线提问，与教师互动交流。（线上学习）

2. 认真学习课程知识，进一步掌握电话沟通口才的知识和技能，完成"难点化解"题目。（线下学习）

3. 假定自己是销售小李，与学习小组成员商讨和训练与客户进行电话沟通，并在课堂上展示。同时，注意观察其他组展示情况，并将所见所闻记录在本任务书的"课堂记录"一栏。（线上学习）

4. 课后完成拓展任务、加强训练，小组内将自己的训练过程拍摄微视频（或拍摄照片）上传到课程平台，并与其他学习小组进行互动评价。（线下学习与线上学习相结合）

5. 在本任务书的"学习小结"一栏做好小组的学习小结。

二、难点化解

1. 单选：报出自己所在公司名称和部门后，询问对方的身份时，最恰当的说法是（　　）。

A."你是谁?"　　　　　　　B."你是?"

C."你叫什么名字?"　　　　D."请问您尊姓大名?"

2. 单选：电话接听完毕之前，为了减少偏差，需要做的事情是( )。

A. 主动报上公司名称以及自己的职务　　B. 保持正确的姿态

C. 复诵来电要点　　　　　　　　　　　D. 搞清楚对方的目的

3. 单选：客户在电话中评论公司的另一客户，你应当( )。

A. 倾听客户的评论，不发表意见　　B. 就客户所说发表评论

C. 向客户提供有关另一客户的资讯　D. 转移话题

4. 多选：如果有外人在，接电话时应该( )。

A. 直接挂断　　B. 接起电话，简短说明情况

C. 要说抱歉用语　D. 再次约定时间打给他

5. 多选：关于接电话的基本礼节，下列表述正确的是( )。

A. 响铃太久，接起电话说抱歉用语　　B. 无关紧要的办公电话，可以不接

C. 接电话的同时，面带微笑　　　　　D. 右手接起电话，接完电话后，记录

6. 多选：选择打电话的时间可以是( )。

A. 早上 7 点之前　　B. 上午 8 ～ 10 点　　C. 午饭时间　　D. 下午 2 ～ 4 点

课堂记录

请认真观察其他小组训练展示，并记录你们小组看到的优点和问题。

学习小结

请简要记录你们小组对本项目任务学习的总结。

拓展训练

如果客户对小李介绍的产品很满意，只是在价格上还是认为过高，希望再有些优惠。请你根据所学知识，利用电话与客户再次进行价格协商。课后各小组运用角色扮演法模拟训练该场景，并拍摄微视频上传至课程平台。

PROJECT 5

任务 1　拜访技巧 ///

💬 **任务目录**

1. 了解拜访的含义、作用及种类。

2. 熟悉拜访的基本原则及注意事项。

3. 掌握拜访技巧。

💼 **经典案例**

　　拜访作为职场中一项基本工作，通过面对面的交流、沟通，增进人际关系，是日常生活和职场交往的重要内容之一。拜访是否成功，主要取决于拜访者的口才。小张虽入职不久，但工作业绩很不错，受到领导的器重。这天他接到经理的电话，让他周三代表经理去拜访安达公司的宋总。小张很兴奋，他准备好了相关资料和名片，并在拜访前对自己的仪表进行了精心、得体的修饰。到了周三，小张提前五分钟到达。当他走进宋总的办公室，看见宋总的办公桌上摆着一张全家福时，顺口就说："宋总，您的身体日益强壮，看起来好像又胖了一点。"宋总一听，眉头一皱，就推说自己今天身体不舒服，拒绝了小张的拜访。走出办公室，秘书告诉小张，宋总正在减肥。小张对无意中说了错话，导致一个重要客户流失的结果而后悔不已。

（原创案例）

案例分析

　　本来，小张是想通过赞美客户，拉近与客户的距离，谁知却触犯了客户的忌讳，导致拜访失败。在拜访中，不仅要做好拜访前的各项准备，而且要掌握拜访中的表达技巧，才能事半功倍。"良言一句三冬暖，恶语伤人六月寒。"只有恰当地使用拜访语言，才能在交际中把握住难得的机会，拓展人际关系，为自己在职场上顺利发展奠定基础。

一、 拜访的含义和作用

（一）拜访的含义

拜访又称拜会、拜望、拜见，是指为了礼仪或某种特定目的而进行的访问，是一种最常见的人际沟通形式，在私人交往、公务往来、商业活动等各个方面都有广泛地应用。在商业领域，拜访往往指企业为了收集信息、发现需求、促进参与、改善沟通而采取的活动。客户拜访可谓企业最基础、最日常的工作，是开展市场调查、进行新品推广的有效途径，也是促进销售、客情维护的必要手段。通过拜访，人们可以交流信息、统一意见，相互之间能够加深了解、取得信任，形成良好的人际关系。

（二）拜访的作用

随着科学技术的进步，现代社会交往的方式逐渐增多，如电话、传真、网络电话等，都可以在人们的情感沟通中起到一定的作用。但基于直接会面的拜访与以上方式相比，具有不同的感觉、不同的效果。拜访更直接、更亲近，交流的内容更广泛、更深入，更易达到交往的目的。具体地说，拜访在人际交往过程中有如下作用。

1. 促进交流，提高效率

由于拜访是面对面的交往，通过这种形式，可以使双方更自然地就一些观点、看法及细节性问题进行深入探讨，以达成共识，从而提高工作效率，促成合作。

2. 加深感情，了解信息

"有朋自远方来，不亦乐乎?"说的就是朋友相见分外高兴。通过拜访，畅叙友情，不仅能够增进了解，也可以促进感情的交流和情谊的加深。同时，通过拜访，还可以了解到书本外的知识和工作中没有接触过的事物，开阔视野，扩大信息量，这就是所谓"与君一席话，胜读十年书"。

二、 拜访的分类

按照不同的标准，拜访可以划分为不同的类型。

（一）以目的不同为标准来划分

礼节性拜访，即为表达对对方的尊重、关心而进行的拜访。

情感拜访，即为交流感情、增进友谊而进行的拜访。

商业拜访，即为加强业务联系、推销产品、购进产品而进行的拜访。

政治拜访，即国家首脑或党政要员等为达到政治目的而进行的拜访。

（二）以公私性质不同为标准来划分

公务拜访，即机关团体、工商企业为达到团体目的而进行的拜访。

友情拜访，即个人、家庭之间为促进感情交流、加强联系而进行的拜访。

（三）以拜访方式不同为标准来划分

应邀拜访，即拜访者接到有关团体或个人发出的正式邀请后进行的拜访。

主动拜访，即团体或个人为自己的目的而主动联系的拜访。此类拜访可进一步划分为事务性拜访，如商务洽谈拜访；礼节性拜访，如节日拜访；私人拜访，如拜访名人等。

三、 拜访的基本原则及注意事项

（一）拜访的基本原则

1. 事先预约，不做不速之客

拜访，务必选好时机，事先约定，这是进行拜访活动的首要原则。一般而言，当决定要去拜访某人时，应提前打电话或通过其他方式取得联系，约定双方都认为比较合适的会面地点和时间，并把访问的意图告诉对方。预约的语言、口气应该是友好、请求、商量式的，而不能是强求命令式的。在交往中，未曾约定的拜会属失礼之举，是不受欢迎的。当事急或事先并无约定，但又必须前往时，则应见到主人立即致歉，向主人说明自己未能预约的原因，并请求主人谅解。

🔗 相关链接

约定时间：包括到达的时间以及离开的时间。约定时可这样说："王经理，我大概在明天下午两点左右拜访您，大约花费您一小时的时间。"

约定地点：选择一个合适的地点（比如会客厅、公司或是咖啡厅）。

约定人数：告知对方相关人员的数量。如表示："这次到贵公司拜访，我们公司会去三位领导。"

约定主题：即明确拜访的目的。约定主题可以这样说："这次拜访主要是想学习一下贵公司在员工管理方面的做法和经验。"

2. 如期而至，不做失约之客

宾主双方约定了会面的具体时间后，作为拜访者应履约守时如期而至。既不能随意变动时间，打乱主人的安排，也不能迟到或早到，准时到达才最为得体。如因故迟到，应向主人道歉。如因故失约，应在事先诚恳而婉转地说明。在对外交往中，尤其应严格遵守时间。准时赴约是国际交往的基本要求，有的国家安排拜访时间常以分为计算单位，如拜访迟到 10 分钟，对方就会谢绝拜会。

💼 经典案例

与客户约好时间拜访却因招标而失约

某建筑公司的小王与一位重要客户约好：9 月 3 日下午 3 点，小王会和经理到客户那里拜访。但因经理要去参加一个重要的招标会最终没能成行，而小王没有及时通知客户。待客户打电话询问时，才告知客户不去了，需要另约时间，客户生气地挂断了电话，小王为此懊悔不已。

（原创案例）

案例分析

这个案例告诉我们，一定要按照约定的时间如约而至，这不仅是为了维护个人信誉，提高办事效率，也是对交往对象的尊重。如果因故不能准时抵达，务必及时通知对方，必要时可另行改期，但必须郑重其事地向对方道歉。

3. 彬彬有礼，不做冒失之客

无论是去办公室或是寓所拜访，一般要坚持"客随主便"的原则。如是到主人寓所拜访，作为客人进入主人寓所之前，应轻轻敲门或按门铃，待有回音或有人开门相让，方可进入。即使对方家门虚掩，也应当先敲门，得到主人的允许才能进入；

进入对方办公室前也应该敲门，切不可不打招呼擅自闯入，即使门开着，也要敲门或以其他方式告知主人有客来访。

🔗 相关链接

讲究敲门的艺术

敲门要用食指，力度要适中，不宜太重或太急，间隔有序地敲三下，等待回音。如无应声，可再稍加力度，再敲三下。敲门的响度要适中，太轻了主人听不见，太响了主人会反感。敲门时不能用拳捶、用脚踢，也不要乱敲一气。按门铃时也要有礼貌，慢慢地按一下，如无应答，隔一会再按一下。

见面后，打招呼是必不可少的。如果双方是初次见面，拜访者必须主动向对方致意，简单地做自我介绍，然后热情大方地与被拜访者行握手之礼。如果是再次会面，主动问好致意也是必要的，这样可显示出访问者的诚意。

如何打招呼

若是主人亲自开门相迎，见面后应热情地向其问好；若是主人夫妇同时起身相迎，则应先问候女主人好；若不认识出来开门的人，则应问："请问，这是××先生的家吗？"得到准确的回答后，方可进门。对室内的人，无论认识与否，都应主动打招呼。当主人把来访者介绍给其妻子或丈夫相识，或向来访者介绍家人时，都要热情地向对方点头致意或握手问好。

当主人请坐时，应道声"谢谢"，并按主人指点的座位入座。主人上茶时，要起身双手接迎，并热情道谢。吸烟者应在主人敬烟或征得主人同意后，方可吸烟。对后来的客人应起身相迎；必要时，应主动告辞。如带小孩做客，要教以礼貌待人，尊敬地称呼主人家所有的人。

4. 衣冠整洁，不做邋遢之客

拜访者的仪表对拜访效果有直接影响。拜访做客要仪表端庄，衣着整洁。着装要庄重、得体，与职业、身材、肤色、长相协调。要注意服饰的细节，如衬衫要熨平、皮鞋要擦亮等，以表示尊重。一般情况下，职场登门拜访时，女士应着深色套裙、中跟浅口深色皮鞋，配肉色丝袜；男士最好选择深色西装，配素雅的领带，外加黑色皮鞋、深色袜子。入室之前要在踏垫上擦净鞋底，不要把灰尘、垃圾带进主人家里。夏天进屋后再热也不应脱掉衬衫、长裤，冬天进屋再冷也应摘下帽子，有时还应脱下大衣和围巾，并切忌说"冷"，以免引起主人误会。在主人家中要讲究卫生，不要把主人的房间弄乱，糖纸、果皮、果核应放在垃圾桶中或果皮盒内。身患疾病，尤其是传染病者，不应走亲访友。不洁之客、带病之客都是不受欢迎的。

5. 举止文雅，不做粗俗之客

"入其家者避其讳。"人们常说，主雅客来勤；反之，也可以说客雅方受主欢迎。做客时要姿态端庄、举止文雅。即使在朋友家里，也不要乱脱、乱扔衣服。与主人关系再好，也不要翻动主人的书信和工艺品。未经主人相让，不要擅入主人卧室、书房，更不要在桌上乱翻，床上乱躺。如主人家中养有狗和猫，不应表示害怕、讨厌，不应去踢它、赶它。

同主人谈话，应保持亲切的微笑，倾听对方谈话，不能随地吐痰、乱扔垃圾、东张西望、指手画脚、手舞足蹈、把玩名片、对方说话时显得不耐烦等。交谈时，态度要诚恳自然，不要自以为是地评论主人家的陈设，也不要谈论主人的长短和令其扫兴的事。如有长辈在座，应用心听长辈谈话，不要随便插话或打断别人的谈话。同时，要控制音量，不能粗声大气地高谈阔论，以免影响对方或其家人的工作或生活。

◉ 课堂训练

　　小李是一位刚大学毕业分配到顺达公司的新业务员，今天准备去拜访某公司的张经理。由于没有张经理的电话，所以小李没有进行预约就直接去了张经理的公司。小李刚进顺达公司还没有制服，所以选择了休闲运动的装扮。到达张经理办公室时，门开着，小李就自然地走了进去。刚好张经理正在接电话，就示意让他在沙发上坐着等。小李便往沙发上一靠，跷起二郎腿，一边吸烟一边悠闲地环视着张经理的办公室。在等待的时间里不时地看表，或从沙发上站起来在办公室里走来走去，还随手翻了一下放在茶几上的一些资料。请问小李在这次拜访成功的概率高吗？如果不高，请你指出他失礼的地方。

（选自金锄头文库：《拜访礼仪》）

6. 惜时如金，不做难辞之客

"无事不登三宝殿。"一般来说，拜访都有一定的目的性。拜访必须明确目的，出发前对此次拜访要解决的问题应做到心中有数，对准备商讨的事宜、拜访要达到的目的，事先要有打算，以免拜访时跑"马拉松"。和他人交谈时，应注意掌握时间。有要事必须与主人商量或向对方请教时，应尽快表明来意，不要东拉西扯，浪费时间。若无要事相商，停留时间不要过长、过晚，以不超过半小时为宜，在别人家中或办公室无谓地消磨时光是不礼貌的。拜访目的已达到，见主人显得疲乏、意欲他为或还有其他客人时，便应适时告辞。

假如主人留客心诚，执意挽留用餐，则饭后需停留一会儿再走，不要抹嘴便走。辞行要果断，不要"该走了"说过几次，却口动身不移。辞行时要向其他客人道别，并感谢主人的热情款待。出门后应请主人就此留步。有意邀主人回访，可在同主人握别时提出邀请。从对方的公司或家里出来后，切勿在回程的电梯及走廊中窃窃私语，以免被人误解。

（二）拜访的注意事项

在拜访中想要成为一位深受欢迎的客人并不容易，应遵守相应的原则、规范和要求。然而要想使拜访取得圆满成功，还要注意更多的细节，具体注意事项如下。

第一，至少提前一天预约，约定后不要随意更改时间，按时赴约是给对方留下好印象的前提。

第二，拜访时间的选择对于实现拜访目的有很大影响。拜访时间以不妨碍对方为原则。一般来说，拜访时间有四个不宜：清晨、深夜、用餐时间和午休时间均不宜登门拜访，在这些时间拜访会影响对方的正常生活。刚刚上班或快要下班的时候也不宜去单位拜访。

第三，做好准备工作，要了解对方的相关信息，如姓名、性别、年龄、工作、职位、地址、兴趣、爱好等。工作业务上的拜访，还要准备好拜访资料，如公司宣传资料、个人名片、合同文本、产品报价单等。

■ 经典案例

小王是某银行的一名客户经理。一天，小王发现了一个潜在客户，通过电话沟通后，就高高兴兴地去拜访客户了。进门以后，小王亮明身份，就开始信心满满地向客户介绍自己的产品，并不时地劝说客户购买。然而这位客户也身经百战，自然不会因为小王随便的几句话就购买他的产品。于是，客户反问小王所介绍产品和其他银行类似产品相比较优势在哪里，这个产品对其本人有什么好处等问题。小王对其他银行类似产品不了解，也不了解客户真正的需求，因此开始支支吾吾，气势逐渐消退。紧接着，客户又就小王回答中的漏洞进行提问，这使得小王更加手足无措……如此再三，最终导致拜访失败。

（选自搜狐网：《拜访客户，这三点，你会吗？》）

案例分析

"不做准备就等于准备着失败"，这句话充分说明了准备的重要性和必要性。拜访客户前做好充分的准备，不但可以节约时间，而且还有助于提高拜访的有效性。如果拜访客户前准备不足，常常会导致在拜访客户时，谈话内容空洞无物，显得对自己所销售的产品知之甚少；语无伦次，想到哪儿说到哪儿，不断重复已说过的话；谈话总是谈不到点上，不能为客户提供有效信息；夸大其词，甚至"无中生有"，使得自己无法赢得客户的好感和信任从而导致拜访失败。

第四，约好的拜访时间，不要早到或迟到，应按时抵达。

第五，提前到达拜访地点。一般来说，应该提前 10～20 分钟抵达拜访地点，先熟悉一下周围环境，缓解一下紧张情绪，同时整理自己的形象，回顾拜访措辞。在约定时间前 15 分钟左右给对方去电话，表示自己已经到达拜访地点，等待对方的会见。

第六，拜访时交谈的用语和口气，要顾及对方的辈分、地位等，还要看相互间的关系。

第七，拜访者不要忽略主人的家属，应与他们进行适当的交谈。

第八，如果是多人拜访，不要一个人抢着说话，要让大家都有说话的机会。

第九，在非正式场合，假如在拜访过程中又来了一位访客，访问者最好提前告辞。

第十，拜访的时间最长不超过 1 小时，礼貌性拜访或者初次拜访的时长一般为 10～30 分钟。如果跟主人谈得特别投机，在主人的再三挽留下，则拜访时间可略为延长。拜访者要主动提出离开，不要等对方提出。离开时要和主人多次告别，不要扭头就走。

四、拜访技巧及训练

拜访是社会交往中必不可少的环节，拜访要遵循一定的礼仪规范，拜访成功与否还主要取决于社交者的口才。不同形式、不同目的的拜访，会话语言各不相同，但它们在结构上存在共性，即包括进门语、寒暄语、晤谈语和辞别语四个部分。

（一）进门语

进门语是拜访的开场白。进门语的使用要做到上门有礼，为客有道。

进门语

1. 预先告知

在进门之前，最先要做的就是预先告知对方，也就是在快要到达之前或抵达约定的地点后，再次通知对方。如果没有与拜访对象直接见面，或是对方没有派人员迎候，那么就有必要在进入对方的办公室或私人居所的正门之前，先向对方进行通报。如"刘先生，我是小陈，之前与您约定在 8 点钟会面，我现在在高速路口，8 点应该能准时到达。"

2. 礼貌敲门

到了受访者的居所或办公室门口，要有礼貌地轻轻敲门，或者短促地按一下门铃。即使门开着，也应该很有礼貌地问一声，听到回答后再进入，不要贸然闯入。如"请问，×××在家吗?""请问，屋里有人吗?"

3. 恰当称呼

在社会交往中，如何称呼对方，直接关系到双方之间的亲疏关系、了解程度、尊重与否及个人修养等。一个得体的称呼，会令彼此如沐春风，为以后的交往打下良好的基础，否则，会令对方心里不悦，影响到彼此的关系。

在社交、工作场合中称呼往往要庄重、正式、规范，对职务性称呼，应就高不就低，如蒋市长、刘经理、陈院长等；对于有专业技术职称的人，可用职称相称，如张教授、李总工程师等；对于职位或职称不明确的，可以直接以职业作为称呼，王老师、杨律师、孙教练等。

生活中的称呼应当更加亲切、自然、准确、合理，但也需要适当使用敬称，如对长辈可称其为"您"；对有身份或年纪大的人，可称"先生"；对文艺界、教育界以及有成就、有身份的人，可称"老师"；对德高望重的人，可称"公"或"老"，如"赵公""钱老"等。

同时，在称呼对方时，切忌误读，也就是念错姓名，如"仇（qiú）""查（zhā）""盖（gě）"等。为了避免这种情况的发生，对于不认识的字，事先要有所准备；如果临时遇到，就要谦虚请教。

此外，对一面之交、关系普通的人，不宜擅自称兄道弟，也不要随便拿别人的姓名乱开玩笑，对于关系一般者，切勿自作主张给对方起绰号，更不能随意以道听途说来的绰号去称呼对方，以免引起对方的反感。

经典案例

称呼的技巧

大学生小王到一位年轻的女教师张老师家去拜访，一进门，就遇到了个难题：张老师的爱人也在家，该怎么称呼他呢？大哥？叔叔？不太合适！师父？师公？太别扭了，再说也不是这种叫法。也叫老师？总觉得还不是太好！小王灵机一动，问："张老师，您爱人贵姓？他也是老师吗？"张老师回答道："姓李，是个工程师！""噢！"小王如释重负，大大方方地伸出手去，叫道："李工，您好！"

（选自百度文库：《案例点评与技巧演练》）

案例分析

称呼前可做简单地询问，根据实际情况称呼，不经思考而想当然地称呼，很可能会使对方生厌。

4. 见面招呼

不同情况下的拜访，如初访、重访、回访或礼仪性拜访、事务性拜访等，见面招呼的方式也各有不同。通常情况下，初访和回访的目的性较强，大多属于礼仪性访晤或事务性访晤。相比之下，重访虽不能毫无目的（如联络感情、交流信息等），但是它的随意性比较大，所以初访、重访、回访的进门语，也要从礼仪性、事务性、随意性方面来加以考虑。

（1）初访

对于初访来说，往往比较郑重，一般可以用以下这样的话打招呼。

"一直想来拜访您，今天终于如愿以偿了！"

"初次登门，就让您久等了，真不好意思！"

"真对不起，给您添麻烦来了。"

（2）重访

重访是关系趋于密切的表现。因此，作为重访者，打招呼就不必多礼。一般只需要简单地说一句："好久没有来看您了！"或者"我们又见面了，真高兴！"关系密切的，不妨以开玩笑的口吻说一句："我又来了，不招您讨厌吧！"

（3）回访

回访体现了"来而不往非礼也"的传统习俗，一般多出于礼仪或者是答谢，打招呼时就要考虑到这个特点。一般可以用如下这样的说法开场。

"上次劳驾您跑了一趟，我今天登门拜谢来了。"

"上次托您办事，一定给您添了不少麻烦，今天特地登门拜谢。"

（4）礼仪性拜访

对于礼仪性拜访，大多与慰问、祝贺、酬谢等有关，进门语要与有关慰问、祝贺、酬谢的内容联系起来，具体如下。

表示慰问："听说您生病了，今天特地来看望您。"

表示祝贺："好久不见，借您走马上任的东风，给老朋友贺喜来了。""听说您的儿子已被××大学录取，特地赶来祝贺！"

（5）事务性拜访

对事务性拜访而言，进门语要从本次拜访目的上多加考虑。比如"李总，无事不登三宝殿，求您帮忙来了！"或者"小王，你要我办的事，有眉目了！"

当然，一般初访不宜如此"开门见山"，使用进门语应更注重礼节，"己求人"或"人求己"的话语既不必过于谦恭，也不可傲慢无礼。

总之，得体的进门语言，会让人感受到你的礼貌与真诚，既要充分表达对别人的尊重，也要学会表达自己的意愿，从而创造一个良好的拜访开端。

（二）寒暄语

寒暄语的使用应如春风化雨、拉近距离。在进行拜访时，适当的寒暄是不可或缺的。"寒暄是人际交往的起点。"这足以说明寒暄在人际交往中的重要作用。恰到好处的寒暄语可以迅速求得双方心理上的接近和趋同，从而创造和谐的氛围，对整个拜访活动起到推进作用。

💼 经典案例

铁玲是长宁区虹桥街道居委会工作人员，电大社区管理与服务专业学生，曾经入选2012年《妈妈咪呀》前6名。她在长顺居委会工作时，有一户居民在走廊乱堆杂物，她几次上门沟通都吃了"闭门羹"，但依然每天微笑着登门，第五天终于见效。"进门后，我完全不提走廊的事，只是唠嗑，问他有啥难处需要我帮忙。"两小时后，对方完全接纳了她。"我再以朋友的身份劝说，第二天（杂物）就全搬空了。"

（选自百度文库：《人际沟通与社交礼仪》）

案例分析

铁玲在几次上门沟通都吃了"闭门羹"的情况下，坚持微笑着登门拜访，第五天才得以进门。进门后也没有急于说明来意，而是运用寒暄技巧，"完全不提走廊的事，只是唠嗑，问他有啥难处需要我帮忙"。用聊天来拉近双方的关系，建立认同心理，再以朋友的身份劝说，最终达到了拜访目的。

作为人际交往中双方见面时的应酬语言，寒暄语不是虚情假意的客套，也不是胁肩谄笑的阿谀；它既应该有助于双方的互相了解，也应该体现出对他人真诚的关切。正确运用寒暄语，要做到以下五个方面。

1. 自然引出话题

寒暄语要贴近现场，要自然地引出话题。寒暄的内容常为天气冷暖、工作忙闲、学习好坏、身体健恙、朋友来往、亲属今昔等。但是，寒暄时具体谈什么，要有所选择，要善于观察，可从被访者的环境布置、衣着打扮、言谈举止等方面挑选出双方均有兴趣或均有感受的话题。例如，见到客厅摆放着钢琴，即可从学习乐器谈起；

得知对方近日获奖，即可从工作、学习谈起；发现对方身体抱恙，则从强身保健谈起。总之，只要话题出于自然，包括室内花草、耳畔音乐等，都可引起寒暄。

💼 经典案例

一天，360°影剧院公司的王经理正在办公，家具公司的李经理上门拜访。一进门便说："好气派！我很少看见这么漂亮的办公室。如果我也有一间这样的办公室，我这一生的心愿就满足了。"李经理就这样开始了他的谈话。然后他又摸了摸办公椅的扶手说："这不是香山红木吗？难得一见的上等木料啊！""是吗？"王经理的自豪感油然而生，接着说："我这办公室是请深圳装潢厂家装修的。"于是亲自带着李经理参观了整间办公室，兴致勃勃地介绍了计算比例、装修材料、色彩调配，自我满足溢于言表。随后，李经理很自然地拿到了王经理签字的影院座椅订购合同，双方都得到了一种满足。

（选自道客巴巴：《商务礼仪教学资料——商务语言与文书礼仪》）

案例分析

在拜访中应注意寒暄语的表达技巧，恰当的寒暄语可以很好地增进双方的了解、沟通感情、融洽友好气氛。而专业性的语言体现了访问者的专业性，能够体现自身能力，赢得他人的好感。李经理对王经理办公室的赞美，赢得了王经理的好感，使气氛变得非常融洽的同时也体现了自己对家具知识的了解，使王经理愿意与其分享见解，加深交往，从而促成双方成功签订协议，双方都获得了自身的满足，是成功的拜访事件。

2. 建立认同心理

所谓"建立认同心理"，就是双方要多寻找共同语言，以求得心理上的接近和趋同。这样，寒暄对整个拜访活动而言，就是一个起到推进作用的助推器。

💼 经典案例

客人：这幅字是您自己写的吗？写得真不错！

主人：您过奖了，我不过在本市书画协会学了几天。

客人：您是市书画协会的会员？

主人：怎么？听口气，您也不是外行？

客人：我也是刚刚加入市书画协会！

主人：真的？太好了，我们都是书画协会的会员啊！

（原创案例）

案例分析

这一段寒暄语，话虽不多，但在短时间内缩短了双方的距离，增进了双方的感情，从而使寒暄成为双方进一步交谈的有效手段。

3. 创造和谐气氛

创造和谐气氛是寒暄的主要目的。如果缺乏和谐的气氛，就不能算是一次成功的拜访，甚至可以说失去了拜访的意义。所以，寒暄时，语言要诚恳，而不可虚伪、轻浮；要坦率，而不可吞吞吐吐；要自然，而不可卖弄做作。特别是要由衷地关注对方的苦乐，急人所急，想人所想，爱人所爱，并以相应的语言表达自己的真情实感，这样，才有可能创造出越来越投机的和谐的交谈气氛。

经典案例

小程去大华公司谈合作事宜，负责和他接洽的是态度傲慢的李经理。见面10分钟了，李经理仿佛睡着了一样，没说一句话，也没看小程一眼。小程心想，如果不能设法打破僵局的话，这次拜访没法继续不说，还可能给双方的合作带来不利影响。于是，小程就说："李经理，您公司的办公环境很棒啊，在这样的环境里面工作，一定特别舒心！"李经理的眼皮抬了一下，于是，小程知道李经理并没有睡着。他接着说："刚才我看到，您的下属一个个都在埋头紧张而有序地工作，刚才接待我的张小姐对您表现得也很敬仰，您真是管理有方。咱们以后常来常往，我可要多多向您学习啊！"李经理终于抬起了头，眼睛里透出了一丝笑意。小程看向桌上的一盆花，继续说道："您办公室的这盆花养护得真好，既可以净化空气，又可以美化环境，回去我要建议我们老总在他办公室也放一盆。您知道这种花在哪儿有卖的吗？"这回，李经理的嘴终于张开了，不仅告诉小程在哪儿买花，还告诉了他一点儿养护的小窍门。小程见李经理的话匣子终于打开了，认真听完李经理的话并道过谢，然后话锋一转，接着说："李经理，这是我们根据您的意愿，初拟的一份合作框架书，您看……"

（选自百度文库：《商务礼仪 拜访礼仪》）

案例分析

面对小程，傲慢的李经理原本不屑交谈，但小程用细心观察和真诚赞美营造出了和谐的谈话气氛，层层深入，终于获得了李经理的认同，使谈话得以顺利开始。在李经理愿意交谈后，小程也没有急于进入正题，而是认真听取了李经理的养花窍门并道过谢，维护了现有的谈话气氛后，才进入晤谈，最终使得拜访顺利进行。

4. 学会寒暄辞令

寒暄辞令主要有以下几种形式。

（1）询问式或问候式

在大多数场合，"你（您）好"是最简单而实用的问候式寒暄。如果觉得"你（您）好"过于一般化，就可以从对方的年龄、职业、家庭等角度出发，把问候式寒暄讲得具体一些。对小孩子可以问："你今年几岁了？"对成年人可以问："最近怎么样？工作忙吗？"对老人家可以问："您最近身体还硬朗吧？"对企业家可以问："贵公司最近开发的产品快投入市场了吧？"如果和问候的对象是比较亲密的同学、朋友、同事、家人等，那么寒暄的内容就更丰富了。此时，如果能根据具体的人和事进行有针对性的问候，对于密切双方关系、增进彼此友情都能起到良好的作用。如"咱们俩上次一起买的那件同款大衣，你穿了吗？效果怎么样？"

（2）赞美式或夸赞式

赞美式或夸赞式寒暄就是要抓住对方的"闪光点"盛赞对方。赞美可以使人获得一种幸福感，人的社会性决定了几乎所有人都需要别人的赞赏和肯定，赞美式的寒暄语可以使拜访气氛变得十分和谐，令人愉快。赞美的方法有很多，常见的有以下几种。

从小事上赞美对方："您这件衣服的领扣真别致！"

以第三方口吻赞美对方："张老师，同学们都说喜欢上您的英语课！"

赞美对方隐藏的优点："没想到您不仅人漂亮，字也写得这么好！"

赞美对方新近的变化："您这身材可是越来越好了！"

可以赞美与对方相关的人或事："听说您儿子考上了重点大学，您可真是教子有方啊！"

经典案例

古时有一个说客，当众夸口说："小人虽不才，但极能奉承。平生有一愿，要将1000顶高帽子送给我最先遇到的1000个人，现在已送出了999顶，只剩下最后一顶了。"有个长者听后摇头说道："我偏不信，你那最后一顶用什么方法也戴不到我的头上。"说客一听，忙拱手道："先生说的极是，不才从南到北，闯了大半辈子，但像先生这样秉性刚直、不喜奉承的人，委实没有！"长者顿时手捋胡须，洋洋自得地说："你真算得上是了解我的人啊！"听了这话，那位说客立即哈哈大笑："恭喜恭喜，我这最后一顶帽子刚刚送给先生您了！"这虽然只是一则笑话，但却有深刻的寓意，其中除了那位说客的机智外，更包含了人们无法拒绝赞美之词的道理。

（选自豆丁网：《褒贬抑扬两得意》）

案例分析

一句美妙生动的赞语，能让人如沐春风。聪明的拜访者是不会吝啬自己的赞美和夸奖之词的，但必须谨记的是赞赏和夸奖绝不是阿谀奉承。只有发自内心、真诚恳切和恰如其分的赞美才能打动对方。

（3）触景生情式或描述式

触景生情式或描述式是针对具体的交谈场景临时产生的寒暄语，对方刚做完的事，正在做的事以及将要做的事，都可以作为寒暄的话题。看见对方刚刚散会走进办公室，这时可以说："您这是刚开完会吧，您这么忙还过来打扰您，实在不好意思。"

经典案例

有一对夫妇结婚10年来一直没有孩子，为了填补心灵上的空缺，太太养了只小狗，把小狗视为孩子般疼爱。有一天，先生一下班，太太便唠叨起来，说来了个推销员，看到小狗在她跟前绕来绕去也不夸奖几句，她便很生气，哪里还有心情了解他的商品。又有一天，先生一下班，太太便兴高采烈地迎上去："你不是说要买车吗？我已经跟人约好了，星期天T汽车公司的人来洽谈。"先生一听，便恼怒起来："我是说过要换车，但没说现在就买呀，你为什么这么急呢？"询问之下，才知道那个推销员也是爱狗之人，看到这位太太美丽的狗，便大加赞赏，说这狗毛色纯正、有光泽、黑眼圈、黑鼻尖，乃是最高贵的品种，说得这位太太心花怒放，情不自禁地对这个推销员产生了好感，很快答应他星期天来跟她先生面谈。其实她的先生确实想买一辆新车，他的车也旧得不像样了，三天两头地去修理。但他却是个优柔寡断的人，一直拿不定主意去看车。既然推销员自己上门，当然要仔细看看。星期天这位推销员又上门来了，对他又是一番赞美。于是这一番"绵里藏针"的话，令他不再犹豫不决，他"当机立断"买下了这位推销员推销的车。

（选自豆丁网：《赞美的运用及相关案例》）

案例分析

对顾客的赞美不一定要多，多了往往有拍马屁的嫌疑。要把握好赞美的时机，话不在多，一两句话击中顾客的要害，效果往往妙不可言。

（4）言他式或感受式

当初次见面，一时间难以找到话题时，对周围环境中不同寻常的地方，发表自己的感受和看法，是一种不错的寒暄方式，如"天下雪了，马路上可真滑！""您的办公室还是比较好找的！"

5. 了解寒暄禁忌

寒暄的内容一定要符合惯例、避免触犯禁忌，令别人不愉快的话题应避免提及，比如，不能问对方的隐私，包括年龄、婚姻、健康状况、收入等。另外，在赞美他人时要实事求是，不能为了赞美而夸大其词，赞美时要做到目的明确，不可盲目夸赞。

🧳 经典案例

不问婚姻

一天，朋友给我打电话："今天我请几位同学吃饭，带你先生一起来吧。"我欣然同意，说："好，我有事晚到一会。"我和先生到了后，见有一对男女我不认识。朋友安排我们坐在他们身边并指着那位男子向我介绍道："这是咱们高中同学杨东。"于是我冲邻座的杨东笑笑，问道："这是你爱人吧？什么时候结的婚？"杨东尴尬地回答，"对不起，我离婚了，她是我的一位同事。"

（选自百度文库：《实用口才——接待与拜访》）

案例分析

寒暄语看似是一些客套之词，但却千万不可含糊。恰到好处的寒暄语可以拉近人与人之间的距离，是人际交往的润滑剂。寒暄时必须遵循以诚相待、礼貌周到的原则，让对方如沐春风，使我们的拜访无往不利。

（三）晤谈语

晤谈是拜访中非常重要的一个环节，晤谈语是否具有一定的技巧，在很多情况下决定了晤谈是否会实现拜访的预期效果、达到拜访的目的，或者使谈话变得更加容易顺畅、气氛融洽。

晤谈语

1. 晤谈四原则

晤谈要遵循四个原则：礼貌、坦诚、平等和避讳。

（1）礼貌

礼貌是晤谈的首要前提。无论是口语还是态势语，都要体现出敬意和友善，要彬彬有礼。在拜访中除了多使用礼貌用语，如"您好、请、谢谢、对不起、打搅了"等，还要注意认真倾听。

经典案例

美国有位著名主持人叫林克莱特，某次在主持一档节目时采访了一个小男孩，问："你的梦想是什么？"小男孩激动地说："我想当一名飞机驾驶员！"林克有意逗他，追问道："假如飞机在太平洋上空飞行到一半而燃油耗尽时，你该怎么办？""我会告诉我的乘客系好安全带，然后我挂好降落伞跳出去……"没等他说完，观众和林克都笑了，这真是一个聪明却又自私的小孩。没想到小孩委屈地补充道："我跳下去拿燃料，然后马上回到飞机上！"此时，众人都沉默了。

（选自百度文库：《有一种素养叫作等人把话说完》）

案例分析

在晤谈中要懂得专心听对方发表意见，这个看似简单却又实用的道理，在晤谈中却往往被忽视。我们似乎总是很急，甚至容不下言语的缓缓之势，来不及听完他人的话，就急着得出结论、急着表现自己、急着发表意见。

（2）坦诚

坦诚的语言能敲开紧闭的心门，能瓦解不信任的防线，能架起友谊的桥梁。晤谈要发自内心，不矫饰，不做作，不虚假，用坦诚的话语打动对方，扬起友谊之帆！与人面对面交谈时，只要你捧出一颗挚诚的心，怎能不动人心弦？

经典案例

在一次"中国超级杂交稻研究进展"学术报告会上，有一位学生问袁隆平："我们虽然身在国外，但经常关心国内的新闻，也了解您的一些背景。您为国家做出了杰出的贡献，我们想知道，您从小就喜欢农业吗？"

袁隆平笑吟吟地答道："小时候，我很贪玩，有很多兴趣爱好。我读书时，对感兴趣的课程，就认真听讲，而且考试能得高分；对不感兴趣的课程，只求三分好，能及格就行了。大学毕业的时候，同学给我的鉴定是——爱好：自由；特长：散漫。自由散漫，我就是这么一个人。至于学农，缘于一次偶然的机会。小学一年级的时候，一次郊游，老师带我们到一个私人园艺场去参观。我看见树上的果子红红的，葡萄一串一串的，花很漂亮。……我感觉田园确实是美，就想长大后学农了。如果那时老师带我们到真正的农村去看，那我肯定不会学农了。"

台下一阵大笑，为这位伟大的科学家的坦诚和直率叫好。他对自己性格中的优点和缺点不加掩饰，让学生们愈加觉得他可敬、可亲。坦诚的话完全真实地展现了这位科学家平凡和伟大的完美统一。

就这样，他的学术报告会在轻松而热烈的气氛中结束了。

（选自火花网：《袁隆平的故事 十则故事解读袁隆平成长史》）

案例分析

坦诚的话是发自内心的，只有言行合一，才能用坦诚打动对方。

（3）平等

晤谈的双方身份地位可能不同，但人与人之间的人格是平等的，这种平等应该体现在自然的交谈中。面对地位比自己高的人不唯唯诺诺、畏首畏尾，面对地位比自己低的人也不应该趾高气扬、盛气凌人，大方得体、温文尔雅是最佳的晤谈方式。

（4）避讳

在晤谈中应尽量避开可能会使对方不愉快的事，尤其是可能令受访者尴尬、不快的话题，如询问女士的年龄，询问受访者的经济收入等。令受访者家人担忧、生疑的话，都不要信口乱说，无意触及应立刻表示道歉。对于个人隐私、生理心理缺陷、家庭悲剧以及特殊的风俗习惯都应该予以避讳，确实需要提起时，一定要态度端正，不取笑、不轻率。到公共场所拜访，切记不要乱开玩笑，不要攻击客户现有的产品和你的竞争对手。

2. 晤谈四节制

晤谈应掌握四个节制：节制时间、节制内容、节制语言、节制仪态。

（1）节制时间

拜访是对他人私人空间或工作空间的造访，不可占用主人太多的时间。一般来讲，工作性拜访，在简单的寒暄后，访客就应说明来意，得到答复后即可离开。私人性拜访，寒暄的时间可能要长一些，个人化的话题要多一些，但交谈的时间一般也应以半个小时为宜（朋友之间的随意性拜访除外），以免占用主人过多的时间。

（2）节制内容

拜访的目的要明确，拜访时应说明来意。准备好资料，言之有序地向对方陈述此次拜访的内容，简要的说明此次拜访的目的，言简意赅、紧扣主题，才能使晤谈获得成功。千万不要东拉西扯，没完没了；也不要谈主人不感兴趣的或是对主人犯忌的话题。否则，既可能影响拜访主旨的表达，又可能出现"言多必失"的情况，给受访者造成一种不佳印象，以为拜访者的来访完全出于敷衍，最终影响拜访目的的实现。最糟糕的拜访不是拜访者和受访者无话可谈，而是双方言笑甚欢，话题却与你拜访的主旨风马牛不相及。因此，即使双方谈得再投机，如果谈话无助于你达到拜访目的，那么你也是"枉作此行"，所以选择时机，切入正题对于一次成功的拜访是至关重要的。

（3）节制语言

善于根据对象、场合使用恰当得体的用语。要使用对方能够适应的节奏，用言语吸引对方，与对方互动；也要保持谈吐文雅，客人谈话应降低音量，保持适度，节制音量，注意语气。同时，切记交谈必须是相互的，不能只是单方面不断地强迫对方听自己说，否则不但达不到效果，反而会引起对方的反感。

经典案例

一位年轻热情的业务员正滔滔不绝地向一位太太推销他们公司新型的吸尘器，为了证明新产品的超强功能，他把随身携带的一大包垃圾倒出来，弄得客厅地板上到处都是，不等女主人开口制止，他马上说："用这新型的吸尘器，十分钟之内就可以把你家的地板清理得干干净净，如果办不到的话，我就自己把垃圾都吃掉，可以借用一下你家的插座吗？"

这时候，女主人终于有机会说话了："很抱歉，我一直没机会告诉你我家上个月没交电费，已经被断电了！你吃的时候要不要蘸个番茄酱或者辣椒酱？"

（选自百分网：《人际沟通的艺术：有效、成功的沟通》）

案例分析

登门拜访时，无所顾忌，高谈阔论，会搅扰主人的生活或工作，起到反效果。因此，应保持言语适度，晤谈过程要始终让对方感到舒适。

（4）节制仪态

人们常说，听其言还须观其行。主人对客人的印象来自听觉和视觉两个方面。作为拜访者应举止文明，谈话的表情要自然，语言和气亲切；说话时可适当做些手势，但动作不要过大，更不要手舞足蹈；谈话时切忌唾沫四溅；谈话中遇有急事需要处理或离开时，应向谈话对方打招呼，表示歉意。

总之，晤谈是人们传递信息和情感、增进彼此了解和友谊的一种方式，但在晤谈中想把话说好却不是一件轻而易举的事。"工欲善其事，必先利其器。"要使交谈起到上述的媒介作用，就要做到谦恭有礼、以诚相待、言简意赅、谈吐文雅。

课堂训练

"陈总，您的办公室装修得虽然简洁却很有品位，可以想象到您应该是一个有审美眼光的人。"

"这是我的名片，请您多多指教。"

"陈总以前接触过我们公司吗？（停顿片刻）我们公司是国内最大的为客户提供个性化办公方案服务的公司。我们了解到现在的企业不仅关注提升市场占有率和利润空间，同时也关注如何节省管理成本。考虑到您作为企业的负责人，肯定很关注如何最合理配置您的办公设备，节省成本。所以，今天来与您简单交流一下，看有没有我们公司能协助的。"

"贵公司目前正在使用哪个品牌的办公设备呢？"

以上是一个推销员拜访客户的语言，请分析有哪些成功之处。

（选自百度文库：《口语交际拜访》）

（四）辞别语

辞别语

天下没有不散的宴席，人们常常因缘相聚却又匆匆离别，辞别是人际交往中的重要的一部分，如果说进门语是拜访的开场白，那么辞别语将会为拜访画上圆满的句号。

辞别语即拜访结束后的告别语。所谓"迎人迎三步，送人送七步"，说好辞别语，有始有终，能够令主人印象深刻，从而巩固拜访成果，为拜访锦上添花。正确地运用辞别语，应该做到以下四个方面。

1. 遵循辞别常规

按照常规，辞别应当由客人率先提出来。因此，拜访者应适时主动提出告辞。如"陈总，时间不早了，您早点休息吧，我先告辞了！"假如主人先与客人辞别，难免会给人以厌客、逐客的感觉，这样是极不礼貌的。

2. 把握辞别时机

在友好的气氛中辞别。在辞别前应说一段有辞别意义的话，然后起身告辞，要在友好的气氛和心情中结束这次拜访，以便日后继续来往。如"我们今天聊得太开心了，意犹未尽，改日再次登门拜访，继续向您请教！"

如果看到主人有急事或者急着要出门，要尽快结束对话，有礼貌地辞别。如"李老师，那我就不打扰了，告辞了！"。

要注意观察主人的举止表情，适可而止，当主人有不耐烦或有结束谈话的表示时，应立即起身告辞。

有急事应先向主人告辞。如"不好意思，家里来电话，自来水管爆了，我得赶紧回去，提前告辞，请见谅！"

经典案例

李刚是一名入职不久的销售代表，有一天他去拜访一位客户，在与客户王经理聊了近1个小时之后，李刚还在滔滔不绝地讲着："我这个人要说缺点，就是干工作很拼命，常常忘记吃饭和休息。我的优点很多，我爱好广泛，适应能力强，在上大学的时候我是我们那个专业最突出的学生，从来没有人能够比得上我。我喜欢旅游和运动，所以我的身体素质很好。记得上大二的时候，学校举行个人专业能力大赛，我们班的班长想和我竞争，结果在初赛的时候我就把他淘汰了，我告诉他说，'想和我比，门儿也没有'，还有一次……"

李刚说得眉飞色舞，丝毫没有注意到王经理已经有点不耐烦了。

终于，王经理打断了他的话："咱们今天就谈到这里吧，你先回去，有什么事我会电话通知你，好吗？"

李刚意犹未尽，说："王经理，今天我有的是时间，我不着急走，咱们再聊一会儿！"王经理说："有机会的话再说吧，不好意思，我还有别的工作要做，就这样吧，再见！"

李刚听了，笑容僵硬了，尴尬地出门走了。望着李刚远去的背影，王经理无奈地摇了摇头。

（选自道客巴巴：《表达与交流：交谈》）

案例分析

与人交谈时要注意察言观色，根据对方的反应适时辞别。

3. 注意辞别举止

与受访者告辞时，要不卑不亢，不慌不忙，举止得体，有礼有节，应注意以下几点。

第一，不可直接起身告辞。

第二，不要让主人看到你走得很着急的样子。

第三，出门后，回身主动伸手与主人握别；待主人留步后，走几步，再回首挥手致意。

第四，在与刚结识的人告别时，可以递上一张名片，以表想再见之意。

4. 讲好辞别话语

得体大方的辞别语，一要与进门语相呼应；二要表示感谢，请受访者留步；三要考虑邀请对方。

（1）前后呼应

辞别语应与进门语相呼应，如果进门语是："上次托您办事，一定给您添了不少麻烦，今天特地前来拜谢！"辞别时就可以这样说："再见，再次感谢您的帮忙！"

如果进门语是："初次登门，就劳驾您久等，真不好意思。"辞别时就可以这样说："今天初次拜访，十分感谢您为我花了这么多时间。"

（2）表示感谢

客人在辞别时，应对主人的热情款待表示谢意，并请主人留步，可做如下表示。

"十分感谢您的盛情款待，再见！"

"就送到这里，请回吧。"

"这件事就拜托您了，谢谢！"

（3）邀请对方

客人告辞时，除对主人表示感谢外，还可邀请对方来单位或自己家做客。例如，"老同学，告辞了。您什么时候有空也到我家坐坐！""也请你们一家人来我家聊聊。"

邀请对方不可勉强。如果是事务性拜访，辞别时，不妨再有意点一下："这件事就拜托您了，非常感谢！"；礼仪性拜访，则不要忘记再次表示祝贺或谢忱，如"再见了，祝您事业一帆风顺！"；如果是受访者，也要记得感谢对方的访晤，诚挚邀请下次再来。有可能的话，可以约定下次见面的时间。

"不积跬步，无以至千里；不积小流，无以成江海。"虽然只是一句辞别语，却不只是说"再见"那样简单，符合礼仪规范，体现礼貌尊重，才能给对方留下深刻的印象，才能搭建起感情的桥梁。

思考与训练

1. 拜访的原则有哪些？
2. 拜访的注意事项有哪些？
3. 如何正确运用寒暄语？
4. 晤谈的四个原则是什么？

5. 赵闯前往某贸易公司拜访营销部唐经理，由于赵闯刚刚大学毕业，没有多少拜访的经验，请你教他一些拜访的礼仪及语言技巧，帮他设计一下拜访前的准备，并提醒他在拜访中应注意的问题。

🛩 阅读推荐

金正昆：《商务礼仪》，北京，中国人民大学出版社，2007。

🔍 学习提升

智慧树慕课：有话好好说——职场新人口才攻略

任务2 接待技巧 //

> ### 💬 任务目录
> 1. 了解接待的含义及作用。
> 2. 掌握接待的规格及要求。
> 3. 掌握接待技巧，并能运用到实践工作中。

💼 经典案例

泰国某政府机构为泰国一项庞大的建筑工程向美国工程公司招标。经过筛选，最后剩下4家候选公司，泰国人派遣代表团到美国亲自去各家公司商谈。代表团到达芝加哥时，那家工程公司由于忙乱中出了差错，又没有仔细复核飞机到达时间，未去机场迎接泰国客人。但是泰国代表团尽管初来乍到不熟悉芝加哥，还是找到了芝加哥商业中心的一家旅馆。他们打电话给那位局促不安的美国经理，在听了他的道歉后，泰国人同意在第二天11时在经理办公室会面。第二天美国经理按时到达办公室等候，直到下午三四点才接到客人的电话说："我们一直在旅馆等候，始终没有人前来接我们。我们对这样的接待实在不习惯。我们已订了下午的机票飞赴下一目的地，再见吧！"

（选自罗杰·E·王阿克斯特尔：《世界礼仪大观——待客之道》，孙铢译，上海译文出版社，1998）

案例分析

接待是很多商务人员的一项经常性工作，是人们联络感情、获取信息、增进友谊、发展自身的重要交际活动，讲究待客的礼仪，最重要的就是要待客以礼。

一、 接待的含义及作用

迎来送往是社会交往接待活动中最基本的形式，做好接待会晤工作，可以营造和谐友好的气氛，是表达情谊、体现礼貌素养的重要方面。接待是指个人或单位以主人的身份招待有关人员，以达到某种目的的社会交往方式。接待工作是社会组织与外界沟通联系的重要环节，接待工作的好坏直接影响组织的形象，以及组织与公众的关系。

二、 接待的规格及要求

接待规格是接待工作的具体标准，根据客人的身份，明确接待规格，不仅事关接待工作的档次，还事关对来宾的重视程度。规格不当，将直接影响接待效果，如果规格过高，会影响日常工作；反之规格过低，会影响彼此之间的关系。所以，接待工作由谁迎接、陪同、接待，采取哪种规格接待，都需要慎重全面地考虑。

（一）接待的规格

接待规格是以陪同领导的角度而言的，通常有如下三种接待规格。一是高规格接待，即主要陪同人员比客人职务高的接待形式，旨在通过这种方式表达对来客人的高度重视。如上级领导派工作人员来了解情况，传达意见和要求，兄弟单位派人商谈重要事宜，下级人员汇报重要事项，需要高规格接待。二是低规格接待，即主要陪同人员比客人职务低的接待，在这种接待中要特别注意热情礼貌，审慎用之。如上级领导或主管部门来了解情况、调查研究，外地参观旅游团到访，老干部故地重游或领导顺道路过本地，可以低规格接待。三是对等接待，即主要陪同人员与客人的职务、级别等身份大体一致的接待，这是最常用的接待规格，对重要客人，客人初到和临别时，一般采取对等接待。

（二）接待的要求

1. 接待原则

（1）身份对等原则

身份对等是接待工作中的基本原则之一，在接待客人时，要兼顾对方的身份、来访的性质以及双方关系等诸因素，以便使客人得到与其身份相称的礼遇。在社会交往活动中，不论单位大小、级别高低，不论关系远近、地位高低，都应该一视同仁、以礼相待、热情友善，这样才能赢得客人的尊敬和爱戴，达到沟通信息、交流感情、广交朋友的目的。如果在接待过程中厚此薄彼，就无法很好地沟通和建立联系，甚至会影响彼此的关系和合作。

（2）礼宾秩序原则

礼宾秩序原则体现的是主人对客人应予的礼遇及这种礼遇给予客人以平等的地位。礼宾秩序原则一是按客人的身份与职务高低来排列，二是按姓氏顺序排列，三是按其他方式排列。礼宾秩序的排列往往不能用一种方法，可几种方法交叉，考虑包括双方之间的关系、活动性质与内容、对活动所做的贡献及参加活动者的资历、威望等因素。

（3）周到安排、热情服务原则

对客人的来访需求要了解，接待的方案内容要详细，排定的活动细节要推敲，迎送的规格礼仪要周全。无论单位还是个人在接待客人时，要安排得热情、周到，有条不紊，切不能出现冷淡、粗心或怠慢客人的情形，让客人有"宾至如归"的感觉，才能为下一步的交往打下良好基础。

（4）安全方便，厉行节约原则

一般来说，接待工作要按标准来，不可铺张浪费，要厉行节约。

2. 接待前的准备工作

（1）了解来宾的基本情况

在接待客人时，都希望客人能乘兴而来、满意而归。要做好接待工作，就先要了解来宾的基本情况，包括来宾的具体人数，来访的目的和要求，前来的路线和交通工具，抵达和离开的时间，来宾的生活习惯、饮食爱好及禁忌，来宾职务、性别、民族等信息，了解的信息越详细，越有利于做好接待工作。

（2）确定接待规格

在接待来宾之前要明确接待规格，接待中具体采用哪种规格，主要由如下三方面而定：一是接待费用支出的多少；二是级别问题，根据接待主要人员身份来确定级别；三是接待规模的大小。无论采用何种接待规格，在接待工作的具体开销上，务必要勤俭持家，严格遵守上级有关部门的规定。要坚决压缩一切不必要的接待开支，提倡少花钱、多办事。某些需要接待对象负担费用的接待项目，或需要宾主双方共同负担费用的接待项目，接待方必须先期告知接待对象，或与对方进行协商，切勿单方面做主。

（3）制订接待方案

接待需要制订具体的接待方案。充分了解有关客人来访的目的，做到心中有数，以便安排好餐饮、住宿、车辆，确定参观或座谈地点等各项工作。根据双方商定的会谈事宜，或客人的请求，确定接待规格、隆重程度、接待人、致辞人、献花人；安排迎送、宴请、会见、座谈、参观、食宿安排、交通工具等。重要的接待方案要报有关领导批准。外事接待方案还必须由外事部门和主管外事的领导审批。

（4）布置接待场所

接待场所需要的横幅、鲜花、会务资料等与此次接待活动有关的物品要提前准备，保持室内环境优雅、整洁，空气清新，同时要注意室内装饰及室内照明和温度，做到冬季要温暖，夏季要凉爽。

🗂 经典案例

小赵是某公司销售部前台工作人员，销售部每天咨询、来访的客人很多，因此小赵每天的工作都非常忙碌。一天，一位与销售部李经理预约好的客人孙先生提前半小时到达公司。小赵立刻通知了李经理，不巧李经理正在接待一位非常重要的客人，所以让小赵先请孙先生稍等一会儿。小赵直接向客人转告说："我们经理正在接待一位重要客人，您先等一下吧。"说完匆匆用手指了一下客厅的椅子，只说了声"您就坐在这儿等！"见小赵去忙其他事情了，客人面有不悦。

（原创案例）

案例分析

在接待来访的客人时，一定要认识到所有的客人都会认为自己才是最重要的，所以在进行接待工作时一定要时刻注意自己的言行举止。小赵对客人说经理正在接待一位重要的客人，这就暗示了这位客人"是不重要的"。另外，小赵要对不能及时接待的客人表达歉意，并恭敬地请其坐下等待，不应只是匆匆地随意请坐。从上述案例中可知接待人员在实施接待工作时，必须要给客人留下细致周到的良好印象，注意措辞。

3. 接待中的礼节

（1）迎客之礼

迎接来宾是接待工作的主要环节，对远道而来的客人，要做好接站工作，要掌握客人到达的时间，保证提前等候在迎接地点，迟到是很不礼貌的，客人也会因此感到不快。接站时要准备一块迎客牌，上书"欢迎（恭迎）×××代表团"或"欢迎×××先生（女士）"或"×××接待处"等，同时，要高举迎客牌，以便客人辨认。门口接待是最有礼貌的，这样会令沟通更为容易，做好这些工作，可以给客人以热情、周到的感觉，使双方在感情上更加接近。

对于来访的客人，无论是事先预约的，还是未预约的，都应该亲切欢迎，给客人一个良好的印象。如果客人进门时你正在接打电话或正在与其他的客人交谈，应用眼神、点头、手势等表示"请进"的肢体语言表达自己已看到对方，并请对方先就座稍候，而不应不闻不问或面无表情。如果手头正在处理紧急事情，可以先告诉对方："对不起，我手头有点紧急事情必须马上处理，请您稍候"，以免对方觉得受到冷遇。遇有重要客人来访，接待人员需要到单位大门口或车站、机场、码头迎接，且应提前到达。当客人到来时，接待人员应主动迎上前去，有礼貌地询问和确认对方的身份，如："请问先生（小姐），您是从××公司来的吗？"对方认可后，接待人员应进行自我介绍，如："您好，我是××公司的秘书，我叫××。"又如："您好，我叫××，在××单位工作，请问您怎样称呼？"介绍时，还可以互换名片。如果客人有较重的行李，还要主动提供帮助。要给客人指明座位，请其落座，迎接过程以客人落座而告终。

（2）接待之礼

"迎三步，送七步"是我国迎送客人的传统礼仪，客人在约定时间按时到达，主人应主动迎接，不应在会谈地点静候。见到客人应马上放下手中的工作起立，面带微笑，伸手相握，以示欢迎，并有礼貌地问候来访者说"您好！欢迎！"如果以前认识，相别甚久，见面则说"您好吗？很久未见了！"如果客人是长者或身体不太好，应上前搀扶，如果客人手中提有重物，应主动接过来，客人随身携带的手提包除外。

无论职位高低、是否熟悉，都应一视同仁地热情相迎、亲切招呼。如接待现场有家人、亲朋好友或同事，也应一一给予介绍，以表现出友好的态度。如果客人突然造访，也要尽快整理一下房间、办公室或书桌，并对客人表示歉意。也许有些来访者并不是主人所欢迎的对象，但从礼仪或美德方面而言，来者都是客，主人不能根据自己的好恶而下逐客令，而应采取一些合乎礼貌的做法。否则，不仅对方怨恨，自己也会丢失道义和身份。针对不同的来访者做法如下。

对于有预约的来访者，在客人到来之前，接待人员要有所准备，要事先记住对方的姓名，当访客应约而来时，要热情地将其引领至会客室，并立即向上司通报。

如果遇到事先并不知道的预约访客时，当问客人："请问您事先约好时间了吗？"访客回答约好两点钟见面。"接待人员才知道这是已约好的客人，这时一定要赶紧道歉："啊，真对不起，失礼了。"因为站在客人的立场来说，既是约好时间才来的，却被问有没有约好，内心一定感到不太高兴，而且也显示出公司本身信息传达工作没做好，或是上司忘交代，所以接待人员一定要当面道歉才能挽回尴尬的局面。

对于有些访客，事先并未预约面谈时间，而是临时来访，作为接待人员，也应热情友好，让客人感觉到是受欢迎的。然后询问客人的来意，再依当时的情况，判断适当的应对方法。如果需要上司接待，要先问清楚上司是否愿意，以及是否有时间接待。假如上司正在开会或正在会客，并同意见客，接待人员便可以对临时访客说："抱歉，经理正在开会，请您稍等。"如果上司没有时间接待，接待人员要记下对方的要求，日后好予以答复，不能推诿、拖延或敷衍了事。访客没有预先约定会谈时间，却突然来访，接待人员向上司汇报后，上司说不能会见，并请你找借口打发访客，这时接待人员的应对方式可以有如下两种情形。一种是请示上司可否派人代理接见来客，如果上司同意派人代理，可以告诉访客："不巧，经理正在会客（或开会），我请×科长来与你谈，好吗？"另一种是以既热情又坚定的态度回答上司确实无法接待来客，帮助上司挡驾。接待人员还要学会在上司受到访客纠缠不休时代为解围。

如果接待的是已确定好的来访团组，则通常应根据上司的意图拟定接待工作方案，包括来访客商的基本状况（公司名称、来客人数、日期、来访目的、要求）；公司接待的详细安排（接待日程、各类接待人员名单、主要活动、日常迎送往来事务性工作）经上司批准后，分头布置各方面，并按接待方案一一落实。接待工作结束，接待人员要将整个接待工作进行总结，写成报告，作为存档资料。

（3）乘车之礼

如果迎接地点不是会客地点，还要注意乘车礼仪。接到客人后，应为客人打开车门，请客人先上车，接待者坐在客人旁边或司机旁。在车上，接待者要主动与客人交谈，告知客人访问的安排，征求客人的意见。向客人介绍当地的风土人情、沿途景观。到达地点后，接待者应先下车为客人打开车门，然后请客人下车。

（4）引领之礼

接待来访者的礼仪，关系到接待工作能否顺利开展，也关系到组织的形象。在对来访者进行引领时，要注意正确的引导方法，如需要通过走廊，应当靠右侧轻缓而行，接待人员在客人的左斜前方，距离两三步远，配合步调，若左侧是走廊的内侧，应让客人走在内侧。如需要上下楼梯均应靠右行走，当引导客人上楼时，出于安全考虑，上楼时接待人员应走在客人的后边，在下楼时，接待人员要走在客人的前边，上下楼梯时，不应进行交谈，更不应站在楼梯上或楼梯转角处进行深谈，这样会有碍他人通过。上下楼梯时，要注意姿势和速度，与前后人员之间保持一定的距离。如需要乘坐电梯，在进入无人值守的电梯时，接待人员应先进入电梯，按住开门按钮，待客人进入后再关闭电梯门，到达相应楼层时，接待人员按开门按钮，请客人先行走出电梯，即接待人员要先入后出。进入有人值守的电梯时，接待人员应后入后出。

（5）入室之礼

在送客人去会客室的路上，接待或助理应走在客人的左边，或者走在主陪人员和客人的身后，到达会客室门口时应打开门，让客人先进，在会客室内，把最佳位置让给客人，同时，还要按照介绍的礼仪把客人介绍给在场的有关人员。

4. 接待的注意事项

第一，如果事先知道有客人来访，要提前打扫门庭，以迎嘉宾，并备好茶具、饮料、水果等，如果能提前了解客人的喜好，投其所好，则会收到意想不到的效果。接待人员只有细致入微地接待，才能让客人感受到宾至如归的同时，拉近彼此的距离。

第二，迎接客人时，要和所来的客人一一握手，主动接过客人的衣帽。

第三，主人要做到一见面就能主动叫出客人的名字。美国交际家代尔·卡耐基说："在交际中最简单、最明显、最重要、最能得到好感的方法，就是记住他人的名字，使他有受到重视的感觉。"如果叫不出名时可以用巧妙的语言加以掩饰，具体说法如下。

"你的名字具体怎么写呢？上次没来得及细问。"

"哇！你今天穿得这么漂亮，我一时认不出你了。"

"你和×××太像了，你的名字叫……"

第四，作为主人，应对来访者的进门语做到礼貌周全、热情的应答，可以表示慰问或感谢，具体说法如下。

"我也懒，好久没到你那儿去了，最近怎么样？"

"哎呀！上次已经打扰了，还让你再跑一趟，叫我怎样感谢你呢？"

"稀客，稀客，非常欢迎，快请进！"

第五，客人进门后，要主动把客人介绍给在场的其他人，如家人或者是其他朋友，这既是对客人的一种尊重，也能够让客人更自然地融入现场。介绍时要先向双方打招呼，使双方有思想准备，应面带微笑，目视对方，态度要热情友好，语言要清晰明快。

🔗 相关链接

介绍的礼仪

介绍客人时，手的正确姿势是掌心向上，五指并拢，胳膊向外微伸，斜向被介绍者。但要注意不能用手拍被介绍人的肩、胳膊和背等部位，更不能用手指指点被介绍的任何一方。在介绍时，遵循"尊者居后"的原则，要坚持受尊敬的一方有了解对方的优先权这一原则，严格遵守介绍的先后顺序，即先把身份、地位较低的一方介绍给身份、地位较高的一方，让尊者优先了解对方的基本情况，以表示对尊者的敬重之意。如介绍晚辈和长辈时，一般要先介绍晚辈；介绍上级和下级时，一般要先介绍下级；介绍职务低的一方和职务高的一方时，一般要先介绍职务低的。介绍个人和团体时，一般首先介绍个人；在口头表达上，则是先称呼尊者，然后再介绍。介绍的顺序已是国际通用惯例，如果颠倒了顺序就会令人不愉快。较为正规的介绍，应该使用敬辞，应说："尊敬的×××女士，请允许我向您介绍一下……"较随便一些的话，可以这样说："张先生，我来介绍一下，这位是×××。"在介绍中要避免过分赞扬某个人，不可以对一方介绍得面面俱到，而对另一方介绍得简略至极，给人留下厚此薄彼的感觉。介绍人在介绍后，不要随即离开，应给双方交谈提示话题，可有选择地介绍双方的共同点，如相似的经历、共同的爱好和相关的职业等，待双方进入话题后，再去招呼其他客人。当两位客人正在交谈时，切勿立即向其介绍别的人。

在介绍集体时，要特别注意介绍的时机、顺序与内容三方面的问题。在商务活动中如遇到大型的公务活动、涉外活动、正式的大型宴会、举行会议或接待参观、访问者，参加者或来宾不止一人或双方均不止一人时，做为主人或东道主的一方应当为双方进行介绍。在正式、大型的商务活动中，要特别注意介绍集体的顺序，千万不可马虎。介绍集体的顺序，除按照介绍他人的顺序进行还要注意，地位、身份高者为尊，当被介绍者双方地位、身份之间存在明显差异，特别是年龄、性别、婚否、师生以及职务有差异时，即便地位、身份高的一方人数较少，甚至仅为一人，也应被置于尊贵的位置，最后加以介绍，此时应先介绍另一方人员。如双方人员均较多时，在介绍时，均须由尊而卑，依次进行。当被介绍者双方地位、身份大致相当，或者难以确定时，应当视人数较多的一方为尊，先介绍人数较少的一方或个人，后介绍人数较多的一方。对于人数多的一方进行介绍时，有时为了简便，可采取笼统的方法进行介绍，例如，可以说："这是我的家人""他们都是我的同事"等。

第六，在社会交往中，礼尚往来是人之常情，馈赠礼品不仅是一种礼节形式，更是人与人之间诚心相待、表达尊重和见证友情的方式。在接待过程中，如果客人送上了礼物，按照国际惯例，要起身站立，双手接过礼物，然后伸出右手，同对方握手，向对方表达感谢。接受礼品时态度要从容大方，恭敬有礼，不可忸怩失态，或者盯着礼品不放，过早伸手去接，或者推辞再三后才接受礼品。受礼后如果条件容许，受赠者要当面拆启包装，仔细欣赏，面带微笑，并适当赞赏，如："这支钢笔太漂亮了，正是我想要的，非常感谢！"这种做法是符合国际惯例的，它表示看重对方，也很看重对方赠送的礼品，切不可草率打开，丢置一旁，不理不睬。中国人比较含蓄，不习惯当面打开，所以与国人交往时也可遵守这一传统习惯。另外，在社会交往中，并不是有礼必受，接受礼品，一定要把握好原则和分寸。由于种种原因，不能接受他人赠送的礼品时，要说明原因，婉言拒收，拒收对方的礼品，要讲究方式方法，依礼而行，要给对方留有退路，不要使对方产生误会，令其难堪。对于有违规越矩送礼之嫌的，应当果断或委婉拒绝："不好意思，这礼物太贵重了，我受之有愧啊，您的好意我心领了，东西还请您收回去吧！"

第七，与客人交谈时，要因人而异。主人要根据来访者的身份和目的确定谈话内容，以便迅速确定谈话话题，顺应客人的心意，给客人以愉悦的感受。针对客人的不同情况选择恰当的话题，如老板来了该说怎样的话题，同学来了该怎样聊天，因人而异。如果完全不考虑这些因素，交谈就难以引起对方的共鸣，难以达到沟通和交流的目的。作为主人要本着求同存异的原则，主动调整话题，选择大家都感兴趣的话题作为谈话内容，使各方在交谈过程中有来有往、彼此呼应、热情参与、皆大欢喜，以免冷场。

第八，面对年龄、性别、文化层次、职业等方面都各不相同的来访者，主人应选择适当的谈话方式，在语速、音量、用语等方面自如转换。在沟通的过程中，语言传递的信息、思想、情感所占的比例是不同的，更多的信息、情感是通过肢体语言传递给对方的。肢体语言不仅表现在你的动作、神态和表情上，还反映在你说话的音色、音量以及必要的抑扬顿挫上。不同的声音带来不同的效果，音色也是一种肢体语言，它给对方留下的是一种思想和情感，而不是简单的信息。在沟通的过程中，我们一定要注意调节自己的音色，让自己的声音包含更为丰富多彩的内容。如与老年人交谈时，应音量稍大、语速稍慢；与小朋友交谈时，要轻声细语、用词简单；与文化层次较高的来访者交谈，则不急不缓、言语文雅。同时，如果客人是很要好的老朋友，虽不必过分客套，但交谈中也必须表现出应有的尊重，要有节制地说笑，不可声音过高或语带轻慢。

第九，听客人说话应该神情专注，洗耳恭听，且伴以会心的微笑作为反馈。认真倾听别人，是对他人的尊重，尊重他人者必会得到同样的回馈。在社会交往中，倾听是与交谈过程相伴而行的一个重要环节，能耐心听别人说话的人更易于赢得别人的信赖。在交谈过程中听到的不仅是声音，而且还是一种感情活动，需要通过面部表情、肢体语言和话语的回应，向对方传递一种信息，要给对方一种感觉，即我很想听你说话，我尊重和关注你。因此在与客人谈话过程中一定要认真倾听，切不可东张西望，心不在焉，或者经常看表。

第十，在与别人交换名片时，应双手接过对方的名片，切记不可双手压住对方的名字，也不要把玩手中的名片。接待作为人际交往的重要环节，对营造和谐关系、达成交际目的有着重要的作用。得体、得法的接待言行能够给对方留下深刻的印象，从而成为良好人际关系和实现交际目的的"助推器"，而违背礼仪规范的言行则可能成为接待成功的"绊脚石"。因此，在接待中，我们要"有所为"和"有所不为"，不遗巨细，和气致祥。

三、 接待技巧及训练

💼 **经典案例**

接待的语言技巧

　　某公司刘经理在办公室约见一位重要的客户李先生，见面之后，李先生微笑着

将名片双手递上。刘经理左手拿着名片看了一下，就将名片放在了桌子上，李先生心有不快，两人继续交谈。过了一会儿，办公室工作人员将两杯咖啡放在桌上，说："请两位领导慢用。"刘经理喝了一口，将咖啡杯直接放在了名片上，客户李先生皱了皱眉头，没有再说什么。

（原创案例）

案例分析

名片被人称作自我的"介绍信"和社交的"联谊卡"，具有证明身份、广交朋友、联络感情、表达情谊等多种功能，为使名片在人际交往中更好地发挥作用，我们要规范地使用名片，讲究交换名片的礼仪。

礼貌待客是中华民族的传统美德，待客之道的秘诀在于待客热情、宾至如归。礼貌待客要从一句热情得体的问候开始，要根据环境变换不同的关怀话语，让来访者切身感受到亲切和友善，从而拉近与来访者之间的距离，使其产生宾至如归的感觉。要让客人满意而归，创造和谐的人际关系，说好待客语需要做到以下四点。

（一）准备候客

1. 了解意图，有备无患

作为接待方应事先了解拜访者的意图，以便见面后迅速切入话题，顺应客人的心愿，给客人以愉快的感受；相反，若不了解拜访者的意图，谈话就可能出现"话不投机"的尴尬局面。

2. 要衣冠整洁，礼貌恭候

候客时特别要注意修饰一下仪容仪表，蓬头垢面、衣冠不整地迎客是非常失礼的。

（二）热情迎客

迎客要热情。如有贵客来到家里，一定要出门迎接，面带微笑。客人进门要表示热烈欢迎，说一句客气话，会让人如沐春风。对于见面欢迎语，在开门见面后，要以惊喜的口吻说，具体说法如下。

"欢迎，请进！"

"哪阵风把你吹来啦！"

"您真准时!"

"哎呀，你来了，我可真高兴!"

🔗 相关链接

迎客时要注意的一些小礼节

第一是握手。按传统习惯，我国在接待来客时的礼节一般是握手。宾主之间，主人有向客人先伸手的义务，主人主动、热情、适时地握手会增强亲切感。握手礼多用于见面时的问候与致意。对久别重逢和多日未见的老朋友，可以握手表示对对方的关心和问候；人们彼此之间经过他人介绍相识，可通过握手，向对方表示友好之意和愿意与对方结识的心情。握手告别时，可以握手感谢对方，表示希望保持联系、期待再次见面。除此之外，握手礼还是一种对对方表示祝贺、感谢、理解、慰问、支持和鼓励的方式。在交往中，握手礼运用得当，会显得彬彬有礼，很有风度。在正式场合，握手双方应由谁先伸手同对方握手是握手礼最重要的问题。对伸手的先后顺序一无所知，往往会变"有礼"为"失礼"。握手时，伸手的先后顺序是由握手人双方所处的社会地位、年龄、性别等各种条件决定的。具体而言，在公务场合，握手时，伸手的先后顺序主要取决于职位、身份。而在社交场合和休闲场合，则主要取决于年龄、性别和婚否。握手应遵守"尊者决定"的原则，即握手者首先确定双方彼此身份的尊卑，由位尊者先行伸手，位卑者予以响应。若贸然抢先伸手，则是失礼的表现。握手双方伸手的先后顺序是：年长者与年轻者握手，年长者应先伸出手来，年轻者方可伸手握之；身份高者与身份低者握手，身份高者应先伸出手来，身份低者方可伸手握之；女士与男士握手，女士应先伸出手来，男士方可伸手握之；已婚者与未婚者握手，已婚者应先伸出手来，未婚者方可伸手握之等。接待来访客人，当客人抵达时，应由主人先伸手与客人握手表示"欢迎"。当客人告辞时，则应由客人先伸手与主人握手表示"再见"。如果握手的顺序颠倒了，很容易让人产生误解。

在接待过程中，握手礼司空见惯，看似寻常，但作为一种广泛采用的礼节形式，是大有规矩和讲究的。因此，要务必记住握手的禁忌，认真遵守握手的规范。握手的主要禁忌有：一是不要用左手同他人握手；二是不要在握手时争先恐后，造成交叉握手；三是不要戴着手套和墨镜与他人握手；四是不要抢先伸出手同女士握手；

五是不要握手时东张西望、心不在焉或面无表情、有气无力；六是不要握手时另一只手插在衣袋里或拿着东西不肯放下；七是不要握手后马上揩拭自己的手掌；八是不要拒绝与他人握手等。

第二是问候。问候是在和别人相见时，以语言向对方致意的一种方式，能够拉近人与人之间的距离，以表示自己对别人的尊重。如果是第一次来访的客人，可以这样说："您好！见到您很高兴。我是××，请问您有什么事情需要我帮忙吗？"对于曾经来过的客人，相别甚久，见面则说："很久未见了。您好吗？"问候时，要注意问候的次序、态度、内容三个方面。如果同时遇到多人，特别在正式会面的时候，宾主之间的问候要讲究一定的次序。一个人问候另一个人，通常是位卑者先问候，即身份较低者或年轻者首先问候身份较高者或年长者。一个人问候多人，这时既可以笼统地加以问候（比如说"大家好"），也可以逐个加以问候。当一个人逐一问候许多人时，既可以由尊而卑、由长而幼地依次而行，也可以由近而远依次而行。

问候是敬意的一种表现，态度上要主动。问候别人要积极、主动。当别人首先问候自己之后，要立即予以回应，不要不理不睬摆架子，要热情。问候别人的时候，通常要表现得热情、友好，毫无表情，或者表情冷漠的问候不如不问候。问候别人的时候，要有主动、热情的态度，必须表现得自然而大方。矫揉造作、神态夸张，或者扭扭捏捏，反而会给人留下虚情假意的不好印象。问候的时候，要面含笑意，以双目注视对方的眼睛，以示口到、眼到、意到，专心致志。不要在问候对方的时候，眼睛已经看到别处，让对方不知所措。

第三是称呼。我们敬爱的周总理就善于根据对象的工作、职业采用不同的称呼，于平凡中见神奇。他称给自己当过向导的放牛女孩为"小桂花"；称自己的老师高盘之夫妇为"高老师""高师母"；称著名画家齐白石为"齐老先生"；称炊事员为"×师傅"等。这些不同的称呼都表现出周总理对人民群众的尊重、爱护，表现出他平易近人的作风。当同一对象的身份变化之后，周总理十分注意更换恰当的称呼，做到与时俱进。中华人民共和国建立之前，周总理尊称宋庆龄为"孙夫人""宋庆龄先生"；当她成为国家领导人之后，周总理称她为"宋副主席""宋副委员长"，在向她通报党内重要情况时，则亲切地称她为"庆龄同志"。称呼的与时俱进，反映了人际关系的变化，在这微细处也表现了周总理高超的称呼技巧。使用恰如其分的称谓来称呼客人，是礼仪素养的一种表现，也是与客人交谈的良好开端。接待客人时的称呼，要根据具体环境、场合，按照约定俗成的规矩而定。称呼应当庄重、规范、得体，以表示对称呼对象的尊重和友好。一般常用的称呼有以下几种。

1. 一般性称呼

在商务场合中，按照国际惯例，对于男士普遍使用的称呼是"先生"。对于已婚女性可尊称"夫人（太太）"，不了解婚姻情况的可称"小姐"或"女士"。

2. 外事活动中的称呼

在外事活动中常见的称呼除"先生""小姐""女士"外，特别是在一些政务活动中还有两种方法，一是称其职务，二是对地位较高者称"阁下"。如称"部长阁下""大使先生阁下"等。要注意在美国、德国、墨西哥等国，没有称"阁下"的习惯。

3. 职业性称呼

称呼职业，即直接以被称呼者的职业作为称呼。例如，将从事文化教育工作的人士称为"老师"，将教练员称为"教练"，将专业辩护人员称为"律师"，将警察称为"警官"，将会计师称为"会计"，将医生称为"医生"或"大夫"，等等。在一般情况下，在此类称呼前，均可加上姓氏或姓名。

4. 职务性称呼

在商务活动中，以对方的职务相称，以示身份有别、敬意有加，这是一种最常见的称呼方法。具体的方法有以下三种。一是仅称职务，如"部长""经理""主任"等；二是在职务之前加上姓氏，如"张总经理""李处长"等；三是在职务之前加上姓名，这仅适用极其正式的场合。

5. 职称性称呼

对有职称的人，可以直接称其职称或在职称前冠以姓氏，如"教授""张研究员""吴工程师"等；也可以在职称前加上对方的全名。

6. 学衔性称呼

对于享有学位的人，只有"博士"才能作为称谓来用，而且只有在工作场合或是与工作有关的场合使用。

7. 姓名性称呼

一般同事或朋友之间，关系较为密切的人之间，可以直呼其名，但要注意长辈对晚辈也可以这么做，但晚辈对长辈却不能这样做。一般讲称呼越简单，关系越密切。对年长者应尊称"老王""老赵"等，对年轻人或晚辈则可称呼为"小李""小张"。

称呼时还要注意，称呼老师、长辈要用"您"而不用"你"。不可直呼其名，一般可在其姓氏后面加限制语。初次见面或相交未深，用"您"而不用"你"，以示谦虚与尊重。称呼任何人都要尽可能了解其民族习惯、地域习惯，做到尊重对方，不损伤对方的感情。称呼他人时，还应注意不要随便使用别人的小名称呼，不要使用绰号称呼。

总之，在接待活动中，礼貌的称呼最能显示一个人的教养。称呼不当就会失敬于人，失礼于人，所以正确使用称呼用语非常重要，这既是礼仪的要求，也是尊重他人，尊重自己的表现。

第四是接递名片。名片是国际交往中用以介绍身份的一种常用礼仪信物，现已成为人们交往中不可缺少的交际手段。适时地使用名片，不仅能起到介绍身份的作用，而且使人显得彬彬有礼。在人际交往中，讲究对不同的对象使用不同的名片，希望给对方留下不同的印象，达到不同的效果。名片只限于初次见面时自我介绍使用，在握手寒暄后可交换名片。接受名片时，要注意礼节。需要递送名片时，应起身站立，走到对方面前，面带微笑，眼睛友好地目视对方，用双手或者右手将正面面对对方的名片，恭敬地递送过去，同时并配以口头的介绍和问候。接受他人名片时应当毕恭毕敬，双手捧接或者用右手接，眼睛友好地注视对方，口称"感谢"，使对方感受到你对他的尊重。接过名片后，应捧在面前，从头到尾认真地看一遍，最好能将对方的姓名、职务等轻声地读出来，以示敬重。看不明白的地方可以向对方请教。将对方的名片收藏于自己的名片夹或上衣上部的口袋里后，应随之递上自己的名片。如果接受了对方的名片，却不递上自己的名片，也不说明原因，是非常失礼的。接受了对方的名片，看也不看一眼就装入口袋，或者随手放在一旁，压上其他的东西，或者把对方的名片拿在手里随意摆弄，都会使对方感觉没有受到尊重。当你想得到对方的名片，或对方忘了给你名片时，不应直截了当地索取，而应以请求的口吻说："如果没什么不便，是否请给我一张您的名片？"

另外，社交中最忌讳用左手递送和接受名片，交换名片时一定要注意这一点。如果同时向多人递送本人名片时，可按由尊而卑或由近而远的顺序，依次递送。对以独立身份参加活动的来宾，也应同样递送名片，不可只给领导和女士，给人以厚此薄彼的感觉。递送名片时，不能一边自我介绍，一边到处翻找自己的名片；或者把一叠名片全掏出来，慢腾腾地翻找自己的名片，显得心不在焉；也不可漫不经心地乱发一气；特别指出，切忌重复递送名片，否则有遗忘对方的失礼之嫌。

（三）诚心待客

待客要诚心。客人就座时，一定让客人坐上位，主人坐陪位。以茶待客是中国传统的礼仪，要注意客人的喜好、上茶的规矩、敬茶的方法和续水时机。茶叶准备要多样化，以方便客人选择。不宜当着客人的面取茶叶，特别不能用手直接取茶叶，斟茶动作要轻、要缓。同时不要一次性斟得太满，且斟茶应适时，在客人谈兴正浓时，莫要频频斟茶。如果客人的茶水过淡，要重新为客人添加茶叶冲泡，重泡时最好用同一种茶叶，不要随意更换品种。

敬茶时，要注意敬茶的礼节。中国人待客讲究"茶，上茶，上好茶；坐，请坐，请上座"。倒茶要倒茶杯的七分满，双手捧着以示敬意，可以说"请""请您品尝"。客人比较多时，可以遵循先客后主、先主宾后次宾、先女后男、先长辈后晚辈等原则上茶，也可按级别或长幼依次上茶，也可由近及远上茶。为客人续水时，不应当妨碍对方，从客人左后侧为其上茶，意在不妨碍其工作或交谈的思绪。如果条件不允许，至少也要从其右侧上茶，而尽量不要从其正前方上茶。

为了提醒客人注意，可在上茶的同时，轻声告之："请您用茶"；如果对方向自己道谢，不要忘记答以"不客气"；如果自己上茶的行为打扰了客人，应当道一声"对不起"。

与人交谈时，要态度真诚，语气平和，以聆听为主，对于有求于你的客人，要体谅对方的心情，即使无能为力也不要一口拒绝，可以对他说："先别急，一旦有希望一定打电话告诉你。"如果自己有事必须出去时，应客气地对客人说："真不巧，有点急事，您坐，我出去一下就回来。"在家里接待访客，遇到健谈的客人，可巧妙地向客人暗示，比如安排客人就餐，可以说："要不，您在这看电视，我去做饭。"安排就寝，可以说："天色不早了，在家里住吧！"

待客时，手势、动作等身体语言要及时跟进，心理学家认为，无声语言所显示的意义要比有声语言深刻得多，体态语言的应用，在传递信息过程中发挥着重要的作用。待客时应随时注意客人的需要，言语要热情。交谈时，要保证目光柔和、亲切。在待客过程中，不论是见到熟悉的人，或是初次见面的人；不论是偶然见面，或是约定见面，都要以闪烁光芒的目光正视对方片刻，面带微笑，以表达喜悦、热情的心情。对初次见面的人，还应头部微微一点，行注目礼，表示出尊敬和礼貌。作为接待方在掌握并正确运用自己目光语言的同时，还应当学会"阅读"对方的目光语言。从对方的目光变化中，分析对方的内心活动和意向。随着交谈内容的变化，若对方的目光和表情和谐统一，则表示对方很感兴趣、思想专注、谈兴正浓。若对方的目光长时间地中止接触，或游移不定，则表示其对交谈不感兴趣，交谈应当很快结束。目光语言是千变万化的，但终究是内心情感的流露，学会阅读和分析目光语言，并正确运用目光语言，对接待活动的顺利进行有着重要意义。

"眼到、口到、意到"，这"三到"非常重要。待客不懂得"热情三到"，你的热情就不能说是"到家"，客人就无法感受到"宾至如归"的氛围。

（四）礼貌送客

送客是接待的最后一个环节，如果处理不好将影响到整个接待工作的效果。送客要礼貌，送客礼节重在送出一份友情。无论接待什么样的客人，当客人提出告辞时，先要诚恳挽留，比如说："时间还早，再坐会儿？"如果客人执意要走，主人要尊重客人意见，不必强留。

送客时，应在客人起身后，主人再起身相送。如果是在家里接待客人，最好叫家中成员一起送客出门，分手时应充满热情地招呼客人"慢走""走好"等。

送客人到门外并说些告别语。客人向主人告别时，常伴以"请回""请留步"等语言，主人则以"欢迎再来""常联系""恕不远送"等语言回应；如果客人是远行，主人可说"祝你一路顺风""一路平安"等辞别语；如果两家距离较近，可说"有空再来""有时间来坐坐""有空来喝茶"等，也可说"代问家人好"以示礼貌。送客时主人不能急于回转，待客人请主人留步后，主人要目送客人走远，招手表示"再见"再回转，在家里或者办公室送客时，送毕返身进屋后，应将房门轻轻关上，以免引起客人误会。在客人刚出门的时候就"砰"地关门的做法是极不礼貌的，并且很有可能因此而使客人失去来访期间培养起来的所有好感。如果客人比较坚决地谢绝主人相送，则可遵从客人的意思，不必强行送客。对待重要程度不同的客人，当然也有不同的送客方式。

1. 送别普通的客人

应起身送客至门外或电梯口并亲切微笑地说"您慢走""欢迎再来""有空来玩"等，待客人走出很远或看不见时再返身，轻轻关上房门不要使其发出声响。

2. 送别重要的客人

送客时，可以送至单元门口或小区大门口，送上自备车或帮助其打上车并体贴地说"一路顺风""欢迎您下次再来"，主人要目送客人，并挥手说"再见"待车离开走远之后，再回到家中。必要的时候，可将客人送至车站、机场或者码头。到车站机场或码头送客时，不要表现得心神不宁，以使客人误解在催他赶快离开。送客到机场最好等客人通过安检后再返回。

送客时一定要注意身体语言，微笑与细致的关照都会在无形中增进双方好感，为将来更好地沟通打下良好的基础。

礼貌是一个人修养的体现，谦和是人们交口称赞的美德。作为一名热情好客的主人，当主人和气谦让并处处有礼地去接待客人时，客人自然会感到主人好客的态度，感到主人对自己的尊重，因而也就乐意与主人亲近，从而创造和谐的人际关系。

◉ 课堂训练

1. 模拟老朋友见面、女士与男士见面、领导与下属见面的握手场面。

2. 模拟多人介绍并握手寒暄的场面。

3. 模拟正确递送名片与不正确递送名片的场面。

4. 请根据学到的接待礼仪知识与技巧，设置一个办公室场景，模拟演示办公室接待工作。

🔗 相关链接

办公室接待工作操作要点见表5-1。

表5-1　办公室接待工作操作要点表

项目	操作规范
接待前的准备	①早做准备，保持办公室环境整洁 ②沟通情况，准备好有关材料
接待中的礼节	①接待人员看到来访的客人进来时，应马上放下手中的工作起立，面带微笑，有礼貌地问候来访者 ②迎客的主要礼节：握手、问候、称呼及接递名片 ③倒茶
送客的礼节	①当客人起身告辞时，应马上站起来相送 ②送别时应说些客气话："欢迎再来""欢迎常联系""接待不周，请多原谅"等

思考与训练

1. 简述接待的原则。

2. 简述接待的规格。

3. 简述接待前的准备工作。

4. 简述接待的注意事项。

5. 如何说好待客语？

学习提升

智慧树慕课：有话好好说——职场新人口才攻略

项目任务书

拜访接待口才训练项目任务书

课程名称	职场口才	学习项目	拜访接待口才训练	项目任务	拜访接待客户
学生班级		组别序号		组长姓名	
小组成员					

任务描述

NJ 电脑公司得知 TT 企业需要采购大批商务一体机电脑，派销售人员小王完成登门拜访大客户经理张总的任务，请问如果你是小王，你将如何完成本次拜访的任务呢？
    任务准备：茶具、名片、宣传单页、报价单、电脑配置目录、笔记本、碳素笔等。
    训练方法：按拜访接待的规范流程，小组内部 3 名同学分别扮演小王、张总、张总秘书，模拟以上任务情境。

学习目标
一、专业能力 1. 认识到拜访接待对维系客户关系的重要性。 2. 能够运用拜访接待口才和礼仪提升客户满意度。 二、社会能力 1. 树立服务意识、效率意识、规范意识。 2. 强化人际沟通能力、客户关系维护能力。 3. 培养维护组织目标实现的大局意识和团队能力。 4. 树立爱岗敬业的职业道德和严谨务实勤快的工作作风。 5. 强化自我管理能力、自我修正的能力。

续表

三、方法能力 1. 利用多种信息化平台进行自主学习的能力。 2. 制订工作计划、独立决策和实施的能力。 3. 运用多方资源解决实际问题的能力。 4. 准确的自我评价能力和接受他人评价的能力。 5. 自主学习与独立思维的能力。

学习引导

一、学习建议

在职场中，拜访接待客户是最基本、最日常的工作。市场调查需要拜访接待客户，新品推广需要拜访接待客户，销售促进需要拜访接待客户，客户维护还需要拜访接待客户。很多职场人都有同感，只要拜访接待客户成功，产品销售的其他相关工作就会水到渠成。因此，在拜访和接待的过程中，需要遵循一定的礼仪规范并掌握拜访接待的口才技巧，包括提前预约、准时赴约、正式拜访等环节都必须要掌握一定的拜访技巧。要学好、用好拜访接待口才，建议采取如下学习方法。

1. 登录"智慧树慕课"，选定"有话好好说——职场新人口才攻略"课程中"拜访接待口才"微课，观看微课教学视频，并完成相应的进阶训练，在微课学习中如有疑问可在线提问，与教师互动交流。（线上学习）

2. 认真学习课程内容，进一步掌握"拜访接待口才"的知识和技能，完成"难点化解"题目。（线下学习）

3. 假定自己是小王，与学习小组成员商讨和训练如何进行对客户的拜访和接待，并在课堂上展示，小组内模拟本次拜访接待过程，训练时要将称呼、介绍、握手、致意等见面礼、问候、递接名片、引导、搭乘电梯、奉茶、座次、送客等拜访接待礼仪，连贯地演示下来，学生对各组的表演进行评价。表演之前，每组应就设计的场景和成员的角色进行说明。同时，注意观察其他组展示情况，并将所见所闻记录在本任务书的"课堂记录"一栏。（线上学习）

4. 课后完成拓展任务、加强训练，小组内将自己的训练过程拍摄微视频上传到课程平台，并与其他学习小组进行互动评价。（线下学习与线上学习相结合）

5. 在本任务书的"学习小结"一栏做好小组的学习小结。

二、难点化解

1. 本次拜访应提前一周与张总预约，至少提前三天。　□是　　□否

2. 与张总预约的时候，可以将见面的时间定在中午 12 点以后，这样张总有时间接见。
□是　　□否

3. 见面之前应该整理好自己的形象，给人很专业干练的印象。　　□是　　□否

4. 要提前准备好自己的名片、宣传单页、报价单、车型目录、笔记本、钢笔等。
□是　　□否

5. 在见到张总后，应该如何与张总进行交流？请将本次拜访准备好的语言写在下面。

_____

_____

_____

6. 正式拜访前，不再需要通过电话的方式提前确认一下，而是可以直接上门。□是 □否

7. 敲门时，要用食指，力度适中，间隔有序地敲三下，等待回音。如无应声，可稍加力度，再敲三下，如有应声，要侧身隐立于右门框一侧，待门开时再向前迈半步，与主人相对。□是　　□否

8. 通过初次登门拜访，可以确定张总的购买意向级别，如果张总是 A 级客户，要马上安排对其的再次访问。□是　　□否

课堂记录

请认真观察其他小组训练展示，并记录你们小组看到的优点和问题。

学习小结

请简要记录你们小组对本项目任务学习的总结。

拓展训练

销售人员小王与张总的第一次会面非常成功，而张总确实有购买意向，小王决定再次对张总进行一次拜访。

任务准备：茶具、名片、宣传单页、报价单、车型目录、笔记本、钢笔等。

训练方法：按拜访接待的规范流程，小组内部 3 名同学分别扮演小王、张总、张总秘书，模拟以上任务情境。

任务要求：小组课后运用角色扮演法模拟训练该拜访接待场景，并拍摄微视频上传至课程平台。

PROJECT 6

项目六
妙语连珠——
演讲口才训练

任务 1　演讲概述 ///

> 💬 **任务目录**
> 1. 了解演讲的定义和作用。
> 2. 了解演讲的特点和类型。
> 3. 掌握不同场合演讲的方法。

💼 经典案例

　　张某是某高校新闻采编与制作专业的大一新生，是播音主持方面的特长生，艺考失利使其有些抑郁，个人情绪和状态不是很好，军训期间，张某在系部老师和同学们的推荐下被选为新生代表在全校开学典礼上发表演讲。当张某被老师告知选为学生代表时，张某很兴奋，也很荣幸，准备在这场演讲过程中表现出自己突出的演讲能力，随后，他便开始着手准备自己的演讲稿。他精心地组织材料，编写了自己本次演讲的开场白、主体和结尾，反复修改自己演讲稿，休息时常在寝室对着镜子练习，注重精简演讲稿语言和把握态势语，同时观看了其他院校开学典礼学生代表的发言视频。

　　开学典礼席上，张某的演讲非常出色，多次赢得了老师和同学们的热烈的掌声，从此，张某比从前更加自信了，低落的情绪也消失了，变得很阳光，还成为班级干部，成为一名非常出色的在校大学生。

（原创案例）

案例分析

　　张某因为艺考失利，情绪失落，心理压力大，变得低迷消沉，但通过一次新生典礼发言演讲，张某重新获得自信心，变得开朗、活泼、优秀，表现出演讲的才华。当然，张某演讲的成功也离不开他高度的责任心，他精心准备演讲材料，不断练习，按照演讲的程序科学地把握演讲结构，态势语言把握得十分精准。可见演讲者在参加演讲之前的准备是非常重要的，也是十分必要的。

"拥有好口才，成就好未来。"当今社会演讲能力已经成为成功人士不可或缺的能力之一，相比于其他沟通形式，演讲可以说是最简单的一种口语表达方式，也是最能体现一个人是否会说话，能否讲好话的直接检测方式。尽管我们从牙牙学语开始就在学着说话，并说了很多年，但很少有人敢于、善于对众人说话，做到自然、流畅、清晰、生动地表述。演讲已然成为一种工具、一门科学、一种武器、一门艺术、一种综合性很强的社会实践活动。日常学习生活工作中鼓励员工需要演讲，凝聚人心需要演讲，宣传动员需要演讲，沟通思想需要演讲，疏通人脉需要演讲，激发士气需要演讲。演讲已经成为现代人适应社会发展的一项重要能力。演讲之所以能随着时代的进步和社会文明的发展而不断发展，就是因为它能产生强烈而又普遍的社会作用，具有独特而巨大的社会价值。无论你是在校学生，还是职场新人，拥有良好的演讲能力可以让你脱颖而出，引起领导和同事对你的能力的认可，从而获得更好的发展机遇。演讲的作为语言表达能力的重要体现形式，在当下已然成为中国青年不可或缺的一种能力。特别是对一些职场青年来说，良好的演讲能力更为重要，它是相伴您走向成功的基石。

一、 演讲的定义

演讲口才概述

演讲又叫演说，是指在公众场合，以有声语言为主要手段，以体态语言为辅助手段，针对某个具体问题，鲜明、完整地发表自己的见解和主张，阐明事理或抒发情感，进行宣传鼓动的一种语言交际活动。演讲要注重其内涵所在，要以"讲"为主，以"演"为辅，演讲是社会现实的需要，也是演讲者内心的声音，演讲要适应相关人群的需求。演讲是"讲"与"演"的统一。不仅要把事物和道理讲清楚，让人听明白，而且还要通过现场的有声语言和无声语言的表达把事物和道理讲得生动、形象、感人，既有情感的激发力，又有声、态并用的审美感染力。演讲时要怀着一种想把自己内心的见解和主张急切地要表达给大家的心情进行，这样的演讲就像开闸的洪水，一发不可收拾，奔涌激流。

二、 演讲的作用

（一）对演讲者本身主要起到的作用

1. 演讲有促进演讲者个人进步成长的作用

世上无难事，只怕有心人。只要你是有志者、不畏艰难困苦，就一定可以攀登高峰摘下桂冠，成为优秀的演讲家。作为成功的演讲者每次成功的瞬间或许短暂，但可以想象，获取成功的演讲前前后后的准备过程是很艰辛的，演讲家是经过多少次演讲实践才能取得的。因为，并不是所有的演讲家都拥有与生俱来的演讲天赋，他们的能力都是经过漫长的实践一点一滴获得的，经历艰苦、从多方面努力是演讲家成功路上的必要因素。

◉ 课堂训练

你参加过哪些场合的演讲？通过演讲你个人收获了什么？如果演讲是个人天赋，那么没有天赋的人通过后天的努力能够成为出色的演讲家吗？

你愿意把演讲作为自己的兴趣爱好吗？如果你不善于表达，想通过学习和努力改变自己吗？

针对以上问题，请做出思考并回答。

2. 演讲有培养良好人脉和高尚道德情操的作用

当今社会是人们交往、沟通的社会，是传播文明、文化的社会。演讲者不仅在台上需要有充满魅力的语言表达能力和文雅的举止，在台下，其一言一行也要起到表率作用。他们的言谈应是谦逊的、高雅的，他们的举止应是得体的、大方的。这样的言行举止，不仅有利于营造祥和的气氛，而且也有利于人们的交往。

◉ 课堂训练

你在参加演讲活动过程中有没有认识到一些新朋友？他们来自哪些领域？在交谈中你觉得他哪些方面值得你学习？请做出思考并回答。

3. 演讲有不断完善自我的作用

一个品德高尚、学识渊博、技巧超群的人，如果不善言谈、词不达意也是无法充分发挥自己全部的聪明才智的。而演讲在人类口语中是最高级、最完善、最具有美学价值的一种口语表达形式。除此之外，演讲需要综合知识，它既需要演讲学本身的理论和经验，又需要运用哲学、美学、逻辑学、心理学、教育学、语言学和写作学等学科的基本理论和知识。如果我们学习、了解、掌握了演讲艺术并付诸实践，那么就能使自己增长才干，开阔眼界，陶冶情操，积累知识，加强修养，锻炼口才，培养气质，展示形象，扩大知名度，提高事业的成功率。

◉ 课堂训练

演讲是演讲者不断自我完善的过程，在准备和演说过程中演讲者是最大受益者吗？主要提升完善自我的哪些方面？请做出思考并回答。

（二）对受众起到的作用

1. 演讲可以启迪心智

受众是新闻媒体传播对象和各种文化、艺术作品的接受者，包括读者、听众和观众等。如今，人们接受演讲的方式越来越多，视听感受越来越丰富，但演讲以"讲"为主，受众的接受方式以"听"为主，因而我们将演讲的接受者统称为"听众"。我们常常在看书、看电视节目或身边发生某件好人好事时受到心灵的启迪；与此同时，我们也会被一场生动、精彩的演讲而启迪心智，比如当代著名作家周国平，他的演讲每每都是出口成章、妙语连珠、鞭辟入里，不仅意境深邃、语言优美高度凝练、富有文采，而且可以给人指点迷津，让人深受启迪和教益。这里就不给大家举例子了，大家有机会可以去看看周老师演说的演讲稿和视频，我想一定会收到启迪心智的效果。

◉ 课堂训练

在听别人演讲时是否让你对自己有了新的认知？当观看完关于爱国主义演讲后，会不会让你热血沸腾，深深觉得身为中国人的幸运激荡起了你民族的自豪感？就其中一点谈谈感受。

2. 演讲可以激发情感

演讲在对理性阐述的同时，总是伴随着情感的激发进行的。演讲者应以情感人、以情动人，情感交融的共同点往往也是演讲者和听众产生共鸣的核心点。

3. 演讲可以传播知识和信息

所谓传播知识和信息是演讲最重要的作用之一，演讲者必须用渊博的知识和最新的信息作为演讲内容传递给听众，唤起听众的好奇心，新鲜感。

4. 演讲能够扬善祛邪

人类社会的文明史，就是真善美与假丑恶的斗争史，而这种斗争不管多么曲折和复杂，最后都是以真善美的胜利而告终的，而这种斗争的主要武器之一就是演讲。

◉ 课堂训练

我国古代有很多能言善辩、才学出众的演说家，"舌战群儒"指的是哪一位？他的演讲为何精彩？

5. 演讲可以引导行动

古今中外一切正义的演讲家都是用演讲宣传真理、捍卫真理，向一切丑恶的势力进行艰苦卓绝的斗争，从而唤醒民众，获得知识，认识真理，掌握真理，形成正确的舆论，扶正祛邪，把人类社会推向最理想的境界。演讲不仅能以理服人，还能以情感人。演讲可以宣传真理，唤醒民众，推动社会进步，促进文化、文明的发展，不断把人类社会推向理想境界。

◉ 课堂训练

在销售领域常见演讲者通过演讲来宣传产品，但不免有一些夸大或是虚假等行为，但很多老年人却信以为真，纷纷购买，请你准备一次演讲，向老年人讲述一下这种虚假销售行为的内幕，你将如何组织演讲内容？

三、 演讲的特点

（一）综合性

演讲又称演说，"讲"是讲明道理，诉说对某一问题的看法。"演"是借助声音、表情、动作来加强演讲的生动性。演讲以讲为主，以演为辅，运用有声语言，加上"无声"的动作、体态、表情，两者相辅相成，巧妙结合，融为一体。要"讲"得好，必须有逻辑、修辞、音韵、朗读等方面的知识和修养。成功的演讲发言应当字正腔圆、抑扬顿挫、悦耳动听。

（二）独白性

演讲者是演讲活动的主体，在整个演讲过程中，听众始终处于接受地位。因此真正意义上的演讲，是高度个性化的产物，是一个人的性格、气质、形态、口才的综合反映。一些演讲者，他们站在讲台上虽然侃侃而谈、旁征博引，有时还能插入一些令人捧腹的俏皮话，说理似乎也很透彻，但却往往不能激起听众热烈的反响。听众既不动心，也不动情，原因何在？这就是因为他们的演讲只有客观的叙述，而没有自己的喜怒哀乐，缺乏自己独特的观点与感受，没有鲜明的个性，也就是缺少感染力和号召力。

（三）时间性

演讲直接诉诸听众的听觉、视觉感官，有很强的时间性。首先，在内容上，古今中外的著名演讲，都能切中时代脉搏，是属于那个时代的声音。如丘吉尔在 1940 年 5 月 31 日出任首相后发表的首次演说、斯大林在 1941 年 7 月 3 日发表的广播演说，都是当时反法西斯斗争的直接果实。其次，一次演讲的时间，受听众可接受性的制约。虽然有些演讲时间会长达几小时甚至几十小时，像孙中山的《三民主义演讲》、鲁迅的《中国小说的历史变迁》、毛泽东的《关于正确处理人民内部矛盾的问题》等，都是久负盛名的长篇演讲；但大众化的演讲，终究以短居多、以短为贵，长了又没有新鲜的内容和观点，就没有人愿意听。

（四）宣传鼓动性

演讲不宜于表现那种悲观压抑、沉闷的感情，更不宜表现渺小、狭隘、猥琐的个人私情，而应着力表现对祖国、对人民、对中国共产党、对社会主义的深切热爱，对真善美的执着追求。总之，真正的演讲，要着力表现阳刚之气，使人振奋，使人鼓舞。美国第 16 任总统林肯在 1863 年 11 月 19 日葛底斯堡国家烈士公墓落成典礼上的演说，只有两分多钟，台下的人五次鼓掌，结束后的掌声长达十分钟。

经典范例

俞敏洪在《赢在中国》节目中的演讲（节选）

　　人的生活方式有两种，第一种是像草一样活着。你尽管活着，每年还在成长，但是你毕竟是一棵草；你吸收雨露阳光，但是长不大。人们可以踩过你，人们不会因为你的痛苦而产生痛苦；人们不会因为你被踩了，而来怜悯你。因为人们本身就没看到你，所以，我们每一个人都应该像树一样成长。即使我们现在什么都不是，但是只要你是树的种子，即使被人踩到泥土中间，你依然能够吸收泥土的养分，自己成长起来。也许两年、三年你长不大，但是十年、八年、二十年，你一定能长成参天大树，当你长成参天大树以后，在遥远的地方，人们就能看到你；走近你，你能给人一片绿色、一片阴凉，你能帮助别人。即使人们离开你以后，回头一看，你依然是地平线上一道亮丽的风景线。树，活着是美丽的风景，死了依然是栋梁之材。活着、死了都有用，这就是我们每一个同学做人的标准和成长的标准。

（根据俞敏洪在《赢在中国》节目中的演讲内容整理）

范例分析

　　新东方创始人俞敏洪的演讲语言精简、风趣幽默，演讲感人至深、发人深省，他本人也是经历磨炼才获取成功的，演讲中他告诫年轻人，年轻时经历的挫折是人生宝贵的财富，它对人的一生有重要的影响，只要心中有理想、有目标，终将走向成功，长成参天大树。

课堂训练

　　初入职场的你，发现所在公司的同事们因为业绩不好，情绪低落，公司领导发现后找到你，让你为大家做一场演讲，你会如何选取自己的演讲主题？主要从哪些方面阐述来激励大家？请拟一篇演讲稿。

四、 演讲的类型

主题演讲类型
与风格

演讲的类型可以根据演讲内容或演讲形式等不同标准来划分。参照的标准不同，演讲的分类也不同。清楚掌握演讲的各种不同类型，可以让演讲者全面而深刻地从整体上认识演讲的本质及作用，对演讲者有效地组织和参加演讲活动，有着重要的作用和意义。

（一）按不同形式分类

1. 命题演讲

命题演讲是根据事先拟定的题目或范围做好准备所进行的演讲。命题演讲实际上包含两种形式：一是全命题演讲，二是半命题演讲。全命题演讲指的是由别人拟定演讲题目的演讲。题目一般由演讲活动组织部门确定。这种演讲的优点是针对性强，主题集中、鲜明。半命题演讲指的是演讲者根据演讲活动组织单位限定的拟题范围，自拟题目而进行的演讲。目前，我国举办的演讲赛大多数的命题演讲采用这种形式。比如，1996 年 11 月份湖南省委组织部为贯彻党的十四届六中全会关于精神文明建设的决议，举办了一场"讲党性，争贡献，做表率"全省演讲比赛，就是采用的半命题方式，只限定了范围，题目由参赛者自拟。

📀 课堂训练

1. 每个人都有理想，理想是我们在学习、工作、生活指路明灯，请你以"我有一个梦想"为题准备一次演讲。

2."我和我的祖国一刻也不能分割，无论我走到哪里……"请你以"我和我的祖国"为题发表一次演讲。

3."我快乐因为(　　　　)"，补全命题，准备发表一次演讲。

2. 即兴演讲

即兴演讲指演讲者事先无准备，由于受某些因素的触动有感而发，临时因兴起而发表的演讲。它包括生活场景式即兴演讲和命题式即兴演讲两种类型。随着改革开放的不断深入，随看信息传播的日益加快，随着人们交往日益频繁，即兴演讲成了人们工作和生活中使用频率高和备受欢迎的一种演讲形式。

课堂训练

请选择以下一个题目进行即兴演讲，时间为 2 ~ 4 分钟。

①一句格言的启示

②人多未必力量大

③我的一次成功经历

④人生处处是考场

⑤谈谈所在的集体

⑥谈谈感触最深的某一社会现象

3. 论辩演讲

论辩演讲是对某一事物持不同观点的双方，在同一演讲环境中所进行的以坚持本方观点、批驳对方观点为宗旨的演讲。它包括日常论辩演讲、专题论辩演讲、赛场论辩演讲三种类型。这种针锋相对、短兵相接的演讲形式，受到人们，特别是年轻人的热烈欢迎。

（二）按不同内容分类

1. 政治演讲

政治演讲是指针对国内外的政治问题与现实生活中发现的思想认识问题，进行分析、评论，阐明和宣传某种政治观点和主张的演讲。政治演讲包括外交演讲、军事演讲、政府工作报告、政治性集会上的讲话以及为社会政治服务的各类主题演讲。政治演讲是一种高度严肃的演讲。它要求演讲者不仅要有深刻的思想、一定的政策水平和政治远见，而且还要有高度的责任感，因为政治演讲的最终目的是要让听众赞同支持演讲者的政治主张、政治观点。演讲者绝不可信口开河、夸夸其谈，而必须深思熟虑、旗帜鲜明，有充足的理由和严密的论证，这样的演讲才具有可靠性和鼓动性。

2. 学术演讲

学术演讲是指发表学术见解，传授科学知识和公布科研成果的演讲。它包括学术座谈会、学术讨论会的发言，各种学术报告和学术评论等。学术演讲要求内容具有科学性、系统性、创办性，语言具有准确性，论证具有严密性。因为科学是老老实实的学问，来不得半点虚假，否则就不称其为科学了。学术演讲是人们传授知识、交流学术成果的比较好手段，是适应当今时代科学发展步伐的一种新的学术传播方式。

3. 法庭演讲

法庭演讲指的是公诉人、辩护人、诉讼代理人在法庭上所发表的演讲。它是演讲中古老的类型之一。法庭演讲，以其的客观性、充分的论据和雄辩的逻辑力量为其特点。法庭面前人人平等，谁都要以"事实为依据，以法律为准绳"。因此，法律演讲严禁主观色彩的渗入。

4. 军事演讲

军事演讲是指部队领导者就军事形势、战略战术、部队建设、战前动员、战地动员、战后总结所做的演讲。军事演讲对提高部队素质、增强战斗力、决定战争胜负有着重要意义。自古以来，那些威震四海、战功赫赫的知名军事家，大多是通过军事演讲来指挥千军万马奋勇杀敌的。军事演讲的目的是激起官兵的斗志，振作官兵的精神，因此必须具有激励性。军事演讲是针对军事形势、军队实际情况和官兵的思想实际而讲的，因而针对性就成了军事演讲的第二个特点。出色的军事演讲家的演讲，常使官兵斗志昂扬，使敌人不寒而栗。

5. 礼仪演讲

礼仪演讲是指在各种礼仪活动中，为表达感情、表示礼节而发表的演讲。它包括致开幕词、闭幕词、祝酒词，还包括婚祝演说、联欢演说、祝寿演说、庆典演说、告别演说、悼念演说等。礼仪演讲的第一个特点是感情强烈，或悲或喜，溢于言表。第二个特点是大部分礼仪演说具有较固定的结构形式，其他的演说都没一定的框架结构。礼仪演讲还特别要注意一个"度"，颂扬、祝贺、哀悼都必须用理智控制，使听众感到恰到好处。

👁 课堂训练

1. 公司年会上，你被选为新入职员工代表进行发言，你将如何进行演讲？

2. 小张在参加同事父亲的祝寿晚宴上，由于多喝了几杯，情绪万分激动，啼哭自嘲，话语滔滔不绝，你在现场该如何替他缓解尴尬？

3. 假设你即将参加朋友的生日晚会，请进行一段生日祝福礼仪演讲。

（三）按不同风格分类

1. 朴实型

演讲若按风格分类，其中有一类为朴实型，也称作谈话型。主要表现为音色自然朴实，语气亲切委婉，清新自然，不加雕饰，表情轻松随和，语境和语意纯净、真诚、厚重，形象亲切，生动感人，动作近于平时习惯，毫无矫揉造作之感。很真实，不会有太多夸张的成分在里面，演讲者就像与听众拉家常般漫谈，就像同学们在课下聊天一样，不陌生，没有距离感。

2. 严谨型

严谨型的演讲表现为语言经过严密而谨慎的加工，演讲者理智、精深、端庄和稳重，在主题方面具有客观性，选材上没有多余的情景描述，语言工整、鲜明准确，在声音方面语流比较平稳，没有太大的起伏，肢体语言不多，站姿和位置比较稳定，这种演讲风格适合一些隆重的场面。如党代会、人大代表会等政治性演讲。

3. 激昂型

激昂型的演讲如大河奔流，气势磅礴，演讲者慷慨陈词，滔滔不绝，音域宽广，音色响亮，精神饱满，给人以奋发向上、朝气蓬勃的振奋感觉，体现了澎湃宏阔、激情高昂、英武奔放的语言风格。一般采用紧张急速的节奏、高亢激昂的音调，并借助于锐利的目光、深重有力的手势来显示出一种激情豪放、爽朗刚健的姿态。这类演讲对听众有一定的号召性和鼓舞性，演讲者的表现若具有极强的感染力，听众的反应就十分强烈。

经典范例

李大钊演讲节选

我们既然是20世纪的少年，我们应该拿世界的生活作家庭的生活，我们应该承认爱人的运动比爱国的运动更重。我们的"少年中国"观，绝不是要把中国这个国家，作少年的舞台，去在列国竞争场里争个胜负，乃是要把中国这个地域，当作世界的一部分，由我们居住这个地域的少年朋友们下手改造，以尽我们对于世界改造一部分的责任。我们"少年运动"的范围，绝不止于中国：有时与其他亚细亚的少年握手，作亚细亚少年的共同运动；有时与世界的少年握手，做世界少年的共同运动，也都是我们"少年中国主义"分内的事。

（选自李大钊演讲：《"少年中国"的"少年运动"》）

范例分析

李大钊先生的演讲充满激情，演讲语气激昂振奋人心，对广大青少年具有一定的影响力，他的演讲非常具有鼓动性和震撼力。

4. 绚丽型

绚丽型的演讲表现为讲究浓墨重彩、辞藻华丽、富丽堂皇，既注意内容的厚重，又强调形式的多样化，常采用一些富有色彩的词语和多变的句式，很注意表情、神态和手势。讲究口语表达的轻重缓急和抑扬顿挫，富有节奏感和音乐美，酣畅淋漓地倾吐演讲者的观点。绚丽型的演讲，喜欢旁征博引、纵横古今，引用大量名言警句、典故史实，以及某些新鲜有趣的材料。这种演讲很受现代年轻人的喜欢，演讲与时俱进，充满无限语言及画面美感。

☕ 经典范例

我们正年轻

索取不属于我们，我们只有付出，我们的心声呀，就是我们开始自由呼吸的时候流出的，流出积蓄已久的真挚的爱，流出绿绿的幼稚，流出皎皎的天真……我们一定能养育出那森林、那牛羊、那鲜花；当五彩的世界还在梦中，我们就毫不犹豫地仰起那红润的迷人的嘴唇。

（选自学习啦网：《演讲大师教你如何打动听众》）

范例分析

演讲以绮丽的语言、深厚的情感，形成跌宕起伏的音律和景外有景的画面，并且通过每段落内部的意思衔接，一气呵成，表示了事物之间的连锁、因果关系。

5. 幽默型

幽默型的演讲表现为音调变化大，带有一定程度的戏剧性，语言生动形象，逗人发笑，手势动作轻捷灵活，面部表情富有戏剧色彩。幽默型演讲往往能很好地活跃气氛，增进演讲者与听众之间的友好感情，可广泛加以运用。

经典范例

李敖在北京大学的演讲

之前有人问我，来北大演讲紧张不紧张？紧张！站在大庭广众面前，很多人可以指挥千军万马的军队，可是你让他讲几句话，他就缩了不敢讲话，什么原因？胆小！美国打赢南北战争的将军葛兰特，指挥千军万马打赢仗，林肯总统请他上台给他勋章，让他几句话，他讲不出口，为什么？怕这玩意儿，一讲演就紧张。

前天晚上我编了一个故事，一个北京的小姐，在一个大楼建筑里面，她看到一个人在里面走来走去，嘴巴里面念念有词，那个小姐问他你干什么，他说我要到北京大学演讲，那个小姐说你紧张吗？他说我不紧张，她说为什么你不紧张，你不紧张的话，为什么要跑到女厕所来？

（根据李敖在北京大学的演讲内容整理）

范例分析

通过幽默的演讲内容，演讲者往往能更好地走进听众的心里，幽默可以传递快乐，可以缩短人与人之间的距离感，李敖的演讲生动形象、幽默风趣，取得了多次演讲的成功。

6. 深沉型

演讲风格深沉型表现为恳切凝重、深邃含蓄，演讲者既有理性的分析，又有情感的抒发，多用于反思型的演讲内容，起到说服、教育听众的目的。

经典范例

用青春建造新时代的丰碑

我经常到天安门广场散步，那规模浩大、气势宏伟的广场使人心旷神怡。广场中央屹立着用花岗岩和汉白玉砌成的巍峨的纪念碑，高高的碑心石上，用镏金板镶嵌着八个闪闪发光的大字："人民英雄永垂不朽"。每当我瞻仰纪念碑的雄姿，心中就激起无际的波澜：这座人民英雄纪念碑是在风云激荡的岁月中，革命先辈和广大爱国人民、青年用大无畏的革命精神和血肉之躯铸成的。它是我们民族的灵魂。

（选自金锄头文库：《演讲语言的风格美》）

范例分析

这段演讲词读来庄重典雅，慷慨激昂，气脉贯通，逻辑严密，演讲者将壮美多姿的语言用于神圣拜谒的庄严场合，因而使人感受到了人民英雄纪念碑的高远博大、雄伟永恒。

（四）按其他标准分类

1. 按演讲目的划分

演讲按目的划分有"使人知"演讲、"使人信"演讲、"使人激"演讲、"使人动"演讲和"使人乐"演讲等。

2. 按演讲场地划分

演讲按场地划分有课堂演讲、街头演讲、视播演讲等。如前所述，演讲的分类只能是从一个角度定一个标准划分，因而很难避免其中的交叉关系、从属关系。

◎ 思考与训练

1. 演讲前应做好哪些方面的准备工作？

2. 不同的演讲风格会展示出不同的演讲效果，说说你适合哪种演讲风格？

3. 根据如下信息进行即兴演讲。

演讲题目：赠人玫瑰，手有余香

时间：2～4分钟。

🔍 学习提升

1. 智慧树慕课：有话好好说——职场新人口才攻略

2. 北京卫视《我是演说家》

3. 安徽卫视《超级演说家》

任务2 演讲稿写作技巧 ///////////////////////////////////////

任务目录

1. 了解如何确定演讲稿主题。
2. 掌握演讲稿材料的筛选。
3. 演讲稿结构的谋划。
4. 梳理演讲稿语言，使其凝练、有力。

经典范例

闻一多先生的《最后一次演讲》节选

这几天，大家晓得，在昆明出现了历史上最卑劣，最无耻的事情！李先生究竟犯了什么罪，竟遭此毒手？他只不过用笔写写文章，用嘴说说话，而他所写的，所说的，都无非是一个没有失掉良心的中国人的话！大家都有一支笔，有一张嘴，有什么理由拿出来讲啊！有事实拿出来说啊！为什么要打要杀，而且又不敢光明正大地来打来杀，而偷偷摸摸地来暗杀！这成什么话？

今天，这里有没有特务？你站出来！是好汉的站出来！你出来讲！凭什么要杀死李先生？杀死了人，又不敢承认，还要诬蔑人，说什么"桃色事件"，说什么共产党杀共产党，无耻啊！无耻啊！这是某集团的无耻，恰是李先生的光荣！李先生在昆明被暗杀，是李先生留给昆明的光荣，也是昆明人的光荣！

（选自闻一多：《最后一次演讲》，北京，中国工人出版社，2016）

范例分析

闻一多先生的演讲文段所用的词汇虽然都很平常，但是却很有力量。闻一多先生多处用了疑问句、感叹句，表述直白毫不含蓄，让人能够感受到闻一多先生对李公朴先生的尊敬和对反革命分子的强烈不满。加之第二人称的使用，给人强烈的现场感。好的演讲稿一定要让人有身临其境之感，仿佛置身现场，听到演讲者那一番或慷慨激昂或振奋人心或发人深思的话，因此类似于呼告、设问、移情等手法也是必不可少的。另外，要有煽动性，用语的力度就得和一般文章不同。比如，在一般文章，你反对一种观念，只要说这是不对的，但是在演讲中，就要带一点情绪。你说这是错误的，可能还是不够分量。你可以说：这是荒谬的。

一、 演讲稿主题的确定

演讲稿写作技巧
（上）

主题是演讲的灵魂，它决定着演讲思想性的强弱，制约材料的取舍和组织，影响到论证方式和艺术调度。没有明确的主题，演讲就如同没有灵魂，即使讲得天花乱坠，也会让人不知所云，不得要领。演讲的目的在于宣传、教育、组织和激励听众。因此，选题一定要有时代意义，必须紧紧抓住人们普遍关心的问题，抓住社会现实中急需解决的问题。如思想政治方面的重大问题、与现实社会息息相关的社会风气和道德修养问题，以及反映科学文化发展动态、推动科学文化事业发展的问题。要讲出时代感，讲出新意，演讲者必须考虑演讲的场合、环境、现实状况，以及自己对该问题的历史、现状的了解程度，并给出科学的分析和解释，以符合历史发展的规律。同时演讲稿创作要有针对性，要能深刻影响人，极大地感染人。由于民族不同，性格各异，职业有别，年龄差距，以及生活环境和文化修养不同，接受演讲的人存在着很大的心理差异、风格差异、感情差异等。选题时应考虑不同类型的人的需要，根据不同民族、不同职业、不同层次的人的知识水准、兴趣爱好、风俗习惯等来确定。只有选题适合人们的心理、愿望，才能调动其注意力，唤起其热情和兴趣。例如，对年轻人谈男女恋情，谈如何看待流行歌曲等问题很合他们的口味，但对中老年人就未必合适。显然，如果对山区老农大谈高能物理，谈得再好恐怕也不会受欢迎，倘若换成水土改良，情况就会大不一样。

为了适应不同类型的人的需要，选题要考虑适应度。选题的适应度较大，适应的受众面就较宽；反之，适应度较小，适应的受众面就较窄。一般来说，选题的专业化程度越高，其适应度就越小。有时，你的个人背景就是很好的演讲题目的灵感源泉，完全可能发展成一篇引人注目且内容翔实的演讲稿。

（一）以记忆犹新的个人经历为主题

结合自身的经历，回忆一下自己生活中难忘的往事、从事过的工作或令你陷入困境的事情。如果真实可靠，这些都是值得一说的故事。不过，不要忽视那些在你自己看来平淡无奇的经历，因为它们在别人的眼中或许会生动有趣。

👁 课堂训练

1. 请回忆你生活中最难忘的经历，将难忘的经历作为演讲的主题讲给听众。

2. 分享的个人经历会给人带来什么样的感受？以个人的难忘经历为主题进行演讲可以让演讲者和听众之间的距离感拉近吗？

3. 请以"我最记忆犹新的故事"为主题进行即兴演讲。

（二）以个人的专业知识或专长为主题

人们都希望了解事情是如何运转的，而且通常在聆听过程和步骤时兴致盎然，即使在从业者本人看来这些过程和步骤毫无出奇之处。你也可以围绕对生活的认识来构建一篇演讲稿，或者诸如此类的话题——可以对人类的天性或者文化中的某些方面提供独特的洞察和见识。

（三）以个人强烈的信念和信仰为主题

能够触动听众的核心价值观的内容通常能够成为很好的演讲主题。当演讲者以确信不疑的信念发表演讲时，会更加放松自如，听众也会更加善解人意，即使他们持相反的看法，当他们看到你的演讲发自肺腑时，就不会心生抵触了。同时要注意，在演讲中立场不客观或失去理智，或是进行不适当的自我披露，将使听众尴尬不安，这都会影响演讲的效果。

（四）演讲内容要与演讲的场合气氛相协调

时空环境不仅指演讲现场的布置，也包括时间、背景、组织等因素。显然，在喜庆的场合中大谈悲凉，在悲哀的氛围中大讲欢愉都是荒唐的。选题还应考虑可供演讲的时间。根据心理学的研究，一般人的大脑在一小时以内只能解说或接收一两个重要问题。因此，选择演讲主题必须集中凝练、富有特色，时间要掌握得恰如其分。如果参加演讲比赛，更有必要了解限定的时长，否则到时临场修改内容，增添删汰，就会手忙脚乱，甚至无所适从。

此外，参加有多人演讲的会议，还要考虑自己演讲所安排的顺序是在会议的开头、中间还是结尾，并且还要了解在自己演讲之前的演讲者和在自己演讲之后的演讲者的情况。这些都与演讲成败有密切的关系，不可忽视。在其他条件同等的情况下，最佳的主题是那些既适时又永恒的主题。某些话题一直以来并且永远将是人们津津乐道的对象。当你把一个发生在当代的事件和某个人类永不衰亡的话题联系到一起时，你就联结了适时和永恒这两个要素。反之，如果你不把主题和某个当前的现实问题联系起来，听众极有可能对晦涩艰深的阐述毫无兴趣或不胜其烦。但并不是说只要具备了这些要素，这个主题就是好的主题。你要考虑一下适时的标准。

如果某一事件一连两周都占据了报纸的头版专栏，以该事件为主题的演讲或许可以称为适时的。但是，除非你能够在更为广阔的意义上向听众阐发你对此的见解，否则你只是向他们提供相当有限且重复的信息，浪费了他们的宝贵时间。总之，一个深奥的、永恒的主题应当和它的现实反映挂钩，而一篇适时的演讲应当指出该主题的永恒含义。

◉ 课堂训练

优秀的演讲者要做到演讲言之有情、言之有势、言之有物、言之有用，更要做到内容和场合气氛相协调，那么在"五四青年节"举办的以"最美的青春"为主题的演讲比赛中，你觉得讲些什么内容更加恰当？拟一个演讲片段。

二、 演讲稿材料的筛选

从演讲的定义我们可以知道它是演与讲的有机结合，是一种以口头语言表达为主、态势语音表达为辅的，通过面向听众发表自己的见解和主张，以达到感染人、说服人、教育人为目的的艺术化的语言交际形式。从这里我们可以清晰地意识到演讲是以论述为主的艺术，由此在演讲稿的写作中为了有力地论证、清晰地阐述自己的观点，必不可少地要使用材料，使之恰到好处地为主题服务，支撑起演讲的框架，传达出演讲者的心声。于是材料的选择与使用成了演讲稿写作的重要环节。一场演讲中，演讲稿是成功的基石，在其追求艺术化的同时，首先要遵循科学的规律。明晰材料信息在听众头脑中的作用，即材料所传达的信息需符合人的认知规律，符合现代人的认知特点，只有保证这一点，才能使听众有效地吸收材料，进而认同其观点，从而达到演讲目的，因此，这是选择材料的第一个要素。

（一）旧材料的选择与使用

1. 充分利用"旧"材料

使用大家所熟知的经典材料，一个显而易见的好处就是容易唤起听众的记忆，比如，一提起屈原，人们就知道是讲其爱楚国；一提起雷锋，人们就知道是讲助人。但使用这些材料有一个巨大的风险就是会因为没有新鲜感而失去听众，这可能是演讲稿材料使用者的一种普遍认识，其实这种认识的背后隐含着这样一个事实，就是材料的使用者对材料本身缺乏认识。

📼 经典案例

谈到屈原爱楚国，人们多会选择屈原自沉的故事作为最直接的材料，但有多少人探讨过屈原对楚国至死不渝的原因呢？屈原自己在《离骚》里写得明白："帝高阳之苗裔兮，朕皇考曰伯庸。"他不仅是楚国的贵族，而且与国君有着直接的血亲联系，这就很容易明白一个道理：在屈原眼里，国便是家，家就是国，国和家本无区别。所以当楚国衰微、城破国亡之时，也是屈原投江之日。如果材料这样用，还不如把精力放在屈原的独特性上，即屈原的精神以民俗的形式被民众自觉地继承下来，南方吃粽子、赛龙船，北方吃鸡蛋、采艾蒿，这才是一种浸融在血管中、无可更改的事实，其实我们不用高喊口号，当我们在五月初五那天剥了一个粽子、一个鸡蛋，在日出之前用水洗脸，在门上挂起据说可以明目、驱蚊的艾蒿时，就已经做了屈原的追随者。这样使用这则材料，不仅在材料上有了深入分析，而且是在帮助受众分析自我行为的意义，应该更为受众所接受和认可。

（选自百度文库）

案例分析

"旧材新用"能够吸引受众的注意力，同时能够深化表达效果。

2. 充分利用材料在社会发展中意义的延伸

演讲者需要在事例的发展中获得关于材料的本质的认识，从而得到听众的认可，加深听众对材料的认识，起到宣传了鼓舞作用。

☕ 经典范例

钉子精神

在施工任务中，雷锋整天驾驶汽车东奔西跑，很难抽出时间学习，雷锋就把书装在挎包里，随时带在身边，只要车一停，没有其他工作，就坐在驾驶室里看书。他在日记中写下这样一段话："有些人说工作忙，没时间学习，我认为问题不在于工作忙，而在于你愿不愿意学习，会不会挤时间。要学习的时间是有的，问题是我们善不善于挤，愿不愿意钻。一块好好的木板，上面一个眼儿也没有，但钉子为什么能钉进去呢？这就是靠压力硬挤进去的。"由此看来，钉子有两个长处：一个是挤劲，一个是钻劲。我们在学习上也要提倡这种"钉子"精神，善于挤和钻。

（选自学习啦网：《雷锋的经典故事大全》）

范例分析

演讲者要善于对"旧材料"进行深入阐发，鞭辟入里才能振聋发聩。

3. 多面化分析旧材料

要使听众对使用的材料有新的认识，就要利用人的记忆特点，以原有的记忆为基石，以此激发听众的联想，从而为材料的吸收创造有利条件。

◉ 课堂训练

学校将举办以"中国力量"为主题的演讲比赛，作为演讲者你认为什么样的旧材料可以使用？请列举3则经典的旧材料。

（二）新材料的选择与使用

现代社会，信息量大，人们的视听接触面在某些程度上得到了扩展，但从另一方面讲也受到了限制，即一个人可能最大限度地获取了信息资料，同时意味着他又忽略了更多的信息，因为一个人的注意力总是有限的，条件也是有限的。如在央视连续举行了数年的"感动中国年度人物"评选后，多数人都已说不清哪个人物是哪一年当选的了，更不要提那些数量众多的备选人物了，而实际上，好多人物的事迹单拿出来都能令人感动，因此，我们要选择和使用新材料。

1. 使用的新材料要"大"

要使用具有轰动性效应，公众获悉可能性大、普及面广的材料。

2. 使用的新材料要"小"

要选择身边的小事。这类事情因为具有明显的个人特性而容易吸引人，同时又因为即使听众来自不同的职业、有着不同的地位和经历，但总归是生活在大多数人所生活的社会空间里，你所使用的材料包含的信息都是听众所熟悉的。

当然在材料的使用中我们更应该注重新、旧材料的搭配使用，在二者的搭配中，"旧"材料是听众熟悉的，相当于中药里的"药引子"，它能对听众的情感、思想做一个有利于材料的诱发，在此基础上，使新材料成为一种强力补充，从而完成对观点的论述。总之，我们在演讲稿的写作中，在材料的选择上只有尊重人的认知科学规律，抓准材料的切入点，才能既达到说服人的目的，又有艺术感染力。

三、 演讲稿结构的谋划

想拥有一份优质的演讲稿，仅仅了解了演讲的主题和种类是远远不够的、演讲者还要做到清晰地、有条理地将演讲的内容全部呈现给听众。可见，清晰的、有逻辑的结构是演讲稿书写至关重要的因素。演讲稿的结构主要由开头、主体、结尾三部分构成。

演讲稿写作技巧
（下）

（一）开头

正所谓"万事开头难"，想成为一名成功的演讲者，你的开场白具有举足轻重的作用。如何让听众喜欢你的演讲，爱上你的演讲，对你的演讲情有独钟呢？掌握演讲的三种开场方式，至关重要。

1. 奇论妙语，石破天惊，开口有益

当下我们生活在一个融媒体时代，手机和每个人形影不离，如果你的演讲开场，平庸普通、论调平平，人们将会对你所说的不屑一顾，置若罔闻；所以作为演讲者，你一开口讲话，就要让人们有所收获，就要阐明你的演讲内容会给大家带来什么样

的好处，什么样帮助，站在听众的角度展开演讲，吸引住听众的注意力和兴奋点，从而达到出奇制胜的演讲效果。

经典范例

在今天的一小时的演讲时间里，我要和大家分享的主题是"××"，包括以下三点。

第一点是××；第二点是××；第三点是××。大家主要以我演讲为主，以视频和幻灯片展示为辅。其间我会做一些有趣的互动，和大家交流我的主题。

范例分析

以这样的开场白开场思路就很清晰，可以给听众一定的安全感，关键时提醒演讲者不忘词；演讲者还可以腾出空来使用视觉辅助工具或与听众互动。这样看上去更真实、可信，因为演讲者的观点是自然而然地表达出来的，感情也会非常到位。

2. 自嘲开路，幽默搭桥，氛围有趣

要想来一段趣味横生、乐不可支、津津有味的开场白，可以使用夸张的动作表情，诙谐幽默的语言，心领神会的内容，巧妙的自我介绍，这些会使听众感到亲切，无形中缩短了与听众间的距离。作家胡适在一次演讲时这样开头："我今天不是来向诸君做报告的，我是来胡说的，因为我姓胡。"话音刚落，逗得在场的听众哈哈大笑。这段开场白既巧妙地介绍了自己，又体现了演讲者谦逊的修养，而且活跃了现场气氛，堪称一绝。

3. 即景生题，巧妙过渡，思路清晰

一名演讲者若一上台就开始正正经经地讲，会给人生硬、突兀的感觉，让听众难以接受。不妨以眼前人、事、物，景为话题，引申开去，把听众不知不觉地引入演讲之中。接着转入正题，逻辑清晰地分成几点来讲或是按照过去、现在、未来的思路来讲，语言优美，节奏舒缓，感情深沉，让你的听众清清楚楚、明明白白，在你的演讲中人、景、物、情完美融合，与主题交相辉映，浑然一体。

经典范例

美国黑人领袖约翰·罗克在面对白人听众关于解放黑人奴隶的演说时，说："女士们，先生们 —— 我来这里，与其说是发表讲话，还不如说是给这一场合增添了一点颜色。"

（选自第一范文网：《实用演讲稿开场白》）

范例分析

这是一段自嘲、幽默式的开场白，引起在场的听众哄堂大笑。笑声冲淡了心理隔阂，使沉重的话题变得轻松。

（二）主体

演讲者在一段华丽的开场白过后，一定要展开一段具有一定说服力、感染力，打动人、鼓舞人的主体内容。演讲稿主体是整场演讲的核心部分，是演讲的高潮所在，彰显着演讲者博大精深的文化底蕴。演讲稿的主体内容直接关系到演讲的质量和效果。演讲稿的主体内容至关重要，稿件内容要充实，相关材料要丰富，要做到血肉饱满。演讲者应精心设计、合理安排结构，勾勒出演讲最精彩、最激动人心的画面，做到演讲主体承接开头，环环相扣，层层深入，步步为营。

1. 演讲稿主体书写要确定结构形式

演讲稿的形式比较活泼，或旁征博引、剖析事理，或引经据典、挥洒自如，或层层深入、就事论事。演讲的结构形式不管怎样变化，我们的演讲稿都要做到内容突出、分析透彻、推理严密、层次清晰、情理交融。

2. 演讲稿主体书写要认真组织好材料

演讲稿的理论依据和事实论据，组织安排要适当。必须保证例证的真实性、典型性，内容要求言简意赅、起到画龙点睛的作用。

3. 演讲稿主体书写要构筑演讲高潮

一场成功的演讲要生动曲折，引人入胜，要在情感上打动听众、理论上说服听众、内容上吸引听众，必须使通篇波澜起伏、情绪激昂，情感的兴奋点达到巅峰。

（三）结尾

演讲稿结尾要简洁有力，余音绕梁，留有余香，成功的演讲需要一段精彩有力的结尾：一方面要高度概括主题内容，使听众对演讲者、演讲内容留下完整、清晰、深刻的印象；另一方面要大道至简、恰到好处，使听众受到鼓舞，产生信心，增强斗志，激发豪情，回味无穷。常见的演讲稿结尾方式如下。

1. 总结式

演讲稿采用对演讲整体以总结归纳的方式结尾，用极其精练的语言，对演讲内容和思想观点做一个高度概括性的总结，以起到突出中心、强化主题、首尾呼应、深化内涵的作用。

2. 祝贺式

演讲稿采用诚挚的祝贺和赞颂话语结尾，本身充满了情感的力量，最容易拨动听众的感情之弦，产生和谐的共鸣。创造出欢乐愉快、热情洋溢的气氛，使人在愉悦感中增加自豪感和荣誉感，激励人们满怀信心去创造未来。

👁 课堂训练

参加朋友的升学宴会，请你作为他的好朋友以总结的方式，撰写 100 字的演讲稿结尾。

3. 点题式

演讲稿采用重复题目的方式结尾。题目是演讲的重要组成部分，是最具个性和特色的标志。重复题目再一次点题，能加深听众对演讲的印象，使受众产生强烈的共鸣。

4. 号召式

演讲稿采用提希望或发号的方式结尾。演讲者以慷慨激昂、扣人心弦的语言，对听众的理智和情感进行呼唤，或提出希望，或发出号召，或展示未来，以激起听众感情的波澜，使听众产生一种蓬勃向上的力量。

☕ 经典范例

同志们！"东方欲晓，莫道君行早，踏遍青山人未老，风景这边独好。"让我们迎着春天的脚步，珍惜大好的春光，激情干、埋头干、创新干、合力干，以"奋起"的精气神，干出开局之年的奋进态势，干出"强、富、美、高"的精彩篇章！

（选自中国演讲网：《机关单位迎 2020 年元旦致辞贺词》）

范例分析

号召式结尾极具号召力、感染力，对鼓舞、提振士气，增加人们的工作激情与热情具有很好的作用。

5. 决心式

演讲稿若以表决心、发誓言的方式结尾，这种结尾感情饱满，态度鲜明，激情奔放，有助于坚定听众的信念，增加演讲的感召力，言简意赅，语言真切。决心式结尾能充分表达演讲者鲜明的立场和坚定的决心，从而有力地鼓舞听众朝着这一目标奋进。

6. 名言式

演讲稿使用哲理名言、警句做结尾，即通过引用名言、警句、谚语、格言、诗句等作为结尾，使语言表达得精练、生动、富有节奏和韵律，使演讲的内容丰富充实，具有启发性和感染力，同时还可以给人一种生动活泼、别开生面之感，给演讲者的思想提供有力的证明，增加演讲的可信度，显得更加优美、含蓄、睿智、大气，具有较强的说服力和鼓舞作用。

☕ 经典范例

诚者，天之道也

康德这位伟大的哲学家在他的《实践理性批判》中说过这样一段名言警句，后来人们把它篆刻在他的墓碑上："有两种东西，我们愈是时常反复地思索，它们就愈是给人的心灵灌注了时时翻新、有增无减的赞叹和敬畏，这就是我头上的星空和心中的道德法则。"同学们，社会培养了我们，大学教育了我们，我们既要理解、征服头上的星空，也必须坚持、恪守心中的道德法则。这是我们双重的社会责任。谢谢大家！

（选自百度文库：北京邮电大学校长演讲《诚者，天之道也》）

范例分析

不可否认，用名言结尾，给演讲者的思想提供了有力的证明并增加了演讲的可信度，让演讲显得更加优美、更加含蓄，更有深度、更有内涵，从而更具说服力和鼓舞性。所以，这种方式经常被众多演讲者所采用，更是一些演讲高手的"杀手锏"。不过，我们在采用这种方式的时候，还需要留意一下。那就是必须选择一些原创的、哲理性强的、抒情性好的、语言通俗易懂的、让人回味无穷的名言。不能选择一些被人们熟知的、思想性不强的名言。

7. 幽默式

演讲稿采用幽默、风趣的语言结尾。除了某些较为庄重的演讲场合外，用幽默的方式结束演讲，可为演讲添加欢声笑语，使演讲更富有趣味，令人在笑声中深思，并给听众留下一个愉快的印象。

四、 梳理演讲稿语言

演讲稿是人们在工作和社会生活中经常使用的一种文体。它可以用来交流思想感情，表达主张、见解，也可以用来介绍自己的学习、工作情况和经验。演讲稿具有宣传、鼓舞、教育等作用，它可以把演讲者的观点、主张与思想感情传达给听众以及读者，使他们信服并在思想感情上产生共鸣。演讲者要表达自己的观点和情感必须借助语言这个交流思想的工具。因此，要提高演讲的质量，要语言的运用上下一番功夫。

（一）要运用口语化的语言

"上口""入耳"是对演讲语言的基本要求，也就是说演讲语言要口语化。演讲，说出来的是一连串的声音，听众听到的也是一连串的声音。听众能否听懂，要看演讲者是否说得好，更要看演讲稿是否写得好。如果演讲稿不"上口"，那么演讲的内容再好，也不能使听众"入耳"。演讲稿的"口语"，不是日常的口头语言的复制，而是经过加工提炼的口头语言，要逻辑严密，语句通顺。由于演讲稿的语言一般是演讲者写出来的，受书面语言的束缚较大，因此，就要冲破这种束缚使演讲稿的语言口语化。为了做到这一点，写演讲稿时，应把长句改成短句，把倒装句变成正常语序的句子，把单音词换成双音词，把听不明白的文言词语、成语改换或删去。演讲稿写完后，应读一读、所一听，看看是不是上口、入耳，否则，就需要做进一步修改。

☕ 经典范例

蔡朝东《民魂万岁》演讲稿节选

我总在想，世界上什么东西都能打扮，唯有人格不能打扮。每个共产党员，每个领导干部，当我们站在台上向人们宣传的时候，台下千百双眼睛在盯着我们，每一双眼睛都是透视镜，在透视你的人格。如果台上讲的与台下做的是两回事，那么群众还会跟你同心同德，跟你一条心吗？

各位朋友，大环境的改变，是靠小环境组成的，我们每个人虽然没有回天之力，但在社会上起个积极因素的作用，总是可以的吧！是一棵小草，就给大地带来一点绿色；是一滴水珠，就滋润一块人们的心田。即使做好事，有时还得不到好报，我们也决不能因为不得好报而不做好事，因为我们坚信，历史是公正的，民心是公正的。同时，我们也深深地懂得：一个国家要有骨气，一个民族要有豪气，一个党要有正气，一个军队要有士气，一个单位要有名气，一个家庭要有和气，一个人要有志气！

（选自百度文库：蔡朝东《民魂万岁》演讲稿）

范例分析

古今中外，真正成功的演讲，大都离不开当时的口语。朗朗上口的语言，自然、亲切、生动，富有表现力，具有浓厚的生活气息，所以更容易被听众理解和接受。

（二）要运用通俗易懂的语言

演讲要让听众听懂，否则就会失去听众，因而也就失去了演讲的作用、意义。为此演讲稿的内容要做到通俗易懂。演讲时要尽量避免文言词语、专业名词和不常用的成语等听众不太熟悉的语言。

☕ 经典范例

给大家讲一个传奇人物，陈怀德先生，1964 年出生，广东化州人，毕业于深圳大学，创办了月朗集团。在一次试业大会上，他当着与会的 500 多名经销商的面说，他将带领月朗国际三年做100亿的营业额，全场与会人员一听他这个"三年做100亿"的目标，都在嘲笑他。后来他说："我知道你们有满脑子的问号，给我三年时间，我一定把你们满脑子的问号给拉直，变成感叹号!"后来他真的做到了，第一年他们在全球的销售额达到30亿，第二年销售额就突破了60亿，他说"三年做到100亿"在两年内就达到了，因为他是在用生命来兑现他的承诺。在这两年的时间里，他不知疲倦地工作，经常不睡觉，用自己的生命为这个平台打拼。这件事告诉我们，人生要有目标并要付诸行动才能实现目标。所以我们要给自己一个承诺，然后带着这个承诺一直走下去。

（选自第一范文网：演讲稿——《目标与承诺》）

范例分析

本篇演讲稿运用通俗易懂的语言告诉大家：再长的路，一步步也能走完；再短的路，不迈开双脚也无法到达。在坎坷的路上我们要有自信，因为自信是免费的，既然自信是免费的，那我们为何不自信？在崎岖的路途中，我们要不怕失败，我们要时时记着：当你被失败拥抱时，成功可能正在一边等着吻你。

（三）语言要追求生动感人

好的演讲稿语言一定要生动。如果只是思想内容好，而语言干巴巴的，那就算不上是一篇好的演讲稿。精彩的演讲，既有丰富、深刻的思想内容，又有生动感人的语言。老舍曾说："我们的最好的思想、最深厚的感情，只能被最美妙的语言表达出来。若是表达不出，谁能知道那思想与感情怎样好呢？"由此可见，要写好演讲稿。仅仅语言明白、通俗还不够，还要力求生动感人。怎样使语言生动感人呢？

第一，用形象化的语言，运用比喻、拟人、夸张等手法增强语言的色彩，化抽象为具体，深奥变得浅显，枯燥变得有趣。

第二，运用幽默、风趣的语言，增强演讲稿的表现力。这样，既能深化主题，又能使演讲的气氛轻松和谐；既可调整演讲的节奏，又可使听众消除疲劳。

第三，发挥语言的音乐性特点，注意声调的和谐和节奏的变化。

☕ 经典范例

对刘胡兰的赞颂

敌人一口气铡死了六个同志，让十五岁的你看什么叫死。你早知道那是怎么回事，没眨眼就走过去，让誓言变成画面。当你的头枕在铡刀另一边，你告诉刽子手："不怕死的，就是共产党员！"你是站起又倒下的，但归根结底，你是倒下又站起的！

（选自第一范文网：《演讲稿写作的基本要求》）

范例分析

演讲运用朴素生动、语言凝练，使刘胡兰的形象光照日月，给人们留下了难以磨灭的印象。加之选用的词语音节整齐、铿锵有力、寓意高深、适境得体，给演讲平添了悲壮感人、余音不尽的色彩和音响。

（四）要运用准确朴素的语言

准确，是指演讲稿使用的语言能够确切地表现讲述的对象的一事物和道理，揭示它们的本质及其相互关系。要做到这一点，首先，要对表达的对象熟悉了解；其次，要做到概念明确，判断恰当，用词贴切，句子组织结构合理。朴素，是指用普通的语言，明晰、通畅地表达演讲的思想内容，而不刻意追求辞藻的华丽。过分追求文辞的华美，反会弄巧成拙，失去感染力。

☕ 经典范例

感恩老师

师爱如一股涓涓细流，虽无声，却能够滋润干涸的心灵。它平凡，却在平凡中孕育着惊人的伟大！有时，师爱是一剂特效药，可以拯救那病入膏肓、行将就木的灵魂；有时，师爱又是人生海洋上的一座指路灯塔，引导我们走出迷途，追随光明。"春蚕到死丝方尽，蜡炬成灰泪始干"，这份沉甸甸的师爱，有谁能够掂出它的分量，又有谁能够真正偿还呢？

感恩教师，并不需要我们去做什么惊天动地的大事。

课堂上，一道坚定的目光，证明了你是全身心地投入，你在专心地听课，这便是感恩；下课后，在走廊里看到了老师，一抹淡淡的微笑，一声礼貌的"老师好"，这也是感恩；放学了，向老师招招手，说上一句"老师再见"，这依然是对老师的感恩。

不要再把这些归结于是无谓的小事，不要再不屑于这些在你身边的点点滴滴。因为在这点滴小事的背后，包含的正是你对老师的尊重和肯定。人人都希望得到别人的敬重和认同，你我如此，更何况是那用自己的汗水辛勤耕耘，挥洒在教育园圃中的园丁呢？

让我们，在考场上，认真应试，仔细答题，牢守纪律；让我们，在教室里，把教室打扫得干干净净，给班级一个整洁的环境；让我们，在寝室里，把寝室布置得窗明几净，给室友一个舒适的环境；让我们，在校园的小径上，看到地上有纸屑果壳，能够毫不犹豫地将它们拾起来……

我想这一切的一切正是老师对我们多年来不断教育的成果，也是一种感恩，同时也是我们对老师平时谆谆教导的一种最好的回报。

同学们，感恩老师从点滴做起，感恩老师从现在做起！

（选自第一范文网：《感恩老师》）

范例分析

演讲运用朴素语言，明晰、通畅地表达演讲者对老师的爱，指出了如何做到尊重老师，内容清晰明了，不刻意追求辞藻的华丽，表现出了极强的感染力。

思考与训练

1. 演讲稿的结构分为哪几个部分？
2. 如何写出高质量的演讲稿？
3. 请以"职场中的自己"为主题写一份演讲稿，字数 1000 左右。

学习提升

1. 智慧树慕课：姚晓玲——演讲口才
2. 北京卫视《我是演说家》
3. 安徽卫视《超级演说家》

任务 3　演讲肢体语言技巧 ////////////////////////////////

💬 **任务目录**

1. 掌握演讲身姿语。
2. 掌握演讲手势语。
3. 掌握演讲表情语。

💼 **经典案例**

　　在古希腊，谁能登台演讲并得到听众的认可，谁就是这个城堡的领袖！古希腊演讲家德摩斯梯尼第一次登台演讲时，听众把他轰下了台。因为他讲得实在是糟糕透了，他讲着讲着肩膀就往上耸。耸肩膀这个姿势是很难看的！台下的听众把他轰下台去。但是，德摩斯梯尼没有气馁。他回到家以后，给自己剃了个阴阳头，以示自己再也不出门，他把所有的书籍都翻出来，拼命地读书与练习演讲。为了克服自己耸肩的毛病，他把棚上吊了两支宝剑，剑尖正好对着自己的肩膀，如果一耸肩就会扎着自己。经过这样长期的训练，耸肩的毛病终于克服掉了。他的内功更强了，有了丰富的学识和思想见地；他的外功更棒了，肢体语言更得体了。当他再次登台演讲的时候，人们的掌声雷鸣般地响了起来。

（选自个人图书馆网：《德摩斯梯尼苦练成才》）

案例分析

　　通过这个案例，我们可以看出适当的肢体语言不仅有助于有声语言的表情达意，而且能使人们通过视觉的帮助加深对话题的理解和对演讲者个人魅力的认同。同样，端庄的仪表和高雅的个人风度，以及适当的肢体动作，对于口才的发挥增添了无限的魅力。

　　演讲是一种综合能力的展现，在不长的时间里，把所要表达的思想传达给听众，并触动听众的心灵，是一件难度很大的事。演讲者除了应具有深厚的文化底蕴、良好的心理素质和标准的普通话水平外，还要能辅以适当的肢体语言，以更好地传情达意。

一、 演讲肢体语言运用原则

演讲中怎样站、怎样看、怎样挥洒自如、怎样表情丰富对于演讲效果都是非常重要的。演讲中可使用的肢体语言有很多，较常用的有身姿语、手势语、表情语。懂得恰当地运用肢体语言，是演讲者能在台上轻松自然地演讲的必要前提，是影响成败的关键。良好的肢体语言表达能力是可以通过专业的训练提高的。演讲中，肢体语言并不是越多越好，如果无目的地乱用一气，会有喧宾夺主之嫌，不仅不能为演讲增色，反而会因此招致非议，这就需要注意演讲中肢体语言运用原则。

（一）整体协调

一般说来，使用肢体语言要做到与声音语言相协调，要与感情、语境相协调，要与其他非语言手段相协调，切不可生搬硬套，弄巧成拙。

（二）因时、 因地制宜

采用肢体语言，一般有两种情况：一种是自然流露；另一种是根据演讲的具体情况而预先设计，恰到好处方能为演讲增色。

（三）大方自然

按照我们的审美观，演讲时的表情手势和体态等应自然含蓄、温文尔雅，有分寸、不拘谨也不造作，即使是表现强烈的激情，也不可过火。

二、 演讲身姿语

身姿语是肢体语言中的一个重要的组成部分，对一个人整体形象的塑造起着重要的作用，其与人的相貌同等重要。身姿主要是靠腿部来表现的，腿部虽属身体的下端，但它往往最先表露潜意识。谈话中，当人们不愿意把内心的焦躁不安明显地表露在脸上或者身体其他部位的大幅度动作上时，往往轻轻地摇动腿部或抖动腿部。因此，腿部也能表现人的情绪和意识。

（一）走姿

1. 上台

演讲从你上台就开始了，走姿是一个人最直观的外在表现。从台下到台上的这段路，就是展示你精神面貌的"T台"。平时怎么走就怎么走，不要刻意地去追求什么。无论怎样的走姿，只要做到自然、轻松、自信、稳健，给在场听众留下庄重、热情、有礼的好印象就可以。基本要求如下：行走的时候上身挺直，步伐矫健，双膝弯曲度小，步子幅度和速度都适中，步伐和手的摆动有强烈的节奏感，眼睛直视前方。

2. 下台

当演讲者结束演讲向在场听众鞠躬后，可转身走向原座位，这时的举止、神态和表情应如上台一样，要尽可能做到亲切自然、稳重大方。因为此时演讲虽然已经结束了，但演讲者仍处在听众注意的视野范围内，在这个时候如果出现了失态现象，同样会有损于演讲者在听众心目中的形象，甚至会功亏一篑。为此，就要求演讲者注意以下几点。

第一，走回座位时不可过于激动、过于匆忙。时常见到一些演讲者，一旦结束演讲，就如释重负，匆匆忙忙地跑下讲台。这样就会使听众感到你不稳重、不沉着、缺乏临场经验。

第二，走回座位后，不要表现出一副洋洋得意、毫不在乎的面孔，也不要流露出一种羞怯、失败的神态。因为这两种神态都会在听众心目中留下不好的印象。

第三，当演讲者回到原座位落座，大会主持人和听众以掌声向演讲者表示感谢时，演讲者应立即站起，面向大会主持人和观众致礼，表示诚恳的回谢之情。切不可流露出敷衍了事或得意忘形的神态。

3. 走姿类型

走姿是动态的，有过舞台表演实践的人没有人不重视台步，演讲者当然也不例外。在演讲中，演讲者的走姿可分为以下几种类型。

（1）稳健自得型

稳健自得型演讲者行走的时候，步履稳健，昂首挺胸，仰视阔步，步伐较缓，步幅较大。这种走姿表达的是"愉快、自得、有骄傲感"。注意头不能抬得过高，给人傲慢的感觉；也不能过低，显得不自信。

（2）轻松自如型

轻松自如型演讲者行走时心情轻松，步子的幅度适中，步速不紧不慢，上身直立，两眼平视，两手摆动自然，手臂摆动幅度过大会显得呆板，过小则显得猥琐。这种走姿表达出来的含义就是"轻松自如，比较平静"。

（3）庄重有礼型

庄重有礼型演讲者行走的时候，上身挺直，步伐矫健，双膝弯曲度小，步姿幅度和速度都适中，步伐和手的摆动有强烈的节奏感，眼睛正视前方。"庄重、热情、有礼"是这种走姿所要表达的主要含义。

👁 课堂训练

将同学分成小组，双手在背后合十，指尖向上依次上台进行走姿训练。以这种姿势走路，可以减轻驼背现象。

💼 经典案例

梁实秋描述梁启超演讲时的风采

——《记梁任公先生的一次演讲》

（出场给人的第一印象）

我记得清清楚楚，在一个风和日丽的下午，高等科楼上大教堂里坐满了听众，随后走进了一位短小精悍、秃头顶、宽下巴的人物，穿着肥大的长袍，步履稳健，风神潇洒，左右顾盼，光芒四射，这就是梁任公先生。

（演讲中的激情四溢）

先生的讲演，到紧张处，便成为表演。他真是手之舞之、足之蹈之，有时掩面，有时顿足，有时狂笑，有时叹息。听他讲到他最喜爱的《桃花扇》，讲到"高皇帝，在九天，不管……"那一段，他悲从中来，竟痛哭流涕而不能自已。他掏出手巾拭泪，听讲的人不知有几多也泪下沾巾了！又听他讲杜氏讲到"剑外忽传收蓟北，初闻涕泪满衣裳……"先生又真是于涕泗交流之中张口大笑了。

（选自梁实秋：《人生几度秋凉》，石家庄，花山文艺出版社，2018）

案例分析

从梁实秋的记录中我们能看出梁启超先生演讲时仪态自然、大方，很有震撼力。他的肢体语言在演讲中起到了举足轻重的作用。

（二）站姿

一般来说，在人多的场合适宜站着说话。这既是出于礼貌，又是为了展示演讲者的肢体语言，充分地显示演讲者的气质、风度和力量。优雅的站姿是动态美的起点。站姿是以自然得体为度，不必刻意追求举手投足都完美无缺，只要有自己的特点，时间长了会慢慢形成自己的演讲风格。正确的站姿如下。

头位：头部抬起，平视前方，下颌微收，脖颈挺直，面带微笑，精神饱满。

上体：双肩下沉外展，两臂自然垂于身体两侧，双手可以自然交握于腹部上位，右手轻握左手指部位，挺胸、收腹、立腰，和谐有朝气。

腿位：臀部略收，双腿并拢直立，重心落于脚掌，挺拔自然。

脚位：男士可以双脚并拢或稍微分开站立。女士可以选择双脚跟并拢，肌肉略有收缩感，脚尖分开呈30°夹角或双脚摆成"丁字步"，身体略侧，以"舞台姿态"站立。如果站立过久，可以将左脚或右脚交替后撤一步，上身仍需挺直。演讲者还要想办法缓解自己的紧张情绪，例如，可以将一只手稍微插入口袋中，或者手触桌边，或者手握麦克风等。切记不要把身体倚在讲台上或不停地扭动身体。歪斜着身子会给人以不严肃的感觉。有些演讲者习惯性地抖动脚，这也是演讲中的大忌。

经典案例

小明是一名人文艺术系学生会文艺部成员，系里要在学生会成员中选拔一些既有爱心又有能力的成员担任干部。小明很想竞聘系文艺部部长一职，于是他精心准备了演讲稿。但他面对镜子演练了很多次，感觉都不理想，于是请寝室的同学为他分析原因。室友告诉他：动作过于死板，直直地站在原地，没有表情，不吸引人。小明接受了室友的建议，翻阅了关于肢体语言训练的资料，观看了大量的优秀演讲视频。功夫不负有心人，在几天后的竞聘演讲中，他的演讲获得了较高的评价。

（原创案例）

案例分析

通过这个案例，我们可以看出肢体语言在与人交流中起到的"此时无声胜有声"的作用，当你在演讲、面试、商务活动、人际沟通中展示自己时，肢体语言可能决定着你的成败。所以，掌握好肢体语言的运用技巧是极为重要的。肢体语言主要由仪表、头部动作、面部表情、手势、体态等组成。

👁 课堂训练

将同学分成小组，每个小组同时背靠墙进行站姿训练，要求五点一线法，后脑、肩、臀、小腿肚、脚跟五点呈一条直线紧靠墙面，挺胸、收腹、提臀，脚掌并拢，大腿夹紧（严格地说，必须要牢牢夹住一张纸），坚持10分钟。

靠墙半蹲，背对墙并腿站立，脚跟、小腿、臀、后脑勺紧贴墙，两臂自然下垂贴于体侧。保持站立姿势20秒，再屈膝半蹲，保持20秒，重复10次。

（三）坐姿

如果是坐着演讲，则要注意坐姿。完整的坐姿包括入座、落座、起座三个程序。

入座要从容大方、轻稳和缓，款款地走到座位前，背向椅子，轻缓落座，不要发出嘈杂的声音。

落座后，女士要双手从臀部捋过裤或裙，顺势坐下。上身保持挺直，头部端正，下颌微收，目光平视前方或交谈对象，腰背稍靠椅背，双肩自然下沉，双臂自然弯曲。两手自然放在膝盖、扶手或桌面上。女士可双手呈互握式，右手握住左手手指部分，放于腹前双腿上。两腿自然弯曲，小腿与地面基本垂直，两脚平落地面。男子应注意两膝间的距离以松开一拳或两拳为宜，女子则以不松开为好。在正式场合，或有尊者在座时，不能坐满座位，只坐椅子的2/3。

起座时要舒缓、自然。可右脚向后收半步，用力蹬地，起身站立，或用手掌支撑大腿，重心前移，起身站立，给人以高贵、文雅、自然大方的感觉。

👁 课堂训练

落座练习：并腿坐在椅子上，两脚平放在地，上体保持正直，重心落在臀部，两手放在大腿上，保持这种姿势 5 分钟。

落座、起座练习：并腿坐在椅子上，两脚平放在地，上体保持正直，重心落在臀部，两手放在大腿上。重心前移至脚上，上体保持正直，通过膝盖带动站起来。稍停后屈膝坐下还原。练习应重复 10～20 次。

（四）鞠躬

鞠躬是演讲中的基本礼仪，演讲前后演讲者都应做好鞠躬礼，这是演讲者的基本礼节。演讲前，行鞠躬礼时，先站立好双目注视听众，面带微笑，然后上身向下倾斜 20°左右，视线随之自然下垂。演讲结束后，行鞠躬礼时先站立好，双目注视听众面带微笑，然后上身向下倾斜 90°左右，视线随之自然下垂。

三、 演讲手势语

当众讲话时的手势，不仅能够强调和解释语言所传达的信息。而且能使讲话的内容更丰富，形象、生动，让听众可听、可看、可悟，能缩短你和听众之间的距离。手势

演讲肢体语言
技巧（下）

的应用没有什么固定的模式，以自然为佳，最好就是日常的习惯性手势。在此基础上，可进行适当的修饰和设计，改掉一些不良的手势习惯。手势宁少毋多，不要让人感到生硬，指向听众或者自己时不要用手指，而要用手掌。演讲的手势完全是由演讲者的性格和演讲的内容以及演讲者当时的情绪支配的，因人而异，随讲而变。

（一）手势的常见动作及运用技巧

1. 手臂动作

手臂动作范围影响较大，容易引起对方的注意。手臂动作的情感区域有 3 个。

（1）上区（肩部以上）

手臂在这一区域活动，主要表示坚定的信念、殷切的希望、美好的憧憬等情感。例如："欢呼，跳跃吧！""我们成功了！"

（2）中区（肩部至腹部）

手臂在这一区域活动，主要表示叙述事物、说明事理。例如："我和你们永远是好朋友。"

（3）下区（腹部以下）

手臂在这一区域活动，主要表示憎恶、鄙夷、不屑、厌烦等感情。例如："你这个胆小鬼，行进起来像条虫。"

2. 手掌动作

（1）覆手

覆手即掌心向下，伸出拇指，其余几指微微弯曲。这是审慎的提醒手势，演说者在有必要抑制听众的情绪时，为了达到控制场面的目的而采用的手势，也可表示否认、反对等。

（2）仰手

仰手即掌心向上，伸出拇指，其余几指微微弯曲。手部抬高表示欢欣赞美、申请祈求；手部放平表示诚恳地征求意见，取得支持；手部降低表示无可奈何。

（3）剪手

剪手即切手式的一种变异。掌心向下，然后同时向左右分开。这种手势表示强烈拒绝，毋庸置疑，演说者也可以用这种手势排除自己话题中涉及的枝节。

（4）推手

推手即指尖向上、并拢，掌心向外推出。这种手势常表示排除众议，一往无前的态势，显示出内心的坚决和力量。

（5）切手

切手即手掌挺直全部展开，手指并拢，像一把斧子嗖嗖地劈下，表示果断、坚决、快刀斩乱麻等。例如："中国人民是无所畏惧的，就是天塌下来，我们也顶得起！"

3. 拳头动作

（1）举拳

举拳即举起双拳在空中晃动。有号召人们起来斗争、奋斗的意义。

（2）握拳

握拳在身体上区握紧拳头，即五指收拢，紧握拳头。这种手势有时表示示威、报复；有时表示激动的情绪、坚决的态度、必定要实现的愿望。例如："人生需要目标，需要奋斗！"

4. 手指动作

（1）啄手

啄手即手指并拢呈簸箕形，指尖向着听众。这种手势具有强烈的针对性、指示性，但也容易表现成挑衅、威胁。

（2）包手

包手即五指尖相触，指尖向上，就像一个收紧了开口的钱包。这种手势一般是强调主题和重要观点，在遇到具有探讨性的问题时使用。

（3）伸指

伸指即指头向上。拇指伸出表示赞颂、崇敬、钦佩、夸奖、第一等。例如："我们的武警官兵真了不起！"（伸出拇指）食指伸出表示指点事物的数目和方向，也可以是批评、指责、命令等。例如："你为什么要这样做？"（伸出食指）小指伸出表示卑下、低劣，无足轻重等含义。例如："别看你人长得高大，但你心术不正，做起事来是这个。"（伸出小指）

🔗 相关链接

有趣的手势语

向上伸拇指：这是中国人最常用的手势，表示夸奖和赞许，意味着"好""妙""了不起""高明""绝了""最佳""顶呱呱""登峰造极"。在尼日利亚，宾客来临，要伸出拇指，表示对来自远方的友人的问候。在日本，这一手势表示"男人""您的父亲"。在朝鲜，表示"首级""父亲""部长"和"队长"。在美国、墨西哥、荷兰、斯里兰卡等国家，这一手势表示祈祷幸运。在英国、印度、法国，在拦路搭车时则是横向伸出拇指表示要搭车。如果在希腊将拇指急促地翘起，意思是粗暴地让对方离开。

向下伸拇指：世界上有相当多的国家和地区都使用这一手势，但含义不尽相同。在中国，把拇指向下，意味着"向下""下面"。在英国、美国、菲律宾，拇指朝下含有"不能接受""不同意""结束"之义，或表示"对方输了"。墨西哥人、法国人则用这一手势来表示"没用""死了"或"运气差"。在泰国、缅甸、菲律宾、马来西亚、印度尼西亚，拇指向下表示"失败"。在澳大利亚，使用这一手势表示讥笑和嘲讽。在突尼斯，向下伸出拇指，表示"倒水"和"停止"。

向上伸食指：世界上使用这一手势的国家也很多，但表示的意思不一样。中国人向上伸食指，表示数目，可以指"一"，也可指"一十""一百""一千"……这样的整数。在日本、朝鲜、菲律宾、斯里兰卡、印度尼西亚、沙特阿拉伯、墨西哥等国，食指向上表示只有一个（次）的意思。在美国，让对方稍等时，要使用这种手势；在法国，学生只有在课堂上向上伸出食指，老师才会让他回答问题。在新加坡，谈话时伸出食指，表示所谈的事最重要。在缅甸，请求别人帮忙或拜托某人某事时，都要使用这一手势。在澳大利亚的酒吧、饭店向上伸出食指，表示"请来一杯啤酒"。在墨西哥、缅甸、日本、马来西亚，这一手势表示顺序上的第一。在中东，用食指指东西是不礼貌的。

向上伸中指：两千多年来罗马人一直称中指为"轻浮的手指"。事实上，单独伸出中指的手势在世界绝大多数国家都不意味着好事情，普遍用来表示"不赞同""不满"或"诅咒"之意。在美国、澳大利亚、突尼斯，这种手势表示侮辱。在法国，表示行为下流龌龊；在沙特阿拉伯，表示行为恶劣；在新加坡，表示侮辱；在菲律宾，表示诅咒、愤怒、憎恨和轻蔑；在中国，表示对方"胡扯"或对对方的侮辱；不过，在缅甸和尼日利亚，向上伸出中指表示"一"，在突尼斯表示"中间"之意。

向上伸小指：在中国，这一手势表示"小"'微不足道""最差""最末名""倒数第一"，并且引申为"轻蔑"；在日本，表示"女人""女孩""恋人"。在朝鲜，表示"妻子""女朋友"。在菲律宾，表示"小个子""年少者""无足轻重之人"。在美国，表示"懦弱的男人"或"打赌"。尼日利亚人伸出小指，含"打赌"之意。但在泰国和沙特阿拉伯，向对方伸出小指，表示彼此是"朋友"；或者表示愿意"交朋友"。在缅甸和印度，这一手势表示"想去厕所"。

（二）手势运用的注意事项

手势是人们在讲话过程自然表露内在情感的动作，不应生硬、做作。当然，常用的手势还有其他的一些意义，在运用时，不可拘泥，应自然得体，如用手抚摸自己身体的一部分：以手抚胸表示反躬自问；以手抚头，表示懊恼、回忆等。在运用手势时应注意以下几点。

1. 手势要简单

手势要让台下听众容易看懂和接受。有的人想用奇怪的手势赢得台下听众的注意，但是结果往往适得其反。

2. 手势要适宜

手势要与演讲的内容协调。不适宜的手势会使人感到生硬和不快。

3. 手势要变换

演讲者要善于变换演讲手势，或用左手，或用右手，或两手并用，或上或下，或弯或直，使台下听众在得体的、富于变化的手势中得到满足，在脑海中留下深刻的印象。

◉ 课堂训练

为下面的演讲稿设计手势，并进行演讲。

尊敬的各位领导、老师：

大家好！今天我演讲的题目是《宁静致远，潜心育人》。子曰："德之不修，学之不讲，闻义不能徒，不善不能改，是吾忧也！"古人尚修德，作为教书育人的教师，更应把师德放在首位。但是坦白说，刚刚看到"师德"这个演讲主题的时候，我有些犯难。因为，对于我一个刚上任的年轻老师来说，不过是刚刚开垦了自己的一片田地，还没有收获桃李。所以，今天我想讲的仅仅是对"教师"这一职业的理解以及我这些时间来的体会和感悟。

（选自应届毕业生网：《宁静致远，潜心育人》）

四、 演讲表情

面部表情是最准确的、最微妙的人的心情的晴雨表。紧张、喜悦、焦虑等情绪会毫无保留地表露在脸上，这是很难由本人的意愿来控制的。演讲者的面部表情会给观众留下极其深刻的印象。演讲的内容即使再精彩，如果表情缺乏自信，演讲就失去了应有的风采。面部表情是凭借眼睛、眉毛、嘴巴及面部肌肉的变化体现出来的，内容极为丰富。面部表情可表现肯定与否定、积极与消极、强烈与轻微、接纳与拒绝等情感。由于它可控、易变、效果较为明显，个体可通过它表达情感，表达对他人的兴趣，表达对某事物的理解，并表明自己的判断。所以，面部表情是演讲中运用较多的肢体语言。

（一）眼睛

在所有的面部表情中，眼睛是重中之重。眼睛是心灵的窗户，这说明它最能袒露人的心声。正如孟子所说："存乎人者，莫良于眸子。"透过眼睛这扇"心灵窗户"，能够使人更直接、更清晰地窥见演讲者内心的思想情感。

1. 目光运用

（1）目视之处

演讲时，不可边说话边看别处，否则会让人觉得你瞧不起他，或不愿意与他交流。看对方时，目光应停留在对方双眼与鼻子之间的三角区，不可停留在人体某些特殊的部位，否则会让人觉得你心术不正或存有邪念。

（2）对视时间

目光对视频率基本上应与对方的变换频率保持一致。对视时间不宜过长，一般情况下每次对视时间不宜超过 5 秒（最长不得超过 15 秒），否则会变成逼视或盯视，从而引起对方的误解或反感。

（3）目光分配

演讲者在面对台下众多听众的时候，要注意扫视到所有在场的人，不能有所遗漏；如果需要一位或几位听众帮助自己施加影响时，可在演讲的同时，用目光来暗示或诱导自己所选定的对象。

2. 眼睛活动

眼睛下垂，眉头略皱：正在深思熟虑。

眼睛上扬：眼睛上扬可表示无辜；如果望人时目光炯炯，上睫毛极力往上抬，靠近下垂的眉毛，则表示惊怒。

斜视：羞怯腼腆、秘密关注或鄙夷蔑视。

眨眼：连眨表示极力抑制情绪，以免哭泣；如果连眨时振动睫毛，则是在卖弄。

眼球转动：眼球向左上方运动表示回忆以前见过的事物；眼球向右上方运动表示想象以前见过的事物；眼球向左下方运动表示在自言自语；眼球向右下方运动表示在感觉自己的身体；眼球向左或向右平视表示弄懂听到的语言的意思；正视表示庄重；斜视表示轻蔑；仰视表示思索；俯视表示羞涩；闭目表示思考或不耐烦；目光游离表示焦急或不感兴趣；瞳孔放大表示兴奋、积极；瞳孔收缩表示生气、消极。

（二）眉毛

人的面部表情非常丰富，光眉毛就可以表达几十种不同的情感。面部表情中眉毛的变化也能直接反映出复杂的内心世界。

眉毛上挑，微微颤动，表示喜上眉梢、扬眉吐气、眉飞色舞；眉头紧锁则表示忧郁、心事重重；横眉表示鄙视；竖眉表示愤怒；低眉表示认错、顺从、沉思。

（三）嘴巴

嘴巴在语言表达中所起的作用是靠嘴型的变化来体现的。五官中，嘴巴的表现力仅次于眼睛，嘴型的开合变化可以传递出一定的信息。

嘴唇闭拢时表现的是端庄自然；嘴唇半开时表示惊讶、疑问；嘴唇全开表示惊骇；嘴角向上表示喜悦、诙谐、礼貌、殷勤和善意；嘴角向下表示痛苦悲切、无可奈何；不高兴时噘着嘴；愤怒时绷紧嘴，有时也表示挑衅、对抗或决心已定。

在演讲的整个过程中，从演讲者出场到演讲再到致谢，肢体语言往往比有声语言更真实可信。肢体语言独特的有形性、可视性和直接性对于演讲者来说具有不可低估的特殊价值。

（四）面部肌肉

微笑是通过面部肌肉变化体现出来的，是演讲表情中重为重要的，以下着重介绍微笑。

微笑是面部表情中最有感染力的，是人际交往的高招。微笑可以缩短人与人之间的距离，一个微笑可以使原本素不相识的人很快成为朋友。

1. 微笑技巧

微笑表情会给对方一种甜美、清纯的感觉，使对方感到和蔼可亲。微笑时，要使眼轮匝肌放松，面部两侧笑肌收缩，口轮匝肌放松，嘴角含笑，嘴唇似闭非闭，以不露或只露半截牙齿为宜。

2. 微笑时的注意事项

第一，要笑得真诚，也就是说微笑既是自己愉快心情的外露，也是纯真之情的表现，只有这样才能引起对方的共鸣。

第二，要笑得自然，也就是说微笑是发自内心的，绝不能为笑而笑。

第三，笑要分场合，也就是说对人微笑要看所处、场合，否则可能会适得其反。

第四，微笑的对象要合适，也就是说对不同的交际对象应使用不同含义的微笑，以传达出不同的感情。

第五，微笑的程度要合适，微笑向对方表示的是一种礼节和尊重，如果没有节制，其传达出的意味就会大大不同。

◉ 课堂训练

为下面的演讲设计肢体语言，注意面部表情。

尊敬的各位领导、老师：

大家好！今天我演讲的题目是《无悔的选择》。当鲜花绽放于阳光之下，是绿叶最快乐的日子。当果实成熟于金秋时节，是园丁最欣慰的时刻。我是一片绿叶，我是一名快乐的园丁，一名平凡的幼儿教师。陪在我身边的，是一群群可爱、稚气的孩子；担在我身上的，是数不尽的责任和承诺。我用辛勤的汗水，浇灌出一棵棵幼苗，给他们以方向和力量，让他们在无微不至的呵护下茁壮成长。

（选自应届毕业生网：《无悔的选择》）

◎ 思考与训练

1. 下列在场景中应该使用怎么样的肢体语言？

(1) 如果你是某单位的领导，要做下属的思想工作。你应该采用什么样的坐姿？

(2) 一个同学和你长谈到半夜，而你早想睡了，你应该怎样用肢体语言表示你想睡觉了呢？

2. 指出下面这段文字中肢体语言的具体表现，并讨论它的作用。

影片《列宁在十月》的结尾：起义的工人、士兵攻占冬宫以后，列宁来到斯莫尔尼宫聚满起义的工人、士兵的大厅里，欢呼声如山呼海啸一般，窗外炮声隆隆，列宁走到台前，大厅气氛平静下来。"同志们！布尔什维克的同志们！"列宁把右手向前一挥，说："今天，大家一直所说的那个工农革命，成功了！"影片定格在这历史的瞬间：列宁身体稍向前倾，两眼眺望前方，左手拇指插在胸前的西服背心里，右臂有力地向前伸展，右掌心向下，四指并拢果断地指向前方。

3. 请设计下面文字的肢体语言并试着表现出来。

从一个最简单的微笑开始，重筑自己灵魂的免疫系统，再次将胸怀拓宽。微笑吧！在每一个早晨，面向着天边第一缕阳光；在每一个春天，面对着地上第一株新草；在每一个起点，遥望着也许还看不到的地平线……

有一句话是这样说的："你不能改变天生的容貌，但你可以时时展现笑容。"请大家都笑一笑，从一个微笑开始，微笑着面对生活中的每一天，那就离成功很近，离幸福不远！

阅读推荐

［美］朱丽叶斯·法斯特：《体态语言》，刘海翔、甘露译，北京，旅游教育出版社，1989。

任务4 演讲技巧 ///

> ### 💬 任务目录
>
> 1. 掌握演讲声音控制技巧。
> 2. 掌握演讲临场应变技巧。
> 3. 掌握演讲应付意外技巧。

💼 经典案例

　　著名诗人莫非应邀到首都师范大学中文系作家班进行学术讲座。诗人讲到自己的诗作时，准备朗诵一段，但诗稿还放在一个学员的课桌上，诗人便走下讲台去拿。由于是阶梯式教室，诗人上台时，一不留神倒在第二级台阶上，学员们顿时哄堂大笑。诗人稳住身子，转向学员，指着台阶说："你们看，上升一个台阶多么不容易，生活是这样，作诗亦如此。"这一富有哲理性的话语顿时为其赢得了热烈的掌声。诗人笑了笑，接着说："一次不成功不要紧，再努力！"说着，他做努力状走上讲台，继续他的讲座。

　　　　　　　　　　　　　　　　　　（选自公务员之家网：《智言妙语解困境》）

案例分析

　　在演讲中需要具有灵活机智的应变技巧以及应付意外的技巧，这样方能做到处事不惊、转危为安，从窘迫的困境中解脱出来，使演讲继续进行下去。

　　一场演讲，由于对象不同、时间不同、地点不同，即使是同一个演讲者和同样的演讲内容，情况也会大不一样。因此，每个演讲者都应培养和提高控制声音的技巧、临场应变的技巧，这样才会使演讲顺利进行。

一、 演讲声音控制技巧

演讲是一门语言的艺术，演讲的主要形式是讲，也就是要运用有表现力和感染力的有声语言把事情和道理讲清楚，让人听明白。对演讲者来说，写好了演讲稿不一定就能讲得好，就像作曲家不一定是歌唱家一样。有文采能写出好的演讲稿的人不一定有口才，不一定就能讲得娓娓动听。所以真正的演讲高手既要会写，又要会讲；既要有文采，还要有口才。从某种意义上说，口才比文才更重要。

经典案例

蒙曼以大众传媒为平台，以传统经典为载体，淋漓尽致地展现了她的个人魅力，而这种魅力又主要通过演讲，或者说是演讲式的授课形式来展现的。她多次登上央视，参加过《百家讲坛》《中国诗词大会》等文化类节目，节目中她镇定自若、出口成章的表现，令观众折服。

（原创案例）

案例分析

蒙曼演讲的成功来自她高超的语言魅力。她做评委时，点评的语言生动形象，风趣机智，启智导学，具有美的素质和美的魅力。她做主讲人时，演讲的语言如行云流水，娓娓道来，一词一句充满情感，一言一语恰如春雨润物，渗入听众的心。听她演讲，如同在听她在朗读一篇篇优美的散文、一则则动听的小故事。干净利落，不蔓不枝，抑扬顿挫，没有重复。她的演讲无须整理加工就是一篇文章，让人感到清新悦耳，如沐春风。这是因为她除了具有专业学者的学养，还具有"描述与思辨"的双绝口才。

（一）演讲好声音

每一个人的演讲风格是不同的，声音特点也不相同，但是好声音的标准是相同的。一般来说，好声音要准确清晰，即吐字正确清楚、语气得当、节奏自然；要清亮圆润，即声音洪亮清晰、铿锵有力、悦耳动听；要富于变化，即分轻重缓急，随感情起伏而变化；要有感染力，即声音有磁性能吸引人，引起共鸣。

演讲讲究发音的方法和技巧，如音准和音变、吐字和归音、呼吸和换气、停顿和重音、语速和节奏等。好声音不仅能够准确、恰当地表情达意，而且能够声声入耳，娓娓动听。要想在演讲中拥有这样的好声音，需要注意以下几方面的内容。

1. 声音的响度变化

响度是指声音大小、高低、强弱的程度。演讲时声音必须达到一个合理的响度，才能让听众听清楚，这是演讲对声音最基本的要求。演讲者在整个演讲过程中，要根据表达思想感情的需要、会场空间划分以及听众分布等情况随时变化声音的响度，以达到理想的效果。要做到的是低而不虚、沉而不独，声音有强有弱、错落有致。

2. 声音的清晰度

演讲是靠有声语言来表达思想感情并与听众进行交流的。如果演讲者声音含混不清，就无法准确地传情达意。演讲时要使声音集中、清晰，首先要靠咬字器官的力量集中，这主要表现在舌和唇上。声音的清晰程度与舌的活动状态密切相关。舌头在口腔中是最积极、影响最大的。普通话的所有音节中，除"f"以外，全都要靠舌头的积极活动来发音。如果舌头弹动力强，声音就会发得清晰；如果舌头是软绵绵的，缺乏阻气的力度，声音就会模糊不清。

3. 语调贴切、自然、动情

语调是口语表达的重要手段，它能很好地辅助语言表情达意。同样的一句话，由于语调轻重、高低、长短、急缓等的不同变化，在不同的语境里可以表达出种种不同的思想感情。一般来讲，表达坚定、果敢、豪迈、愤怒的感情声音较重。如果是表达幸福、温暖、体贴、欣慰的思想感情，则语气舒缓、声音较轻。只有这样，才能绘声绘色、声情并茂。所以，演讲者要想恰当地运用语调，事先必须准确地掌握演讲内容和感情。

（二）科学发音训练

好声音的形成是有一套科学的发音方法的。发音效果如何，与呼吸、声带、共鸣器等有着直接的关系。为此，在发音训练中，着重进行下列训练。

1. 气息训练

有些演讲者演讲时间稍长就出现底气不足、口干舌燥、声音走调，这些都会影响演讲的效果。气息是生命的原动力,科学地进行气息训练,可以使声音更加清亮、持久、有力。

我们可以运用胸腹联合呼吸法,其要领是:双目平视、全身放松,无论是站着还是坐着,胸部稍向前倾,腹部自然内收。吸气方法是:扩展两肋,向上向外提气,感到腰带渐紧,后腰有撑开感,横膈膜下压腹部,扩大胸腔体积,小腹内收,气贯丹田,用鼻吸气,好像在闻花香,做到快、缓、稳。呼气方法是:控制两肋,使腹部有一种压力,将气均匀地往外吐,呼气时用嘴,做到巧妙、协调。

2. 口腔训练

口腔灵活,演讲的语言才能顺溜,所以要多做口腔体操,帮助我们更好地使用嘴巴。

口的开合练习:张嘴像打呵欠,闭嘴如啃苹果,开口的动作要柔和,两嘴角向斜上方抬起,上下唇稍放松,舌头自然放平,做这个练习,要克服口腔开度的问题。

咀嚼练习:张口咀嚼与闭口咀嚼结合进行,舌头自然放平。

双唇练习:双唇闭拢向前、后、左、右、上、下转圈,双唇打响。

舌头练习:舌尖顶下齿,舌面逐渐上翘;舌尖在口内左右顶口腔壁,在门牙上下转圈;舌尖伸出口外向前伸,向左右、上下伸;舌在口腔内左右立起;舌尖的弹练,弹硬腭、弹口唇;舌尖与上齿龈接触打响;舌根与软腭接触打响。

3. 共鸣训练

想要演讲的声音好听和持久,就要正确地运用共鸣器,而运用共鸣器的关键在于处理好"畅"与"阻"的对立统一关系。所谓"畅",就是整个发音的声道必须畅通无阻,胸部舒展自如,喉部放松滑润,脊背自然伸直,从而使声音不憋不挤,形成一个声柱流畅地奔涌出来。所谓"阻",并不是简单地把声音阻挡住,而是不让声音直截了当地通过声道奔涌出来,让它通过共鸣器加工、锤炼,变得洪亮、圆润、雄浑、优美、动听。要处理好"畅"与"阻"的关系,必须进行共鸣训练。下面介绍几种简单易行的共鸣训练方法。

①放松喉头,用"哼哼"音唱歌。

②牙关大开合,同时发出"啊"音。

③模拟汽笛长鸣声——"滴",既可平行发音,也可由大到小或由小到大地变化

发音。

④做扩胸运动，同时尽量发高亢或尽量低沉的声音。

⑤夸张四声练习。选择韵母因素较多的词语或成语，运用共鸣技巧做夸张四声的训练。如：

逆水行舟 背井离乡 智勇无双 热火朝天 信以为真 万古流芳 厚古薄今

光辉灿烂 旧地重游 气贯长虹 方兴未艾 各奔前程 富贵荣华 心花怒放

壮烈牺牲 欢欣鼓舞

⑥大声呼唤练习。假设某人在离自己100米处，大声呼唤：张——师——傅——快——回——来——！喂——那——里——危——险——快——离——开……

4. 吐字训练

吐字清晰是演讲的起码的要求之一。因此，吐字归音是学习演讲必须练习的一项重要基本功。吐字归音是汉语的发声法则，即"出字"和"收音"的技巧。我们把一个字分为字头、字腹、字尾三部分，"吐字"是对字头的要求，"归音"是对字腹尤其是对字尾的发音要求。

（1）吐字训练

吐字也叫"咬字"。吐字时首先要注意口型，口型该大开时不能半开，该圆唇时不能展唇，尽量使声音立起来。其次要注意字头，字头是字音的开始阶段，要求叼住、弹出："叼住"要叼得巧而不死，过紧则僵，过松则泄；"弹出"要弹得轻捷有力，不黏不滞。发音要有力量，摆准部位，蓄足气流，干净利落，富有弹性。要用这一阶段的力量去带动字腹和字尾的响度，使声音立得住、传得远。

（2）归音训练

字尾是字音的收尾部分，指韵母的韵尾。归音是指字腹到字尾这个收音过程。收音时，唇舌的动程一定要到位，字腹要拉开、立起，即在字腹弹出后口腔随字腹的到来扯起适当开度（共鸣主要在这儿体现），然后收住，要收得干净利落，不拖泥带水，但也不能草草收住。如"天安门"三个字归音时舌位要平放，舌尖抵住上齿龈，归到前鼻韵母"n"音上。只有这样归音才能到位，才有韵味，发音才地道。不能归音时听不到"n"的尾音。但要注意做好"到位弱收"，不能用劲。归音恰当，到位与否对"字正"起着重要作用。

5. 嗓音保护

第一，坚持锻炼身体，游泳和长跑是最有效的方法，应使用正确的方法坚持练声，循序渐进。

第二，练声时，声音应由小到大、从近到远，从弱到强，由高到低，避免一开始就大喊大叫损伤声带。

第三，保证充足的睡眠是保护声带的最好措施之一。

第四，生病尤其感冒的时候，尽量少用嗓，此时声带黏膜增厚，容易产生病变。

第五，女性在生理周期或者因其他原因鼻、咽、声带充血的时候，禁止练声。

第六，尽量少吃辛辣、刺激性的食物，油腻、甜黏、冷热刺激的食品也是嗓子的"杀手"，烟酒也要避免。

第七，坚持用淡盐水漱口，可以消除炎症并保护嗓子。

二、 演讲临场应变技巧

临场应变技巧是演讲者在演讲过程中，根据现场情况的变化，对演讲内容、方法、时间灵活做出调整，对意外情况及时做出应对及处理，对台下听众的情绪及注意力进行有效控制的一种能力，这种能力对演讲者是非常重要的。

演讲临场应变技巧

（一）演讲时忘词的应变技巧

演讲中出现忘词这种现象是很令人尴尬的，台下几百双眼睛盯着演讲者，等着听演讲者的演讲，演讲者却忘了词，卡在那里，说不下去。有的演讲者一遇到忘词情况就不讲了，走下台去，这并不是个好办法。其实，登台演讲时出现忘词现象是很正常的，特别对初学者就更常见。避免忘词的最好办法当然是熟悉演讲内容，克服怯场心理，但是在现场出现了忘词情况时，演讲者除了稳定自己的情绪外，最重要的是采用一些应对技巧使演讲进行下去。

忘词时，不要紧张，不要在台上沉默着苦思冥想，更不要惊慌失措。应快速联想回忆这部分演讲词，若在 3 秒内还是回忆不起来，就应该立刻放弃回忆，临场发挥，使演讲进行下去。若空场超过 5 秒，台下的听众就会乱起来，演讲者就不好再控制局面了。这时，演讲者要抛开那些忘记了的内容，而接着讲没有忘记的内容，用这些新的内容稳定自己的情绪，重新吸引听众。如果忘记的内容在讲的过程中又想了起来，那就要看这部分是否重要，若不重要，就没必要再补充进去，若这部分内容很重要，就可以见机行事，在适当的时候把这部分内容重新补充进去，这样演讲者的演讲就完整了。

🧳 经典案例

　　著名政治家、演讲家丘吉尔，年轻时也常常背诵演讲稿后发表演讲。在一次国会会议的演讲中，丘吉尔突然忘记了下面的一句话，他不断重复最后一话仍然无济于事，最后只得面红耳赤地回到座位上。从此，丘吉尔放弃了背诵演讲稿的准备方式。

（选自学习啦网：《尴尬出现时如何克服紧张》）

案例分析

　　大政治家丘吉尔都会出现忘词状况，那我们普通人同样也会出现这种状况。从案例中我们可以看出，演讲时不能一味地背稿。如果一味地背稿，即使背得十分流畅也断不会有感染人的力量。如果偶尔再出现忘词现象，更是大煞风景。

　　真正好的演讲，就是用心地在与听众交流，把"背稿"变为"讲稿"。只有演讲者用心去讲，听众才会用心去听。一份连自己都不能打动的演讲稿。又怎么能打动他人呢？从这个意义上说，把握文稿的感情脉络，可能比背诵演讲稿更重要。

　　对于大多数的演讲者来说，提倡采用提纲要点记忆法。提纲要点记忆法的一般程序如下：首先，就是有关演讲的主题、论点、事例和数据等做好演讲笔记，最后整理成翻阅方便的卡片；其次，对笔记和卡片上的材料思考、比较并补充，整理出一份粗略的演讲提纲，提纲注明各段的小标题；最后，在各段小标题下面按顺序补充那些重要的概念、定义、数据、人名、地名和关键性词句。至此，一份演讲提纲就基本完成了。在整理演讲材料和编排纲目的过程中，演讲者应反复思考和熟悉了解自己的演讲内容，在演讲时仅仅将演讲提纲作为提示记忆的"抓手"。

（二）演讲时说错话的应变技巧

　　水平再高的演讲者也无法保证自己在演讲中不发生口误，而在发生口误的情况下善于巧妙地遮掩或纠正错误则正是演讲者水平高的表现。对于真正高水平的演讲者而言，出现口误往往并不是多么严重的坏事，他们高超的"打圆场"技巧常常会把错误加以转化，使演讲更有起伏、更精彩。正如谁都会说错话、办错事一样，演讲中由于一时疏忽或紧张，出现失误也是正常的。说错的话如泼出去的水，想收回是不可能的，想不理不睬、置若罔闻，只当在场听众没听见也是不负责任的。办法之一就是说错了话后，立刻纠正，毫不迟疑。纠正并不是要演讲者向听众检讨一番，说刚才如何讲错了，也不必向听众申明哪句话错了，这样会打乱演讲的整体氛围。只要演讲者再用正确的话重复一遍刚才的内容即可，听众就会听明白演讲者的正确意思了。可通过提问等技巧加以掩饰，灵活处理。

1. 自我质疑

演讲者在演讲中不慎将所要表达的意思讲反了，或是发生了较大的偏差，切忌将错就错以至于下面无法继续，而应当迅速调整立场，及时在后面加一句反问，把错误的意思当成靶子加以批驳，把它作为反面的例证来证明自己的正确观点。这样做不仅弥补了错误，还临时为论点添加了一个证据，加强了论证的力量。

经典案例

有位演讲者在为"献给母亲的爱"演讲比赛准备的演讲稿中有这样一段话："我的这片深情，是献给天下所有的母亲的。"他在演讲时却说成了："我的这片深情，是献给我母亲的。"如果将错就错，接着讲下去，就与下面的内容就无法衔接了。这时，他不慌不忙，用加重的语气说道："朋友们，你们说我这样做，对吗？呵！我是多么的自私啊！"接下来，他又用具体的事例说明了为什么要把这片深情献给天下所有的母亲，而不仅仅是自己的母亲，不仅弥补了错误，而且还丰富了演讲内容。

（选自豆丁网：《临场讲话发挥技巧》）

案例分析

这个例子中，演讲者没有将错就错地把出现偏差的表达继续下去，而是把这句话作为反面论题提了出来，列举事实加以批驳，不但巧妙地打了圆场，使演讲过程未受到影响，而且加强了对观点的论证，收到了很好的效果。

2. 将错就错

演讲中，将错就错，巧妙地运用"歪解"来化解所出现的失误是一种非常普遍的打圆场方法。对于演讲者来说，这种方法可以使错误转化为笑料，既不影响演讲的进行，又活跃了现场气氛；对于现场的听众来说，每个人都清楚人犯错误在所难免，因此只要演讲者的"歪解"巧妙机智、合情合理，那么也都会给予包容和理解的。事实上，演讲中的"歪解"并不"歪"，它常常表现了一个演讲者知识积累的多寡与应变能力的高低。另外，发现自己说错时，也可以顺水推舟，暂时改变话题，紧扣中心稍加阐释，再按原来的话题说下去。

💼 经典案例

　　著名相声演员马季，有一次到湖北省黄石市演出。在他表演之前，有一位演员错把"黄石市"说成了"黄石县"，引起了听众的哄笑。在笑声中，马季登台演出。他张口就说："今天，我们有幸到黄石省演出……"这话把哄笑声中的听众弄糊涂了。正当大家窃窃私语时。马季解释道："方才，我们的一位演员把黄石市说成县，降了一级。我在这里当然要说成省，给提上一级。这样一降一提，哈！就平啦！"几句话，引得全场哄堂大笑，马季机智巧妙地圆了场，使演出得以顺利进行。

（选自百分网：《锻炼口才四步法》）

案例分析

　　马季不愧是艺术大师，自己的演出精彩不算，还能够顺便帮别人打一打圆场。在上面这个例子中，他巧妙地抓住一位演员把黄石市降了一级这样一个错误，将错就错，自己杜撰了一个"黄石省"，又升了一级，结果两两扯平。这样机智的"歪解"不但为演出打了圆场，而且为自己的表演增添了一个笑料。

3. 置之不理

　　在演讲中，有时会出现一些莫名其妙的口误，而这类口误又很难采用某种技巧来加以转化，根本无法补救。在这种情况下，演讲者切忌破罐破摔，厚着脸皮、硬着头皮强挺下去，这样反而会给听众留下水平拙劣而又知错不改的印象。演讲者应当鼓起勇气，将错误的讲法置之不理，以真诚的态度按照正确的讲法再讲一遍，借以纠错。这样做虽然显得有些重复累赘，但纠正了错误是最首要的，而且只要态度诚恳、认真，还是能够得到听众的理解甚至鼓励的。

🧳 经典案例

在以"路"为主题的演讲中，某演讲者在演讲稿中引用了鲁迅小说《故乡》中的一句话："其实地上本没有路，走的人多了，也便成了路。"可是在演讲中，却把"走的人多了"说成"走的路多了"，引起台下一阵嘈杂。怎么办？演讲者并没有丝毫掩饰，认认真真地又重新把这段话引用了一遍。这次，台下响起了一片喝彩声。

（原创案例）

案例分析

鲁迅的名言大家耳熟能详，不论用什么语言掩饰都会错上加错，所以，他非常明智地又重复了一遍。听众见他态度诚恳，化错为对，当然会用喝彩声来表示理解和原谅了。

（三）演讲时冷场的应变技巧

演讲中的冷场是由于种种原因致使在场听众对演讲的注意力有所分散或转移而造成的，往往表现为听众看报纸杂志、聊天、喧闹、打瞌睡、观望、心不在焉等各种开小差的形式，甚至退场。这种情形会严重影响听众的听讲效果，同时也会影响演讲者自身的演讲情绪。碰到这种情况，演讲者务必找出原因，对症下药，及时调整自己的演讲内容及演讲方法。采取措施重新吸引听众的注意力，向听众表明真正的中心与焦点是在演讲上。对听众听讲兴趣及注意力造成影响的原因有很多：有主观方面的问题，如内容枯燥无味、演讲者不善于表达等；也有客观方面的问题，如会场环境欠佳、缺少传声设备、会议时间过长等。对于主观方面的问题，演讲者在演讲准备时就要注意解决，对讲题以及材料都要做精心的设计和选择，力求合乎听众胃口，力求生动活泼、幽默风趣。对于客观方面的问题，演讲者则要灵活应变，针对不同的情况采取适当的解决方法和措施。

1. 因主观原因造成的冷场

（1）讲述趣闻逸事，活跃现场气氛，吸引听众的注意力

趣闻逸事是人们在生活中津津乐道的闲谈资料，生活中的许多情趣即由此而来。演讲者抓住人们渴望趣味的视听倾向，恰当而又适时地讲述一些趣闻逸事，会使混

乱或呆板的演讲现场马上活跃起来，现场听众的注意力也被迅速地集中到演讲上来，这时演讲者再继续演讲，效果就要理想得多了。

经典案例

某中学校长针对学生轻视生物课学习的情况做了一次演讲。开始，会场秩序好，可是没过多久，一些同学便开始交头接耳，继而出现吵闹、喧哗的混乱场面。面对这种情况，校长并没有训斥学生，而是审时度势，及时调整了演讲内容，结合讲重视生物课学习的道理，顺势穿插了一个"霸王自刎乌江"的故事，很快调整了演讲气氛。同学们一听校长要讲故事，一下子安静了下来。校长讲道："楚汉战争到了最关键的时刻，刘郑利用昆虫的趋向性，命人用蜂蜜在项羽兵败必经之地——乌江岸边的石崖上写了'霸王自刎乌江'6个大字。第二天，项羽兵败乌江时，抬头看见石崖上蚂蚁组成的6个大字，不禁心惊胆寒，自语道：'天亡我也！'于是仰天长叹，拔剑自刎了。"学生对这个故事产生了浓厚的兴趣，听得津津有味。会场上再没有喧哗声，直到校长演讲结束。从此，学生中轻视生物课的现象大大减少了。

（选自豆丁网：《信息反馈与调控技巧》）

案例分析

在这一案例中校长巧妙地运用了项羽的故事重新吸引了同学们的注意力，并且使现场气氛马上活跃了起来。

（2）赞美听众，求得共鸣和好感

听众发现演讲与自己的关系不大时，自然不会给予太多的关心，在这种情况下常常会出现冷场。此时，演讲者应当注意采用恰当的方式拉近与听众的心理距离。而贴近听众的一个有效方法就是发自内心地赞美听众，用动之以情，晓之以理的方式拨动听众的心弦，激起他们的共鸣，使他们对演讲产生浓厚的兴趣，从而打破冷场的尴尬局面。

经典案例

一次李燕杰到某医学院演讲。上台后他环视了一下台下，发现角落里有个穿白大褂的老大夫，正戴着老花镜在看书。看起来老大夫对演讲不怎么感兴趣。李燕杰想，他虽不是一位忠实听众，但很可能是一位出色的大夫。于是李燕杰诗兴大发，从赞扬白衣战士谈起："每当我忆起那病中的时光，白衣战士就引起我深情的遐想。他们那人格的美心灵的美，还有那圣洁的美，给我以生活的信心，增添我前进的力量。"这段歌颂医生的开场白，引起了老大夫极大的兴趣，他合上书，聚精会神地注视着演讲者。这时李燕杰便将医生治病救人与救国救民的道理联系起来，这样的演讲议题就十分符合听众口味，避免了空洞说教。

（选自豆丁网：《临场讲话发挥技巧》）

案例分析

演讲家李燕杰面对医学院的听众，采用了即兴赋诗的方式开头，在诗中对救死扶伤的白衣战士给予了真诚而崇高的歌颂。这自然会激发起医护工作者们的职业荣誉感，使他们对演讲的内容产生浓厚的兴趣，冷场的险状也就不存在了。

（3）让听众和自己一起思考，调动听众参与的热情

演讲实际上也是一种双向互动的过程，演讲者以自己形象的语言来感染听众，反过来听众的积极回应也有利于推动演讲的顺利进行。因此，演讲者在需要的时候向听众提出富有针对性和启发性的问题，可以调动听众参与演讲活动的热情，使他们意识到自己也是整个演讲的一个重要组成部分，这样会有效地避免冷场和打破冷场。

（4）制造悬念，激发听众的兴趣

在演讲中制造悬念，其根本的目的是为了吸引听众的注意力，使演讲内含的信息和情感得以有效地传达。因此，在出现冷场的情况下，适时地制造一两个悬念是重新吸引听众注意力的非常有效的办法。好的悬念不仅能够使演讲者再度成为听众关注的中心，而且能够活跃现场气氛，激发听众聆听与参与的兴趣。

■ 经典案例

复旦大学的杨高潮同学在一次以"青年与祖国"为题的演讲比赛中被排在了后面。在他之前，因种种原因，会场中始终嘈杂声不断，几乎无法控制喧闹的场面。轮到他上场时，情况仍然如此。针对这种场面，他调整了开场白的讲法。他上台后，扫视全场，静观片刻后说道："同学们，关于青年与祖国的关系，人人皆知。但是，我想提个

问题，(停顿一下，让听众有思想准备)谁能用一个字来概括青年对于祖国的关系？"(眼睛在听众中搜寻，场面顿时静了下来，片刻之后接着说)"可能有人会说是'希望'。"(话刚一出口，坐在前排的好几位同学当即指出这个说法不对！"'希望'是两个字，你不是说用一个字吗？"此驳问正中圈套，于是他紧接着听众的话说)"你们说得不错，'希望'这意思是对的，可惜用了两个字。我可以用'根'这个字来表示，青年是祖国的根！"如此调整之后，场景完全改变，该同学趁机紧紧抓住听众的注意力，使安静的场面维持到演讲结束。

（选自个人图书馆网：《提问互动最能震撼听众的心灵》）

案例分析

这是在演讲中适时制造悬念以打破冷场的典型例子。演讲者巧设圈套，要求用一个字概括"青年对于祖国的关系"，可自己又偏偏用两个字作答，结果引出了悬念。因为这个悬念，听众对演讲者给出的真正答案有了更为深刻的印象，他们的注意力也就无形中被再度集中起来了。

2. 因客观原因造成的冷场

（1）尽量缩短演讲时间

遇到会议时间过长，以致台下听众疲倦或出现不耐烦的情绪时，特别是参加演讲比赛时，如果演讲者的演讲顺序排在后面，大部分演讲者都已讲完，时间已经很长了，听众的兴趣已经下降，注意力开始分散，精神也感到疲劳，台下已经出现了交头接耳、随意走动甚至退场的现象，这时千万不要着急，不要有埋怨心理，也不要上台后立刻开始演讲。演讲者可以采取一些吸引听众的措施，如先给大家讲一个与演讲主题有关的新闻信息、小故事或小笑话，以引起大家的注意。当听众被演讲者的讲话吸引而重新集中精神时，就可以开始正式演讲了。

经典案例

林语堂到某大学去演讲，当他来到学术报告厅时，只见座无虚席，连走廊上都站满了人。校长将其隆重介绍后，他妙语惊人："演讲应该和女人的裙子一样，越短越好。"他这种幽默的开场白，引发听众一片笑声。林语堂接着说："我今天演讲的题目是《人生与学问》。一个人在世上，对学问的看法是这样的：幼时认为什么都不懂，大学时自认为什么都懂，毕业后才知道什么都不懂，中年又以为什么都懂，到晚年才觉悟一切都不懂。"他讲完后即走下主席台。校长问他："你的演讲好像才开头，怎么就没有下文了？"林语堂答："我演讲结束之时，正是听众联想开始之日。"

（选自中华励志网：《林语堂"超短裙"演讲》）

案例分析

在这个案例中林语堂首先选用了一段幽默的开场白，之后的演讲短小精悍，让观众听得意犹未尽。

（2）借景发挥排除外界干扰

现场听众受到外界干扰时，演讲者不妨借景发挥，即景说话，将意外发生之景与演讲内容有机地结合起来。这个方法可以有效地把听众的注意力重新吸引到演讲上。

（3）让听众听清你的每一句话

现场听众因听不到或听不清楚开小差时，演讲者可根据具体情况做如下处理。

第一，如果因为会场太大，听众坐得太后或太分散，不妨请听众尽量往前坐。

第二，如果声音太小，以致听众听不清，不妨将声音提高一些，让后排听众都能听到；如果因会场太大，听众太多，提高声音都难以让所有听众听清楚，不妨使用扩音器。

第三，如果某些字、词、句听众听不清楚，不妨向他们重复一遍，甚至两遍。

第四，如果因说话速度过快，或咬字不清，或语音不准，以致听众听不清楚，不妨将说话速度放慢一些，这样将有助于听众听清楚你说的话。

三、 演讲应付意外技巧

在演讲中不仅会出现忘词、说错话、冷场等常见状况，还会出现麦克风没有声音、停电、演讲者摔跤等各种主客观因素造成的意外情况，这需要演讲者还要有很强的随机应变能力。

（一）演讲内容与别人重复

在同一个演讲会上，有时可能出现几个人的演讲内容相同、自己要讲的内容别人先讲了等情况，这时就不能再按原稿讲了，因为没有什么比重复更令人觉得枯燥乏味了。这时紧急处理的方法有三种：一是丢掉原稿，重选主题；二是从原稿中取出一部分，引出新意，深化开去；三是主题不变，换一个角度来加以阐述。

（二）发生意外情况

上台演讲时不小心跌倒了，或听众发笑时才发现自己衣服扣子扣错了，或拉链没拉好，或帽子戴歪了……遇到这些情形，演讲者多半会感到尴尬。笨拙的化解方法是，演讲者可以跟着听众笑到一块，在笑声中恢复常态，对此听众一般是不会介意你的失误的。高明的化解方法当然是演讲者能够借事发挥，说几句巧妙的开场白。

■ 经典案例

1952 年，奥斯卡最佳女主角雪莉·布丝莱上台领奖，由于跑得太急，上台阶时绊了一下，差点摔倒。她在致辞时说道："我经历了漫长的艰苦跋涉，才到达这事业的高峰。"这句应变的开场白简直妙不可言。

（选自金锄头文库：《演讲中忘词了怎么办》）

1991 年 9 月 19 日，杨澜应邀主持第九届大众电视"金鹰奖"颁奖文艺晚会，在报幕退场时，不小心被台阶绊了一下，"扑通"一声摔倒在地，这意外的洋相，使场内顿时一片哗然。然而杨澜一跃而起，笑容可掬地说："真是人有失足、马有失蹄呀，我刚才的狮子滚绣球节目滚得还不够熟练吧？看来这次演出的台阶不那么好下哩，但台上的节目很精彩。不信，瞧他们的。"

杨澜又一次主持一场大型晚会时，一个演员演完了节目，杨澜到台上报幕。一不小心，她被话筒线绊倒了，台下的观众立时发出一片嘘声，有为她担心的，也有向她起哄的。被绊倒在地上的杨澜，从容地站起来，毫不紧张，临变不惊，面带微笑地对观众说："朋友们，今晚大家真是太热情了，你们的热情都让我禁不住倾倒了，谢谢大家。"

（选自查字典网：《播音主持即兴素质浅析》）

案例分析

第一个案例中雪莉将上台领奖遇到的挫折与拍电影历经的艰辛巧妙地结合在一起，既揭示了达到事业顶峰的真谛，同时又化解了摔跤的尴尬，可谓一举两得。

第二个案例中杨澜几句精彩的话博得了全场更加热烈的掌声，在观众的大脑中，她摔倒在地上的印象已毫无痕迹。她不仅化解了一时的尴尬，而且也给观众留下了机智幽默的印象。从此，人们对她主持的才能更加叹服了。

◎ 思考与训练

1. 请按照要求进行登台技巧练习。

将全班学生分成几组，要求每个人从教室侧门进来，从走步、登台、站定、扫视到开讲(向老师或学生询问一件事，做几句交谈)，再走下讲台。演示完毕后，组内互评。

2. 请按照要求进行接词技巧练习。

将全班学生分为几个组，在规定时间内接不上者淘汰，以接上人数最多的组为胜。

首字拈，即第一个人所说成语的首字必须是后面接话人所说成语的首字。如第一个人说出"自以为是"，后面接续的人必须说出首字相同的成语，诸如"自食其力、自顾不暇、自力更生"等。

末字拈，即第一个人所说成语的尾字必须是后面接话人所说成语的首字。如第一个人说出"前所未有"，后面的依次接，如"有始有终、终身大事、事倍功半……"等。

首字数序拈，即接话人从前一个人讲的第一字所表达的数字顺序接下去。如"一步登天、二龙戏珠、三心二意、四世同堂、五湖四海"等。

首字成句拈，即先提出一句话，后面的人依此话字序说出一个成语。如提句为"刻苦学习为四化"，后面的人可依次接如"刻不容缓、苦口婆心、学而不厌、习以为常、为富不仁、四通八达、化险为夷"等。

3. 请按照要求进行词语接龙训练。

教师组织学生，发给每人2～3张同样大小的白纸条，让每位学生在每张纸条上只写一个不重复的反映自然界和社会中各种事物的词语，如"蓝天、飞机、铁塔、大海"等，将每位学生写的纸条收集起来，词语不能重复，然后将纸条像洗牌一样洗开后，按以下方式进行练习。

由一位学生抽4～5张纸条，并按照所抽纸条上写的词语的先后顺序，自己快速口头编一个小故事。时间由师生共同商定。

4～5位学生为一组同时上台，按照先后顺序，每人抽一张纸条。然后第一位学生以字条上的词语为中心词编故事，后面的学生再以自己抽到纸条上的词语为中心词续编这个故事，直到该组学生都讲完为止。时间由师生共同商定。

🔍 学习提升

中央电视台《开讲啦》节目

➦ 项目任务书

演讲口才训练项目任务书

课程名称	职场口才	学习项目	演讲口才训练	项目任务	主题演讲比赛
学生班级		组别序号		组长姓名	
小组成员					

任务描述

　　NJ 电脑公司的职员小陈，是一个刚刚大学毕业的专科生，内向但具有上进心。由于刚来公司，他不愿跟别人沟通，内心充满恐惧。小陈的运气很好，经过经理和同事们的关心和鼓励，逐渐地开始打破自己的格局，因为公司是销售行业，不爱说话是这一行业的最大弊病，经理为了培养和锻炼他，给小陈安排了一系列任务，如每天开晨会的时候让小陈大声朗读一篇新闻，在公共场所鼓励他去接触陌生人并介绍产品，并让他参加公司五一劳动节主题演讲比赛——劳动创造幸福。如果你是小陈，如何完成本次演讲的任务呢？

　　训练方法：按演讲准备的规范流程，小组内部同学撰写演讲稿，组内先组织演讲比赛，最后每组选派最强队员进行班级演讲比赛。

学习目标

　　一、专业能力

　　1. 认识到演讲对职场工作的重要性。

　　2. 能够运用演讲提升自己的组织能力、管理能力、领导能力。

　　二、社会能力

　　1. 树立服务意识、效率意识、规范意识。

　　2. 培养维护组织目标实现的大局意识和团队能力。

　　3. 树立爱岗敬业的职业道德和严谨、务实、勤快的工作作风。

　　4. 强化自我管理能力、自我修正的能力。

　　三、方法能力

　　1. 利用多种信息化平台进行自主学习的能力。

　　2. 制订工作计划、独立决策和实施的能力。

　　3. 运用多方资源解决实际问题的能力。

　　4. 准确的自我评价能力和接受他人评价的能力。

　　5. 自主学习与独立思维的能力。

续表

学习引导

一、学习建议

演讲是一项综合性很强的社会实践活动。职场中，演讲已经成为成功人士不可或缺的能力，相比于其他沟通形式，演讲可以说是最简单的一种口语表达方式，也是最能体现一个人是否会说话，能否讲好话的直接检测方式。工作中鼓励员工需要演讲，凝聚人心需要演讲，宣传动员需要演讲，沟通思想需要演讲，疏通人脉需要演讲，激发士气需要演讲。特别对一些初入职场的年轻人更为重要，良好的演讲能力是相伴您走向成功的基石。要学好、用好演讲口才，建议采取如下学习方法。

1. 登录"智慧树慕课"，选定"有话好好说——职场新人口才攻略"课程中"演讲训练"微课，观看微课教学视频，并完成相应的进阶训练，在微课学习中如有疑问可在线提问，与教师互动交流。（线上学习）

2. 认真学习课程内容，进一步掌握演讲的知识和技能，完成"难点化解"题目。（线下学习）

3. 假定自己是小陈，与学习小组成员商讨和撰写演讲稿，讨论如何进行演讲，并在课堂上展示，小组内模拟本次演讲比赛过程，训练时要将登台、演讲、下台等演讲过程，连贯地演示下来，学生对各组的表演进行评价。注意观察其他组展示情况，并将所见所闻记录在本任务书的"课堂记录"一栏。（线下学习）

4. 课后完成拓展任务、加强训练，小组内将自己的训练过程拍摄微视频上传到课程平台，并与其他学习小组进行互动评价。（线下学习与线上学习相结合）

5. 在本任务书的"学习小结"一栏做好小组的学习小结。

二、难点化解

1. 单选：演讲以"讲"为主，以"（　　　　）"为辅。

A. 舞　　B. 学　　C. 唱　　D. 演

2. 单选：演讲稿的结构主要由开头、（　　　　）、结尾三部分构成。

A. 主体　　B. 主题　　C. 标题　　D. 中心思想

3. 多选：演讲中，同样一句话，由于（　　　　）的不同变化，在不同的语境里可以表达出不同的思想感情。

A. 语调轻重　　B. 语调高低　　C. 语调长短　　D. 语调急缓

4. 多选：演讲中的体态语有很多，使用频率较高的体态语包括（　　　　）。

A. 站姿　　B. 头部　　C. 手势　　D. 面部

5. 判断：能写出好的演讲稿的人，不一定有口才，不一定能讲得娓娓动听。所以真正的演讲高手，既要善写，还要会讲；既要有文才，还要有口才。（　　　　）

6. 判断：一般说来，使用体态语要做到与声音语言协调，要与感情、语境相协调，要与其他非语言手段相协调，切不可生搬硬造，弄巧成拙。（　　　　）

7. 判断：演讲总结式结尾方式是指演讲整体以总结归纳的方式结尾。（　　　　）

8. 判断：演讲风格激昂型表现为音调变化大，语言生动形象，手势动作轻捷灵活，面部表情富有戏剧色彩。（　　　　）

9. 请将本项目的演讲稿写在下面。

_____

_____

_____

_____

_____

_____

_____

课堂记录

请认真观察其他小组训练展示，并记录你们小组看到的优点和问题。

学习小结

请简要记录你们小组对本项目任务学习的总结。

拓展训练

这次演讲比赛组织得非常成功，经理在比赛后将对选手的表现进行点评。

训练方法：小组内部同学分别站在经理的立场，对其他小组的演讲进行点评，模拟以上任务情境。

任务要求：小组课后对其他小组的演讲进行点评，并拍摄微视频上传至课程平台。

PROJECT 7

项目七
锦上添花——
宴会口才训练

任务1 宴会概述 //

> 💬 **任务目录**
>
> 1. 了解宴会的内涵及作用。
> 2. 了解宴会的种类、基本流程和礼仪。
> 3. 掌握宴会的注意事项。

📼 经典案例

小张是一家幼儿园的园长，今天与外籍客人一起就餐商谈国际交流合作的事宜。席间，小张还没等外籍客人入座，就抢先占据了一个靠窗的位置。在所有人都落座后，小张示意大家赶紧吃饭，说自己已经饿了，还没等客人吃饭，自己就先吃起来，吃饭时，他用筷子在菜里反复搅，挑自己喜欢吃的，与外籍客人交流少，只顾着吃。在给客人夹菜时不用公筷，而用自己的筷子。吃东西时，嘴还发出"吧唧吧唧"的声音。吃完饭拿起饭桌上的牙签就开始剔牙。外籍客人回国后就与小张失去了联系。

（原创案例）

案例分析

在正式宴会中，宴会礼仪是宴会的灵魂，负责人小张作为中方的主要负责人，不懂礼仪，在宴会过程中没有请客人先入座、让客人先动筷，不使用公筷、吧唧嘴等行为给外籍客人造成了不可信任、不可合作的印象。

一、宴会的内涵及作用

（一）宴会的内涵

宴会由古代"筵席"一词演变而来。我国宴会起源于夏代，祭祀活动是形成宴会雏形的基础。各种礼俗是促进宴

宴会口才概述（上）

会进步的动力，宫室起居是提升宴会规格的条件，节日、节会是传承宴会发展的纽带。宴会是人们为了一定的社会交往目的集饮食、社交、娱乐于一体的宴饮聚会。

随着对外交往的发展，人们出席涉外宴会的机会越来越多，出席涉外宴会的意义也远不止是吃一顿饭。它涉及外交、文化、习俗、礼仪等许多方面，特别是吃西餐时有很多讲究，与中餐大相径庭。我们应该适应这种发展形势与用餐方式的变化，掌握必要的礼仪要求，做到得体、大方，不要闹出笑话。

宴会是国际、国内社会交往中一种通行的较高层次的礼仪形式。一般把政府机关、社会团体举办的有一定规模的酒宴，称为宴会。私人举办的规模较小的称为"筵席"。

宴会常用于庆祝节日、纪念日，表示祝贺、迎送贵宾等事项。宴会的场面一般比较庞大、隆重，能使人得到一种礼遇上的满足。不同的宴会有着不同的作用，概括而言，宴会可以表示祝贺、感谢、欢迎、欢送等友好情感。通过宴会，可以协调关系、联络感情、消除隔阂、增进友谊、加强团结、求得支持，有利于合作。

（二）我国宴会历史沿革

1. 孕育雏形时期

（1）夏朝时期

夏朝及以前的宴会只是祭祀后的一种聚餐。

（2）殷商时期

殷商时期把宴会和娱乐结合在了一起，建起了鹿台和酒池肉林。此时的宴会已有设计的痕迹，在《礼记》中就有着宴会上菜程序的记载，先饮酒，再吃肉菜，而后吃饭的程序和现在大致一样。殷商时期，菜肴的摆放已经有了讲究，如带骨的菜肴放在座位的左边，切的炖肉放在右边，醋和酱放近些，葱姜放旁边等。在陈设上，宴会坐的席子有莞席、次席、熊席几种，矮几也有玉几、雕几、彤几、漆几和素几等几种。

2. 逐渐成长时期

汉魏六朝在餐位、气氛、礼仪以及菜肴的质与量上不断演化，宴会由宫廷走向民间，餐具、家具也是由笨重型转向轻便型，宴会既有了专门的操作人员，又有了相应的文化内涵。

（1）秦汉时期

汉朝国力殷实，更注重宴席规范，民间礼乐宴请之风也很盛。

（2）魏晋时期

魏晋文酒之风兴盛。著名的《兰亭集》就是晋朝的王羲之等人在兰亭举行文人集会写下的彪炳千秋的诗集。曹操宴"铜雀台"，曹丕宴"建章台"和"凌云台"，曹植宴"平乐台"，这些以文会友的雅宴，追求雅静、雅情、雅菜、雅趣，对中国宴会及宴会语言有着积极深远的影响。

（3）南北朝时期

南北朝时期出现了类似矮几的条案，漆具大量的使用为摆台艺术提供了条件；宴会的名目增多，目的性很强。像帝王的登基宴、功臣的封赏宴、团圆宴等；随着佛教的传入和佛理的宣扬，使食素之风兴盛，出现了寺院素菜，孕育出早期的素席宴会，如凌虚宴、浴佛宴等，使中华民族饮食风俗日益丰富多彩。

3. 突破提高时期

（1）隋唐五代时期

隋唐五代时期出现了矮条桌和交椅，铺桌帷、垫椅单，开始使用瓷器餐具；讲究宴会环境，借景为用，妙趣天成。如唐玄宗在宫中举行的临光宴，白居易在水上举行的游篓宴等；唐中宗时期出现了大臣封官后向皇帝进献烧尾宴的惯例，宴席上的菜品多达五十多种，为后来历代大宴奠定了基础；乡土风味层出不穷，孟浩然写的襄阳村宴、李白写的安陆乡宴、杜甫写的长安家宴、后蜀主之妃子花蕊夫人写的成都船宴都以特殊的情趣取胜。

（2）宋金时期

宋金时期的名宴、大宴更多，很讲排场，如宋皇寿宴，仅摆设就有单帷、搭席、帘席、屏风、绣额、书画等十几种，以饮九杯酒为序，上十二道菜，演十多种大型娱乐活动，动用数千人张罗，使用清一色银具和细瓷具，气派前所未有。

（3）元朝时期

元朝时期的宴会具有浓郁的蒙古族饮食风格和北方草原气息；白酒用量甚大，多用"酒海"盛酒；增设小果盒、小香炉、花瓶等装饰台面，为当代宴会花台鼻祖；元代宫廷出现了特殊的带有浓厚政治色彩的"衣宴"。

（4）完善成熟期

明朝时期的宴会注重套路、气势和命名，宴会上有对号入座的"席图"。

清朝时期的宴会强调席面编排、菜肴制作、接待礼仪和宴会情趣。宴会地点也有讲究：春在华榭、夏在乔林、秋在高阁、东在暖室。

（5）发展改革期

辛亥革命以后，宴席的发展经历了"由简到繁，从繁到简"的过程。味精、苏打、番茄酱、咖喱等调味品开始使用。

中华人民共和国成立后，宴会有了很大的变化，圆桌从 12 人每桌发展到 15 人、20 人甚至有更多人，台裙的使用增加了台面的美观。开革开放后，我国形成了多层次烹饪教育网络，改变了几千年一师带徒的传艺方式，尤其是将烹饪理论和现代营养卫生知识有机地结合起来使宴席的组合更具科学性。

（三）宴会的作用

1. 对社会、经济、政治文化的作用

（1）促进交流，繁荣经济

宴会是一种特殊的交际工具，从宴会的发展中可以看出一个国家或地区在一定时期经济、政治、文化的发展水平。经济、政治、文化、艺术、民族等各方面交往的需要必须借助于一定的形式进行，而宴会作为一种高规格的聚餐形式，也是一种很好的社交形式。在其乐融融的就餐环境中，宾主双方娓娓而谈，宴会成为了一座友谊的桥梁，是重要的传递信息的媒介。

（2）发展烹调艺术，提高技术水平，促进文化交流

宴会服务的系统性、规范性和灵活性对工作人员提出了更高的要求，每一次主题宴服务工作的开展都是一次技能的提高、经验的积累，可以使宴会的服务和管理人员不断地提高自我，挑战自我。同时，不同主题宴会在菜式品种、环境、服务上的要求不尽相同，因而宴会工作人员只有针对客人的需求，不断地进行调整和创新才能赢得客人的认可和满意。如上海浦东的一家五星级酒店根据市场需要专门成立了婚宴服务部，为年轻的朋友策划婚宴，另外，还在酒店的一角特辟"婚礼展示厅"。酒店婚宴服务部的"人性化"服务和强劲营销攻势，一方面能够赢得客人的认可和满意，另一方面对于酒店人才的培养和产品、服务的创新具有一定推动作用。

2. 对饭店、酒店等的作用

（1）增加饭店收入

宴会是整个餐饮部门中收益最高的服务项目，尤其是对一些档次高、规模大、知名度高的酒店来说，宴会的收益更为可观。因此，很多酒店都非常重视主题宴会产品的开发和设计及宣传销售工作，旨在通过举办宴会获得更多的经济效益。

（2）扩大饭店的声誉，提高员工的工作水平，衡量饭店的管理水平

承办宴会不仅能扩大饭店的声誉，还能提高饭店员工的工作水平，以及衡量饭店的管理水平。宴会是一种高规格的聚餐形式，与普通餐饮形式相比，从形式和内容上来说都更为复杂，因而宴会的组织、设计、服务、管理水平直接体现一个饭店的经营能力。精心的设计、严密的组织、优质的服务是宴会成功的关键，更是饭店在管理水平和服务水平上的展示。人们在选择酒店举办宴会的同时，都会综合考虑不同酒店在宴会服务经营方面的实力和特色，尽量选择具有丰富经营经验和特色的酒店，以保证宴会圆满成功地举办。

◉ 课堂训练

某五星级酒店的厨师长近一段时间工作时感到十分烦恼，原因是新调来一位酒店总经理对餐饮工作很不满意，加上客人对餐饮菜肴质量的投诉也越来越多，主要讲这家酒店宴会菜肴"数量太多，变化不大，菜肴总是老品种、老口味、老式样"，所以顾客越来越少，营业额逐日下降，厨师长的压力也越来越大。

针对这些情况，你能否帮助这位厨师长出一些高招呢？

二、 宴会的种类

按宴会的形式与性质，宴会一般分成以下四个大类。

（一）国宴

国宴是在外交场合由国家元首、政府首脑，宴请别的国家的国家元首、政府首脑的宴会。它的主体和客体都是特定的对象，如主席宴请总统、总理宴请首相。只有在这种对等的外交场合，国家领导人之间的正式宴会才能叫国宴，它的主角都是

现职的国家领导人。

（二）正式宴会

正式宴会对赴宴者的着装、桌次和席位摆设均有较高的礼仪要求，宾主均按身份排座就位。正式宴会分为：晚宴、午宴、早宴，最正式的首先是晚宴，其次是午宴。正式午宴一般定在下午 1 时。西方国家一般将正式晚宴安排在晚上 8 时以后，我国则在晚上 6 时或 7 时开始。正式晚宴要安排好座次，并在请柬上注明对宾客着装的要求，席间有祝词或祝酒。正式宴会，一般要确定以下三方面内容。

1. 人员

正式宴会的人员是有限制的。不仅有多少人到场有限制，而且谁坐在哪张桌子旁及其具体的位次都有讲究。哪一张是主桌，谁上主桌，主桌里面谁是主人，谁是主陪，都有一系列具体的讲究。

2. 菜单

每一张餐桌上几道菜，都有讲究。宴会举办前，应该提前设计一份菜单，而且还要把菜单书写或打印出来，最好令餐桌上的人人手一份，一是表示郑重其事，二是让大家心知肚明。

3. 时间

一般情况下，大型的正式宴会往往是晚宴，仅有个别情况是午宴或早宴。晚宴相对而言在时间上自由度大一些。宴会的时间要早确定、早通知，并轻易不要变更。

（三）便宴

便宴为非正式宴会，它的规模比较小，一般有午宴、晚宴。其特点是形式简便，不明确安排座次，不设正式讲话，时间比较短，菜肴道数可以酌减。对出席宴会宾客的服装要求宽松一些，有时穿着便装也可以出席。便宴的气氛亲切、随便，是商务交往中运用最为广泛的一种宴会形式。

（四）家宴

家宴是指在家中设宴招待客人。其特点是主人下厨烹调，家人共同招待。各国人士都有举行家宴的习惯，家宴重在参与，强调气氛的温馨和随和。家宴的气氛亲切友好，被广泛运用于亲友聚会中，相对于正式宴会，家宴最重要的特点就是要制造亲切、友好、自然的气氛，使赴宴的宾主双方轻松、自然、随意，彼此增进交流，加深了解，促进信任。

无论何种宴会形式，实际上都是一种社交活动。宴会，现已成为洽谈生意和增进感情或者是赔礼道歉的常见仪式。

相关链接

中国古代四大名宴——孔府宴

孔府的专属宴，寻常人家是吃不到的。曲阜孔府是祭祀孔子和其后人居住的地方，经历2000多年长盛不衰，兼具家族和官府职能。孔府既举办过各种民间家宴，又宴迎过皇帝、钦差大臣，各种宴席无所不包，集中国宴席之大成。孔子认为“礼”是社会的最高规范，宴饮是“礼”的基本表现形式之一。孔府宴礼节周全，程式严谨，是古代宴席的典范。

这样的宴会是很铺张的，一般人家是想都不敢想的。据《孔府档案》记载，道光十五年(1835年)第七十四代衍圣公孔繁灏娶亲，就大摆孔府宴，宴庆活动前后持续了20余天，高潮时每次摆席都在140多桌。按照来客身份地位的不同，孔繁灏的婚宴又分为三等。

上等宴席

三大件：红烧海参、清蒸鸭子、红烧大鱼。八凉盘：熏鱼、盐卤鸡、松花、熗虾、瓜子、海蜇、花川、长生仁。八热盘：炒鱼、炒软鸡、炒玉兰片、烩口蘑、汤泡肚、炸胗干、鸡塔、山药。四饭菜：青鸡丝、红肉、烧肉饼、海米白菜。点心甜、咸各一道。大米干饭每桌全。

中等宴席

两大件：烧海参、鱼或鸭。两干果：瓜子、长生仁。六凉盘：炝鸡丝、鱼脯、烧虾、黄花川、松花、海蜇。六行件：炒软鸡、炸胗干、炒鱼、炒玉兰片、烩口蘑、山药。六押桌：红肉、鱼肚、鸡丝、肉饼、白肉、海米白菜。大米干饭全。

下等宴席

四凉碟：鸡丝、五香肠子、鱼脯、拌莴苣。四小碗：炒鸡丁、炒鱼、炒胗干、山药。十大碗：红肉、海参、青鸡丝、白肉、瓦块鱼、鱼肚、肉饼冬菜、甜饭、八仙汤、海米白菜。

（选自红厨网：《孔府宴，规格最高的中国宴席！》）

三、 宴会的基本流程和礼仪

（一）宴会的基本流程

1. 制订宴请计划

（1）确定宴请目的

宴请的目的是多种多样的，可以是为某一个人宴请，也可以是为某一事件宴请。

（2）确定宴请对象

依据宴请的性质、目的、主宾的身份、国际惯例及其他有关要求确定宴请对象和范围。

（3）确定宴请形式

宴请采取何种形式，在很大程度上取决于当地的习惯做法。

（4）确定宴请时间、地点

宴请的时间应对主、客双方都合适。宴请地点的选择要根据活动性质、规模大小、形式、主人意愿及实际可能而定。

2. 邀请宴请嘉宾

各种宴请活动，一般均发请柬，这既是礼貌，也可对客人起提醒、备忘之用。请柬内容包括活动形式、举行的时间及地点、主人的姓名等。请柬行文不用标点符号，所提到的人名、单位名、节日名称都应用全称。

经典范例

正式宴会请柬

为欢迎×国×××州长率领的×××州友好代表团访问××谨定于××××年×月×日（星期×）晚×时在××饭店××阁举行酒会

敬请光临

R. S. V. P

××省人民政府

正式宴会请柬

谨定于××××年×月×日(星期×)晚×时在××饭店举行宴会

敬请光临

敬请回复 ×××

电话：×××××××××××(主人姓名)

正式宴会请柬

Mr. Li Hua requests the pleasure of the company of Miss Jin Ling at a tea party in Qilin Restaurant on Wednesday, September 9th, 2009 from 20：00 to 21：00

3. 宴会场地布置

（1）订菜

宴请的酒菜根据活动形式和规格，在规定的预算标准以内安排。

（2）现场布置

宴会厅和休息厅的布置取决于活动的性质和形式；宴会可以用圆桌，也可以用长桌或方桌；冷餐会的菜台用长方桌，通常靠四周陈设酒会一般摆小圆桌或茶几，以便放花瓶、烟缸、干果、小吃等。

🔗 相关链接

中餐组织安排

1. 中餐宴会的席位排列

桌次排列：在中餐宴请活动中，往往采用圆桌布置菜肴、酒水。

位次排列：每张餐桌上的具体位次有主次尊卑的分别，排列方法如下。

方法一：主人大都应面对正门而坐，并在主桌就座。

方法二：举行多桌宴请时，每桌都要有一位主桌主人的代表在座。

方法三：各桌位次的尊卑，应根据距离该桌主人的远近而定，以近为上，以远为下。

方法四：各桌距离该桌主人相同的位次，讲究以右为尊。

2. 便餐位次排序的原则

便餐位次排序的原则有：右高左低原则、中座为尊原则、面门为上原则、特殊原则。

3. 中餐上菜顺序及用餐方式

上菜顺序：先凉后热，先炒后烧，咸鲜、清淡的先上，甜的、味浓、味厚的后上，最后是饭菜；如果由服务员给每个人上菜，要按照先主宾后主人、先女士后男士或按顺时针方向依次进行。

用餐方式：分餐式、布菜式和公筷式等。

（二）宴会礼仪

1. 宴请前的迎宾

宴会开始之前，主人应在门口迎候来宾，有时还可有少数其他人员陪同主人列队欢迎客人；宾主相互握手问好，随即由工作人员将客人引领到休息厅内小憩。在休息厅内应有相应身份的人照应客人，并以饮料待客。如无休息厅，则可直接进入宴会厅，但不要马上入座。主人陪同主宾进入宴会厅，全体客人就座，宴会开始。如休息厅较小，或宴会的规模大，也可以请上席以外的客人先入座，上席最后入座；家庭便宴则较随便，客人到达后，主人主动趋前握手。

2. 宴请中的礼仪

客人入座之后，主人应该首先起立，举杯向客人敬酒。碰杯先后以座次顺序为序，从主人到宾客进行，只仅仅一碰即可，不可碰得太响，因为碰得太响显得粗俗。碰杯、干杯之后，主人应持筷子示意，请客人正式用餐。在席间敬酒，主人值得注意的是不要过于勉强客人喝酒。宴会进行中，当客人互相谦让，不肯动筷夹菜时，作为主人，便要给客人主动敬菜。这一方面是表示对客人的尊敬，同时也是为了活跃气氛。一般正式宴会可在上热菜之后、甜品之前由主人讲话，接着由客人讲；当每一道菜端上桌时，主人可简单介绍一下这道菜的色、香、味等特色，并热情招呼客人动筷、品尝。当餐桌上的客人有主次、长幼之分时，每一道菜上来，主人应先请主要客人或者长者首先品尝。分菜时，主人可站立起来，用公筷、公匙为客人分菜享用。首先分给在座的主要客人或长者，然后按座次依次分下去；当客人对某一道菜表示婉言谢绝时，主人不宜强人所难，硬将菜塞到客人碗里。宴会尾声，吃完水果后，主人与主宾起立，宴会即告结束。在外国人的日常宴请中，如女主人为第一主人时，往往以她的行动为准。

3. 宴请送别礼仪

宴请结束，主宾告辞时，主人送至门口，热情话别，要等主宾离去后，主人才可关门或转身回到宴会厅。在比较正式的场合，原迎接宾客的人员仍应列队于门口，与客人一一握手话别，表示欢送之意。

4. 赴宴的礼仪

（1）应邀

接到宴请，无论是否能出席，都应迅速答复，以便主人做好安排。在接受邀请之后，不要随意改动。万一遇到不得已的特殊情况不能出席，尤其是主宾，应尽早向主人解释、道歉，甚至亲自登门表示歉意。应邀出席一项活动之前，要弄清主人举办活动的时间地点，是否请配偶，以及主人对服装的要求等。在举办活动较多时尤应注意，以免走错地方，或者主人未请配偶却双双出席。

（2）修饰

赴宴前应梳洗打扮一番，使自己看起来精神饱满，容光焕发。个人都容光焕发地赴宴，会使整个宴会有一种比较隆重的气氛，这也会使主人感到十分高兴。最忌讳穿着工作服、带着倦容赴宴，这会使主人感到未受尊重。

（3）备礼

可按宴请的性质和当地的习惯以及主客双方的关系，准备赠送的花篮或花束。

（4）到达

出席宴请活动，抵达时间的迟早、逗留时间的长短，在一定程度上反映了对主人的尊重程度；抵达后应前往主人迎宾处，主动向主人问好，并对在场的其他人微笑点头致意；应邀参加节庆活动，应表示祝贺，同时将事先备好的礼物双手赠送给主人。

（5）入座前的交谈

入座前应自由地与其他客人交谈，勿静坐。交谈面可宽一些，不要只找"老相识"，要交新朋友。有的人出席一次宴会，从开始至结束只和一两个人交谈，似乎对其他人全然不感兴趣，这是很不礼貌的。宴会是交际场合，不是专门谈工作的地方。

如果只顾谈工作，主人也会感到不快。

（6）入席

进了客厅，不要着急找位子坐；入座应听从主人安排，不可随意乱坐，如邻座是长者或妇女，应主动协助他们先坐下；入座后不要东张西望，也不要坐在那儿发呆，或摆弄餐具、餐巾等。

📼 经典案例

在一次教育系统组织的宴会上，张某为了在宴会上吃得舒服，再三地减轻自己身上的"负担"。开始用餐后他先是松开自己的领带，接下来又解开领扣、松开腰带、卷起袖管，到了最后，竟然又悄悄地脱去自己的鞋子。尤其令人感到不快的是，他在吃东西时，总爱有意无意地咂巴其滋味，吃得訇然作响，并且其响声"一波未平，一波又起""一浪高过一浪"。吃着吃着觉得嗓子有了痰，一口痰就吐在了地上。

（选自道客巴巴网：《商务礼仪培训讲座》）

案例分析

张某在宴会上的此番作为，不仅令他身边的人瞠目结舌，而且也叫他的同事们无地自容。大家就此纷纷指责他：丢了自己的人，丢了单位的人，也丢了大家的人。

5. 就餐礼仪

（1）举止

就餐时应有愉快的表情，心事重重的神态、漫不经心的样子，是对主人和其他宾客的不礼貌。

（2）交谈

无论是作为主人、陪客或宾客，都应与同桌的人交谈，特别是左右邻座，邻座如不相识，可先自我介绍。

（3）敬酒

主人向客人敬酒时，客人应起立回敬。宴会上互相敬酒，无疑是一件乐事，也能表示友好，活跃气氛。但切勿饮酒过量，过量容易失言，甚至失态，因此，必须控制在本人酒量的三分之一之内。

（4）用餐

入座后，经主人招呼，即可开始进餐。吃饭的时候不要把全部的精力都放在嘴的享受上，要多和左右的人交谈；吃相要温文尔雅，从容安静。取菜时，不要盛得过多。盘中食物如不够，可再取。如遇招待员分菜，需增添时，待招待员送上时再取。如遇本人不能吃或不爱吃的菜肴，当主人夹菜时，不要拒绝，可取少量放在盘内，并表示"谢谢，够了"。对不合口味的菜，勿显露出难堪的表情。吃东西要文雅。闭嘴咀嚼，喝汤不要啜，吃东西不要发出声音。如汤和菜肴比较烫，可等待稍凉之后再吃，切勿用嘴吹。嘴内的骨头、鱼刺不要直接外吐，要用餐巾掩嘴，用手或筷子取出，放在菜盘内。吃剩的菜，用过的餐具、牙签，都应放在盘内，切勿置于桌面上。嘴里有食物时，切勿说话。剔牙时，要用手或餐巾遮住口。

6. 告辞礼仪

主人宣布宴会结束后，客人才能离席。客人应向主人道谢、告别，感谢主人的热情款待，并要与其他认识的客人道别。如果有事要提前离席，应向主人及同桌的客人致歉。

经典案例

王小杰忽然接到同学张忻的电话，问他什么时候来参加自己的生日聚会，这时王小杰才想起自己答应了今晚参加他的生日聚会。于是，他匆匆忙忙地赶到聚会地点，发现来的人很多，有一些相识的同学，但也有很多不相识的人。王小杰一整天在外奔波，衣服穿得很随便，加之连日来事情很多，脸上也满是疲惫之色。当王小杰随随便便地拖着有些疲惫的步子走进聚会厅时，看到别人都衣着光鲜、神采飞扬的，感觉心里有点不快，后悔自己勉强过来参加聚会，所以脸色更难看了，没有一点笑容。张忻过来招呼王小杰，王小杰勉强表达了祝福，便坐在一旁喝了几杯啤酒，也不想与人寒暄，坐了一会儿又借故离开了。

（选自豆丁网：《商务礼仪案例试卷及答案》）

案例分析

在赴宴时，要注重赴宴礼仪。在接受他人邀请后，如因故不能出席，应深致歉意，或登门致歉。作为宾客，应略早到达为好，且应在参加前做好仪容准备工作。席间交谈应与主人和同桌亲切交谈。告辞时间不宜过早。而王小杰在劳累时不应该勉强出席。而后，他匆忙赶到聚会厅，且衣着随意，显示出他对宴会的不重视。在宴会中，面无笑容，且提前离开都显示出他的不礼貌。既影响自己的心情，让自己过于疲惫，又影响他人心情的社交事件是失败的。

四、 宴会的注意事项

宴会口才概述（下）

（一）交谈注意事项

1. 众欢同乐，切忌私语

大多数宴会宾客都较多，所以应尽量多谈论一些大部分人能够参与的话题，得到多数人的认同。因为个人的兴趣爱好、知识面不同，所以话题尽量不要太偏，避免唯我独尊，天南海北，神侃无边，出现跑题现象，而忽略了众人。

交谈时，尽量不要与人贴耳小声私语，给别人一种神秘感，往往会产生"就你俩好"的嫉妒心理，影响宴会的效果。

2. 瞄准宾主，把握大局

大多数宴会都有一个主题，也就是宴请的目的。赴宴时首先应环视一下各位的神态表情，分清主次，不要单纯地为了吃饭而吃饭，为了喝酒而喝酒，而失去交友的好机会，更不要让某些哗众取宠的酒徒搅乱东道主设定的主题。

3. 语言得当，诙谐幽默

宴会上可以显示出一个人的才华、常识、修养和交际风度，有时一句诙谐幽默的语言，会给客人留下很深的印象，使人无形中对你产生好感。所以，应该知道什么时候该说什么话，语言得当、诙谐幽默很关键。

4. 察言观色，了解人心

要想在宴会上得到大家的赞赏，就必须学会察言观色。因为与人交际，就要了解人心、左右逢源，才能演好酒桌上的角色。

5. 锋芒渐露，稳坐泰山

宴会上要看清场合，正确估价自己的实力，不要太冲动，尽量保留一些酒力和说话的分寸，既不让别人小看自己，又不要过分地表露自己，选择适当的机会，逐

渐显露自己的锋芒，才能稳坐泰山，不致给别人产生"就这点儿能力"的想法，使大家不敢低估你的实力。

民以食为天，中国是文明古国，又是礼仪之邦，饮食文化源远流长。无论是古代还是现代，无论私人交际还是公务往来，都离不开宴请，学习在宴会上如何得体地说话非常重要。

🔗 相关链接

中餐点菜"三优四忌"

一顿标准的中式大餐，通常先上冷盘，接下来是热炒，随后是主菜，然后上点心和汤，如果感觉吃得有点腻，可以点一些餐后甜品，最后是上果盘。在点菜中要顾及各种菜式。

第一，有中餐特色的菜肴。宴请外宾的时候，这一条更要重视。像春卷、元宵、饺子、狮子头、宫保鸡丁等，并不是佳肴美味，但因为具有鲜明的中国特色，所以受到很多外国人的推崇。

第二，有本地特色的菜肴。比如西安的羊肉泡馍、湖南的毛家红烧肉、上海的红烧狮子头、北京的涮羊肉，在当地宴请外地客人时，上这些特色菜，恐怕要比千篇一律的生猛海鲜更受好评。

第三，本餐馆的特色菜。很多餐馆都有自己的特色菜。上一份本餐馆的特色菜，能说明主人的细心和对来宾的尊重。

在安排菜单时，还必须考虑来宾的饮食禁忌，特别是要对主宾的饮食禁忌高度重视。这些饮食方面的禁忌主要有四条。

其一，宗教的饮食禁忌，一点也不能疏忽大意。例如，国内的佛教徒少吃荤腥食品，这不仅指的是肉食，而且包括葱、蒜、韭菜、芥末等气味刺鼻的食物。一些信奉观音的佛教徒在饮食中尤其禁吃牛肉，这点在招待时要尤为注意。

其二，出于健康的原因，对于某些食品也有所禁忌。比如，有心脏病、动脉硬化、高血压和中风后遗症的人不适合吃油炸物，肝炎病人忌吃羊肉，有肠胃炎、胃溃疡等消化系统疾病的人不合适吃刺激性食物，高血压、高胆固醇患者要少喝鸡汤等。

其三，不同地区、国家的人们的饮食偏好往往不同。对于这一点，在安排菜单时要兼顾。比如，湖南省份的人普遍喜欢吃辛辣食物，少吃甜食。英美国家的人通常不吃宠物、稀有动物、动物内脏、动物的头部和脚爪。另外，宴请外宾时，尽量少点生硬需啃食的菜肴，外宾在用餐中不太会将咬到嘴中的食物再吐出来，这也需要顾及。

其四，有些职业，出于某种原因，在餐饮方面往往也有各自不同的特殊禁忌。例如，国家公务员在执行公务时不准吃请，在公务宴请时不准大吃大喝，不准超过国家规定的标准用餐，不准喝烈性酒。再如，驾驶员工作期间不得喝酒，要是忽略了这一点，还有可能使对方犯错误。

（选自美食天下网：《中餐点菜"三优四忌"》）

（二）用餐注意事项

中国人一般都很讲究吃，同时也很讲究吃相。随着职场礼仪越来越受重视，商务饭桌上的礼仪和吃相也更加讲究。以下以中餐为例，教你如何在餐桌上有礼有仪，得心应手。

中餐宴席进餐伊始，服务员送上的湿毛巾是擦手的，不要用它去擦脸。上龙虾、鸡、水果时，会送上一只小水盂，其中漂着柠檬片或玫瑰花瓣，它不是饮料，而是洗手用的。洗手时，可将两手轻轻涮洗，然后用小毛巾擦干。

用餐时要注意文明礼貌。对外宾不要反复劝菜，可向对方介绍中国菜的特点，吃不吃由他。有人喜欢向他人劝菜，甚至为对方夹菜。外宾没这个习惯，你要是一再客气，没准人家会反感："说过不吃了，你非逼我干什么？"同样，参加外宾举办的宴会，也不要指望别人会反复给你让菜。你要是等别人给自己布菜，那就只好饿肚子。

客人入席后，不要立即动手取食。而应待主人打招呼后，由主人举杯示意开始时，客人才能开始；客人不能抢在主人前面。夹菜要文明，应等菜肴转到自己面前时，再动筷子，不要抢在邻座前面，一次夹菜也不宜过多。要细嚼慢咽，这不仅有利于消化，也是餐桌上的礼仪要求。绝对不能大块地往嘴里塞，狼吞虎咽，这样会给人留下贪婪的印象。不要挑食，不要只盯住自己喜欢的菜吃，或者急忙把喜欢的菜堆在自己的盘子里。用餐的动作要文雅，夹菜时不要碰到邻座，不要把盘里的菜拨到桌上，不要把汤泼翻。不要发出不必要的声音，如喝汤时"咕噜咕噜"，吃菜时直"吧唧"嘴，这都是粗俗的表现。不要一边吃东西，一边和人聊天。嘴里的骨头和鱼刺不要吐在桌子上，可用餐巾掩口，用筷子取出来放在碟子里。掉在桌子上的菜不要再吃。进餐过程中不要玩弄碗筷，或用筷子指向别人。不要用手去嘴里乱抠。用牙签剔牙时，应用手或餐巾掩住嘴。进餐时尽量不要让餐具发出声响。

用餐结束后，可以用餐巾、餐巾纸或服务员送来的小毛巾擦擦嘴，但不宜擦头颈或胸脯；餐后不要不加控制地打饱嗝或嗳气；在主人还没示意结束时，客人不能先离席。

🔗 相关链接

餐具使用注意事项

1. 筷子

不要舔筷子上残留的食物；不能一边说话，一边挥舞筷子，如需与别人交谈要暂时放下筷子；用餐时不要把筷子竖插放在食物上面。

2. 勺子

尽量不要单用勺子去取菜；取食物时不要太满；舀取食物后，应在原处暂停片刻，待汤汁不会再往下流时，再移回来享用；切忌把勺子塞到嘴里，或者反复吮吸、舔食。

3. 盘子

盘子在餐桌上一般要保持原位，而且不要堆放在一起；用食碟时，不要一次取过多菜肴，也不要把多种菜肴堆在一起；不吃的残渣、骨、刺要用筷子夹放到碟子的前端；食碟放满，可以让服务员更换。

4. 水杯

水杯是用来盛放清水、汽水、果汁、可乐等软饮料的；喝进嘴里的东西不能再吐回水杯。

5. 餐巾

在正式中餐宴会上，用餐前为每位用餐者上的湿毛巾是用来擦手的，宴会结束前上的湿毛巾只能用来擦嘴。

6. 牙签

尽量不要当众剔牙。

（选自学习啦网：《中餐礼仪之餐具使用注意事项》）

思考与训练

1. 宴会有哪些种类？

2. 宴会要遵循哪些礼仪规范？

3. 根据下面要求写一篇宴会请柬。

公司名称：星光教育集团

宴会地点：奥尔莱斯酒店宴会厅

宴会主题：纪念星光教育集团创立十周年

宴会时间：2020 年 4 月 3 日星期五晚 6 点

邀请人员：当地政府教育部门相关人员、合作单位人员、其他教育公司等人员

学习提升

智慧树慕课：尚明娟——公关商务礼仪

任务2　宴会交流技巧 ///

💬 **任务目录**

1. 掌握宴会交流的基本要求。

2. 掌握宴会主持技巧。

3. 掌握宴会敬酒及推酒技巧。

4. 掌握宴会答谢技巧。

💼 **经典案例**

在一次宴会上，马克·吐温与一位女士对坐，出于礼貌，说了一句："您真漂亮！"那位女士却不领情，高傲地说："可惜我无法同样来赞美您！"马克·吐温委婉平和地说："那没关系，你可以像我一样，说一句谎话就行了。"那位女士羞愧地低下了头。

（选自第一范文网：《七个小故事，奇妙地比喻了生活》）

案例分析

宴会中适当使用幽默和赞美的话能够活跃气氛，增进人与人之间的交流和信任，建立良好的人际关系。大文豪马克·吐温对女士适当的赞美之词却引起该女士的揶揄，该女士不懂得尊重别人，只能自取其辱。

宴会是人际沟通的重要场合。"人际沟通"一词简称"沟通""交流"。人际交通分为言语沟通和非言语沟通两类。本书中所谓"宴会交流"，包括主持、敬酒、推酒、答谢几方面，是主持人与宾客、主人与宾客、宾客与宾客之间的交流。

一、宴会交流的基本要求

（一）宴会交流要规范得体

说话人人都会，但是在宴会这样的正式交际场合，对交流用语有更高的标准和要求，大致体现在以下六个方面。

1. 规范性

表达要准确贴切，符合要求。口语表达时，要注意其本身的要求，注意语法特点、关联词的使用；注意句子的省略，不仅要让对方听得懂，还要使人听了心动，与你产生共鸣，愿意听你的表达，跟着你的思路走。

2. 集中性

话题的内容要重点突出，观点明确。集中性是指口语表达之前先要确定话题的中心，然后围绕着中心说下去。不会表达的人总是胸无全局，想到哪儿说哪儿，或者断断续续，前言不搭后语；或者漫无中心，兴之所至，任意发挥，词不达意，废话连篇。

3. 连贯性

口语表达的思路要清晰，怎样开头，怎样结尾，哪些详说，哪些略讲，哪些地方用什么材料，如何衔接等都要心中有数，这样说才能有条理。

4. 得体性

既要考虑不同的场合、不同的交际对象，还要考虑自己的身份和角色，选择合适的表达方式和语体语言。

5. 艺术性

要讲究修辞，对表达形式和表达效果做出最佳选择。注意声音要和谐悦耳，富有节奏感、形象感、动作感，可运用幽默风趣的语言，使语言具有强烈的吸引力和感染力。

6. 应变性

"水无常形，话无定格"，口语表达讲究随机应变。要善于聆听，快速思维，学会适时地调整表达的内容，快速敏捷地做出应答，做到"慧之于心而秀之于口"。

（二）宴会交流要树立良好的公众形象

端庄、深沉、有活力是宴会公众形象的最基本的标志。

1. 端庄

在宴会上严肃的问题应待之以严肃的态度，按人们不同的标准决定自己的行为举止。在宴会上交流态度要公正、诚恳、正派、不卑不亢、以礼待人，一般情况下不冒犯他人，不刺激对方。在宴会上应尊重地位、权力、金钱，但应不盲目崇拜追逐。在宴会上要常笑，也要让他人快乐，让他人感到幽默而不是滑稽。在宴会上不随便开玩笑，更不搞恶作剧；不说脏话、下流话、黄段子。

2. 深沉

树立深沉的公众形象应做到以下几点：不轻易表态，不轻易许诺；凡事留有余地，从不把话说绝；不人云亦云，而应有自己的独到见解；有心机但没城府，不算计他人；不出风头，不哗众取宠；在关键时候发表有见地的观点；不情绪化，冷静理智处事；善于挖掘自己的交际潜力，不是一次和盘托出。

3. 有活力

在宴会上表现得有活力是指：精力充沛，活泼合群；思维活跃，反应敏捷；乐观幽默，自信创新；与人为善，主动热情。

（三）宴会交流要注意分寸

1. 围绕主题

正式的酒宴都有一个目的，如婚庆、生日、升迁、开业等。说话的时候最好能围绕着宴会主题进行。

2. 话题要适合在座的大多数人

说话的时候选择好话题是非常重要的。好话题就是指在座宾客大都了解或愿意参与的话题。有了好话题，宾客可以畅所欲言，各抒己见，气氛自然会活跃起来。否则，如果选择一个非大众类的话题，能够参与其中的宾客只有两三个，其他人无疑会变成心有怨言的听众。要知道，大多数人在公共场合都有说话的欲望，因为这样能够表现自己。

3. 最好不要谈论公事

为了营造轻松、愉快的氛围，在宴会上一般都会聊一些轻松的话题，如家庭情况、孩子上学、个人爱好、逸闻趣事等。最好不要在宴会上讨论公事，以免破坏现场气氛。宴会上之所以不谈工作，是因为聊天的目的在于交朋友及搞好人际关系，这样慢慢地必然会促成以后的成功。宴会上从头至尾谈工作通常是没有工作能力的人所表现出来的行为，这样做留给对方的印象不是枯燥无味就是喜欢自吹自擂，几乎很少有人喜欢跟这种人打交道。因此，想要能合作，那根本是没指望了。

4. 不要窃窃私语

在宴会上交流的时候，一定不要窃窃私语，因为这样将会严重影响到你的形象。一方面，这是不尊重他人的表现，当你和关系亲密的人小声说话时，无疑会冷落了其他的朋友或合作伙伴；另一方面，这会给人留下"不会做人"的印象。当你和某人窃窃私语时，有些人或许会不在乎，因为他们从你的表现中可以看出你不会做人，从而在以后的交往中不会把你作为他们人脉网中重要的一员。

如果在宴会上遇到了关系比较好的人时，不要因此而厚此薄彼。如果真有很多话要说，可以在应酬后单独聊聊。

5. 谦虚稳重

在宴会上要保持一种谦虚稳重的态度，既不要提及令自己得意的事情，也不要提及令某位宾客感到难堪的事情。如果有人提及自己的得意事时，可以轻描淡写，也可以顺水推舟，将话题转移到下个人身上。不过，也不要过度谦虚，因为过度谦虚会让别人对你产生其他看法，了解你的人会认为你是矫揉造作，而不了解你的人则会觉得你一无是处。

6. 察言观色，及时交流

宴会为广交朋友提供了好机会，如果能够察言观色，无疑为交朋友做好了铺垫。比如，当你发现某些人受到冷落后，立即与他交流，这个人便会从中感受到你对他的重视，从而乐于和你交流。

经典案例

小林的朋友欧阳彪喜欢在酒席上盛情劝酒，而且通常采取那种欲抑先扬的劝酒术，先恭维对方是"高人"或"朋友"，再举杯敬酒，让对方骑虎难下。因为欧阳彪已经先喝，如果不喝，就不配为"高人"，不配做"朋友"。这天，在酒席上，欧阳彪又故技重演，劝小林喝酒，可小林怎么也不想喝了，于是说："我身体不好，你这样劝我喝酒会把我送进医院的。如果你把我当朋友，就不要害我了！"欧阳彪听了此话也不好意思再劝了。

案例分析

小林可谓"以子之矛，攻子之盾"。因为小林的言下之意也很明白：你要我喝酒就不够朋友！而劝酒者都有一种心理：喝也罢，不喝也罢，只要口头上有面子，其他倒也无妨。抓住这个弱点予以反击，劝酒者碍于"朋友"的情面，不得不缄口。

（四）宴会交流要注意礼仪

说话中勿忘优雅礼仪。孔子说："不学礼，无以立。"《诗补传》引荀子之语说："人无礼则不生，事无礼则不成，国家无礼则不宁。"从交际的角度来看，礼仪可以说是人际交往中实用的艺术，也可以说是一种交际方式、沟通技巧。英国哲学家约翰·洛克也说："没有良好的礼仪，其余的一切成就都会被人看成骄傲、自负、无用和愚蠢。"学习交际必学礼仪。米卢有句名言："态度决定一切。"这句话含义颇广，于生活各个方面都可包含，其中说话的礼仪也是态度的一部分，是决定事业成败的关键之一。谈吐得体、举止谦恭而文雅的人能够得到更多人的欢迎和喜爱，他们离事业的成功也就更近一点。

1. 个人礼仪

在宴会场合，人们留给初次见面者的第一印象至关重要，它往往影响他人对自己的看法和评价。个人礼仪首先表现在无声的、非言语的信息传播——仪容、服饰、装扮；举止、表情、动作。个人礼仪应注重三应原则：应事、应己、应制，还应注意 TPO 原则：时间（time）、地点（place）、穿戴目的（object）。

2. 交往礼仪

（1）敬语不离口，学会客气

"请""谢""对不起""欢迎"等敬语要常挂在嘴边，形成习惯和语言的固定模式。在宴会中要懂得赞美别人，并表示真诚；争辩是伤害人际关系和友谊的毒箭，要多商量和协调，少逞强争辩；说话不可武断，不说扫兴话。即使心有不快，也不可借嘲弄来讽刺别人；语气要客气，越是不满和愤怒，越需要用温和与客气的语气来处理，顶撞对任何人绝无好处；平心静气地与人交谈，不能毛毛躁躁地攻击对方的自尊心；要学会聆听，欣赏别人的意见。

（2）称呼恰当得体，注重场合

称呼是对人的称谓。用什么称谓称呼人，既是礼貌问题，也是态度问题，同时也反映了说话人与被称呼者之间的关系。恰当而得体的称呼不但能显示你的涵养，也能为你的亲和力加分不少。称呼看似简单，其实里面蕴藏着不少学问。中国有着几千年的文明史，因而积淀起来的特殊文化使称呼复杂多变，掌握好各种常见的称呼礼仪对于每个人来说都是大有裨益的。运用称呼应该注意民族、时代、地域的差异，注意口语与书面语的区别，注意语言环境和称呼对象的不同。

亲属之间的称谓按照传统的辈分区别对待，夫妻间可以姓名相称，年长的人可对晚辈可直呼其名，有些昵称和小名要避免在公共场合使用。

熟人间的称谓可仿照自己的亲属的性别、年龄、身份等来确定相应的称呼，并在前面加上姓，如"王奶奶"；也可以称呼他的职务并加上姓，如"刘局长"；朋友、同学、同事间，可在姓氏前加"老""小""大"；对德高望重的人，在姓后加"老"，如"李老"。

对陌生人的称呼可采用通称，如"同志""朋友""师傅""先生""女士"等；也可以根据对方的性别、年龄等情况，以父辈、祖辈、平辈的亲属称谓相称，如"大伯""老爷爷""大嫂""大姐"等。

经典案例

在庆祝会上，双方的总经理频频祝酒。一方的公关部主任站起来，对双方的合作进行了一番令人叫绝的介绍："我们两家公司，一家在海南，一家在河南，可以说是'南南合作'。各位知道，国际上的'南南合作'是经济技术合作发展的典范。我们两家公司的'南南合作'，是姊妹连体的联谊发展。我们南南相助，南南相连，南南相合。现在，我可以告诉各位，我们这种合作已结出了丰硕成果。今天正好是七月初七，喜鹊已把天桥架通，愿我们天天都在七夕这种美好的氛围中度过。"

（选自应届毕业生网：《幽默技巧的说话方式》）

案例分析

这段宴会语言巧妙地运用了"南南合作""姊妹连体"等比喻，生动地道出了两家公司配合默契的联合，并对发展前景做了生动的预测，寓意十分深刻。

二、 宴会主持技巧

（一）仪表得体， 风度优雅

1. 仪表

仪表就是容貌、姿态，包括长相、体形、身材以及服饰等，主要是指主持人的外部特征。

（1）要使自己的容貌清新、整洁

主持在大庭广众面前应是整洁、大方的美的体现者。男士要将头发梳理整齐，胡须要修理干净；女士要发型大方，化妆得体，切不可浓妆艳抹，"点缀"过多。

（2）主持人的着装打扮要得体

表示喜悦、欢庆内容的宴会最好穿色调明快的衣服，如在欢迎、庆祝等场合发表演讲、主持时，穿浅色服装会让人愉快；而在发表严肃、庄重、哀痛等内容时应穿深色或黑色的衣服，这样能更好表达地主持人的情感，烘托气氛；以青春、理想为主题的活动则可穿较简洁、时尚些的服装，以传递青春气息和奔放的热情。

要和肤色、体形、年龄相适应。一般说来，服装不能和自己的肤色反差太大。稍胖的人宜穿深色和竖条纹的服装，较瘦者宜穿暖色和明度较高的服装。年轻人宜穿款式活泼和色彩鲜艳些的，中年人可穿淡雅些的等。要和自己的气质、性格及职业相吻合。好动的人可借助蓝色增加静的感觉；沉稳的人可借助浅色增加活力。

要穿出"和谐统一"的美感来。所谓和谐统一，一是注意服装和鞋子要配套，二是上装和下装从款式到颜色要和谐，三是装饰物要和服饰及人物身份统一。

2. 风度

风度是指通过人的言谈、举止、仪表所表现出来的个人风格和气度。风度虽然同样是从某些外部特征表现出来的，但却是一个人的精神气质、文化修养、心理禀赋等诸因素的外化。人们常说，"仪表端庄"，这是对行为举止的一个最基本的要求。说"风度翩翩"，却是对行为举止的更高要求。比起仪表来，风度就显得更内在、更高雅。

在宴会主持过程中，如果需要上主持台，要迈着稳健有力的步子，边走边向宾客微笑示意，走路时上身要平稳，步伐要不紧不慢，目视前方，双手自然摆动，面向宾客站好后，不要着急讲，要正面扫视全场。微笑着用目光同宾客进行交流，然后再以诚恳恭敬的态度向宾客敬礼（也可先称呼后再敬礼）。应注意的是，敬礼既不是伸长下巴蜻蜓点水式，也无须弯腰90度，不及与过度都会显得不真诚。

下场时，要面向宾客敬礼，然后和上台一样，从容镇定，千万不要因为"可讲完了"就慌慌张张地跑下台去，也不要晃晃悠悠地走官步，更不要画蛇添足，在掌声停止之后还停留在台上，像演员谢幕那样边说"谢谢"，边不断向宾客挥手。

（二）语言清晰，善用态势语

宴会主持虽然是以有声语言为主，但优美得体的态势语（表情、姿态、手势等）对感情的表达也起着重要的辅助作用。它既能有效地提高口语表达的准确性，也能吸引宾客的注意力。因此，准确、适当地运用态势语言，是宴会主持人必须掌握的一项基本功。态势语言是一个系统，它由表情语言、体态语言、手势语言几个部分组成，各个部分协调合作，相互配合，具有很强的技巧性。

1. 表情语言

主持人的表情主要在面部，它受着两种因素的制约：一是对宾客的态度，二是所讲的内容。对宾客而言，表情的基调应是微笑，它是招人喜欢的秘诀；就内容而言，表情应丰富多彩，喜怒哀乐都可出现。

在整个面部表情中，最鲜明、最突出、最能反映深层心理的是眼睛的神态，即眼神。"眼睛是心灵的窗户。"人的喜怒哀乐、爱憎好恶都能从眼神中表现出来，甚至能表达出用言语难以表达的极其微妙的思想感情。演讲者要学会用眼睛说话，把自己真实的感情通过眼睛流露出来，随时运用眼睛与宾客交流感情。

2. 体态语言

体态是指主持者的身体姿态和身体动作，主要指表演者的头、身躯和脚三部分的姿态和动作。体态语言包括头部语、身姿语和步姿语。

（1）头部语

头为仪容的主体，它的位置应当平正，而不要偏侧倾斜，头部动作不宜过多。头部语表情达意的方法一般有：点头表示赞同，摇头表示否定，低头表示谦逊或忧虑，昂头表示勇敢或高傲，后仰头表示软弱或失望，倾斜表示得意或愉悦，左右微摇表示怀疑或不忍，前倾表示惊讶或逗趣，微倾表示观察或思考，直立表示庄严或坚强。

（2）身姿语

身姿语就是通过身体的姿态的变化来进行表达的一种无声语言。标准的站姿是全身挺直，挺胸收腹，精神饱满，两肩平齐，腿绷直。男士的脚呈"稍息"姿态，两脚之间距离不能太小也不能太大。女士的脚呈"丁字步"，前面的一只脚放在后面的一只脚的1/3处，两只脚之间的夹角是45度，站立时，重心应放在前面那只脚上。男士和女士的手都可以合拢来放：左手放下，右手放上。男士双手放后，女士双手后放前。女士的手应放在腹部，不能太上也不能太下。男士和女士的手也可分开来放：男士左手放后，右手放于胸前。女士左手垂放，右手放于胸前。男士和女士的双手都可垂放。

一定要注意，两脚并拢、昂首挺胸，虽很有精神，但却显呆板，不能给人自然美之感；两脚叉开，不能给人谦虚的感觉；呈"稍息"姿态，一只脚还在不停地抖动，给人不严肃、不稳重的印象；摆弄衣角、纽扣、低头不面向宾客，给人胆怯之感；耸肩或不停地晃动身体、扭腰，将手插入兜内，给人懒散的感觉。

（3）步姿语

步姿语是通过步态的变化来传递信息的一种无声语言。步频较快、步履轻松，表示"春风得意"；走路时拖着步子、步伐小或时快时慢，则表示自卑、紧张。步姿语的一般要求：自然、轻盈、敏捷、矫健，即自然而不别扭、轻盈而不鲁莽、敏捷而不笨拙、矫健而不自卑。

3. 手势语言

手势指从肩部到指尖的各种活动，包括手臂、肘、腕、掌、指的各种协调动作。手势所表达的意义，是由手势活动的范围、方向、幅度、形状几方面来决定的。手势需要自然协调。符合主持内容的需要，符合宾客的文化心理需要，符合主持人的身份和性格特征，恰如其分，和谐得体就是自然。与主持人的表情配合、与有声语言同步，与其他动作一致，不生硬、不粗俗、不琐屑，这就是协调，自然协调是一种美。

（三）反应灵敏，幽默大方

一个成功的宴会主持人最大的特点恐怕就是遇惊不变，随机应变，能左右逢源，灵巧变通，能快捷思考，准确判断，巧妙地调整表达方式。如在酒宴上，宾客之间彼此意见相左，甚至唇枪舌剑发生争吵，互不相让。这时主持人就要出来圆场，或转移注意力，接过话题自己说，把争论双方的注意力转移到别的地方；或联系感情，帮助双方寻找共同点，缩小感情上心理上的距离；或公正评价，将双方的意见进行清理和归纳，进行合理评价，阐述双方都能接受的意见；或引导自省，使双方从事实中反省自己的观点和错误，消除误会，认同真理。主持一场宴会，一般都要在其间进行搭桥连接，起到承上启下的作用，便于主持的内容顺畅地进行下去，使整个宴会连成一个有机的整体。这就要求主持人必须事先做好充分的准备，了解并熟悉主持的内容，有序掌控宴会的进行。

（四）工于开场，自然亲切

1. 工于开场

"好的开头是成功的一半。"对于宴会主持人更是如此，良好的开场白，是主持的关键，它可以确定基调、营造气氛、表明主旨、沟通感情，使全场人的情绪沸腾起来，注意力集中起来，造成一种全场和鸣共振的态势，从而保证活动的顺利开展。例如，某次公司年会，主持人一上场便说："踏遍青山人未老，风景这边独好！朋友们，今晚繁星满天，月色如水。这画一般的景色，激起我们诗一般的情怀……"宴会主持人这绝妙的开场白情景交融、美妙有趣，把观众带进了诗情画意的情景里。

经典范例

宴会欢迎词

女士们、先生们：

值此××厂30周年厂庆之际，请允许我代表××厂，向远道而来的贵宾们表示热烈的欢迎。朋友们不顾路途遥远，专程前来贺喜并洽谈贸易合作事宜，为我厂30周年庆更添了热烈和祥和的气氛，我由衷地感到高兴，并对朋友们为增进双方关系做出努力的行动，表示诚挚的谢意！今天在座的各位来宾中，有许多是我们的老朋友，我们之间有着良好的合作关系。我厂建厂30年能取得今天的成绩，离不开老朋友们的真诚合作和大力支持。对此，我们表示由衷地钦佩和感谢。同时，我们也为能有幸结识来自全国各地的新朋友感到十分高兴。在此，我谨再次向新朋友们表示热烈欢迎，并希望能与新朋友们密切协作，发展相互间的合作关系。

"有朋自远方来，不亦乐乎。"在此新朋老友相会之际，我提议：为今后我们之间的进一步合作，为我们之间日益增进的友谊，为朋友们的健康幸福，干杯！

（选自中华企管培训网：《欢迎词》）

2. 自然亲切

宴会主持人是宴会的指挥者和组织者，是联系演讲者、表演者与宾客的纽带。主持人与宾客的关系，不是领导和下属，不是长辈和晚辈，也不是教师和学生之间的关系，而是知心朋友的关系。因此，主持人要以民主、平等的态度来主持宴会，内容不但要口语化、大众化，而且要生活化，主持人要像"拉家常"一样与宾客亲切交谈。

三、 宴会敬酒及推酒技巧

（一）敬酒贵在巧妙

宴会敬酒口才技巧

在酒场上，敬酒是一种很好的沟通方式，通过敬酒可以使陌生的朋友加深彼此了解，消除陌生感，可以使熟悉的朋友感情加深，有隔阂和误会的人可以通过一杯酒"一笑泯恩仇"。而在一些商业领域，通过敬酒的方式可以起到交流感情、加深关系的作用。在各种聚会或宴会上，酒是使气氛快速白热化的催化剂。然而要想通过酒来实现这些目的，以恰当地劝酒方法辅以精妙的敬酒词，是我们必须要掌握的。

1. 讲缘分

以"有缘千里来相会，无缘对面不相识"为由来劝酒。大千世界，人海茫茫，大家能够相识，并同在一个酒桌上喝酒，这本身就是一种缘分。为了这种缘分，我们也得干一杯。

2. 谈"第一"

第一次相逢，有很多话可以用来劝酒，如"初次见面，真是一见如故，相见恨晚，一定要好好喝上一杯"除此之外，还有很多第一次都可以拿来套用，如第一次喝酒、第一次出差、第一次一起做某事等。如果不是人生第一次，还可以根据具体情况加上定语，如今年第一次见面、这个月第一次、荣升以后第一次、在某地第一次、在座的相聚在一起第一次、出差中的第一次等。

3. 多祝愿

祝愿是对未来的美好期望，听到别人真诚的祝愿很容易让人快乐，可以结合被劝对象的实际情况来说一些良好的祝愿。如是生意人，可祝其"生意兴隆通四海，财源茂盛达三江"；若是老人，则可祝其"福如东海长流水，寿比南山不老松"；若是机关干部，则祝其"步步高升"；若是新婚夫妇，则可祝其"早生贵子，百年好合"；若在新年，则更多了，如"新春快乐、阖家幸福""祝你一帆风顺，二龙腾飞，三阳开泰，四季平安，五福临门六六大顺，七星高照，八面来财，九九同心，十全十美，百事亨通，千事吉祥，万事如意"。

（二）讲究推酒的策略

在与人交往或办事的过程中，难免会逢酒场，如果你不会喝酒或者是不能喝，当然不能直接拒绝，那么，如何把酒"推"出去，又不使敬酒者难堪呢？

宴会推酒口才技巧

饮酒应是喝好而不喝倒，让客人乘兴而来，尽兴而归。酒桌上的难处我们不难理解，应酬是必然的，如何应对就要看你的本事了。因此，面对对方的盛情相劝，你还要会巧妙地拒绝。成功推酒，不但能使自己免受肠胃之苦，而且不会让对方觉得你不给面子，更不至于伤了和气、坏了事情。

1. 坚定立场

如果你沾酒必倒，那就应该坚定立场，不为巧语所动，从一开始就坚决要服务员把酒杯撤掉，坚持说自己喝酒过敏，或身体不舒服不能喝。根本不用费心去找什么好的推酒词，最简单的一句话（"我确实不能喝"）加上坚定的态度是推酒最根本的办法。

2. 先声制人

若你的酒量还行，但是酒桌上又偏有好多你的酒中"对头"，到了非喝不可的地步，那么你不妨先从声势上压倒对方。话要大，要有一定夸张的效果，要有压倒一切的气势，震住对方。有时自己先来上一大杯效果会更佳，但是前提是自己必须有一定的酒量。

3. 强调后果

饮酒的目的是让客人乘兴而来，尽兴而归。那种不顾实际的劝酒风，以把人喝倒为目的，这只能说是一种低级趣味的劝酒术，是劝酒中的大忌。作为被动者，当酒量喝到一半有余时，就应向东道主或劝酒者说明情况。如"我身体不太好，不能多饮酒""感谢你对我的一片盛情，我原本只有三杯酒量，今天因喝得格外称心，多贪了几杯，再喝就'不对劲'了，还望你能体谅"等。如此开脱以后，就再也不要喝了，这种实实在在地说明后果和隐患的推酒术，只要劝酒者善解人意，明白"过犹不及"的道理，一定会见好就收。

4. 以健康为挡箭牌

喝酒是为了交流情感，也是为了身心的愉悦，如果为了喝酒而喝酒，以致折腾了身体、损害了健康，那显然就因小失大了。因此，我们可用身体不舒服或是患有某种忌酒的疾病（肝病、高血压、心脏病等）为理由拒绝对方，这样无论怎样对方都不好再强求了。

☕ 经典范例

某领导参加一个宴会，王强好久未曾和他见面，提出要和他痛饮三杯。该领导说："你的厚意我领了，遗憾的是我最近一段时间身体不适，正在吃药，已是好久滴酒不沾，只好请你多关照。好在来日方长，后会有期，日后我一定与你一醉方休，好吗？"此言一出，大家都纷纷赞许，王强也只好见好就收了。

5. 推托家人反对

一般来说，以爱人禁止喝酒为由推酒往往容易让对方觉得你是在找借口推托，因为他想象不到这个问题对你有多么严重。因此，你必须在推酒时讲得真实、生动，把自己不听"禁令"的后果展示一番，让对方感到让你喝酒真的是害了你，自然就会停止劝酒了。可以说，把理由讲得真实可信是使用此方式推酒的关键之处。你可以说："我爱人一闻到我满口酒气就要和我闹离婚，如果你真为我幸福的生活着想的话，那我们就以茶代酒吧！"这样一说，对方自然也就无话可说了。

6. 众里寻一

若发现桌上有好多人都能喝，且都想把你灌醉了，那么你最好从中选一个目标，并始终如一，千万不能陷入"敌人"的车轮大战。要知道一个人的力量是有限的，但一对一也许你还是有些许胜算的。

7. 好话说尽

在宴席上，一些"酒精（久经）考验"的推酒者，任凭劝酒的人说得天花乱坠，他就是笑眯眯地频频举杯而不饮，而且振振有词。这种"满面笑容，好话说尽"的推酒术往往能让对方拿你没办法，最后只好作罢。

☕ 经典范例

宋伟乔迁之日，特邀亲朋祝贺，李林也在其中，然而李林平素很少饮酒，且酒量"不堪一击"。酒席上，赵丰提议和李林单独"表示"一下，李林深知自己酒量的深浅，忙起身，一个劲地说圆场话："酒不在多，喝好就行。""经常见面，不必客气。""你看我喝得满面红光，全托你的福，实在是……"结果使赵丰不好再劝。

（原创案例）

8. 反守为攻

当一场婚宴进入高潮时，某"酒豪"似醉非醉、侃侃而谈，请三位上座的来宾一起干一瓶。面对"酒豪"咄咄逼人的言辞，其中一位来宾用了一种巧妙的方式推酒，他说："好啊，不过我想先请教你一个问题。'三人行，必有我师'，这是不是孔子的话？""是啊！""酒豪"随即说。这位来宾又问："你是不是要我们三个人一起喝？""酒豪"答："不错。"来宾又说："既然圣人说'三人行，必有我师'，你又提出要我们三人一起喝，你现在就是我们最好的老师，请你先示范一瓶，怎么样？"这突如其来的一击，直逼得"酒豪"束手无策，无言以对，不得不解除酒令。这一招就叫"巧设圈套，反守为攻"，就是先不动声色，静听其言，等待时机成熟，抓住对方言辞中的"突破口"，以此切入，反守为攻，使对方无言争辩，从而回绝。

当然，这一招最为关键的是"巧设圈套"，这需要设局者跳出当时的处境，以旁观者的心态去看待事情本身。这时，往往会有"闪亮"的想法和不同的思维。酒桌上最忌的是"直白""粗鲁"，而"虚虚实实，实实虚虚"是酒桌上"斗智斗勇"的轴心。

9. 锋芒渐露

酒宴上要看清场合，正确估计自己的实力，不要太冲动，尽量保留一些酒力并注意说话的分寸，既不要让别人小看自己，也不要过分地表露自身，选择适当的机会逐渐露出自己的锋芒，才能稳坐泰山，不致让别人产生"就这点儿能力"的想法，从而使大家不敢低估你的实力。

10. 抓住对方漏洞

对方劝你喝酒，总得找个理由，而这个理由有时是靠不住的。特别是一些并不太高明的劝酒者，其劝酒语中往往会有不少漏洞可抓。抓住这些漏洞，分析其中道理，最后证明应该喝酒的不是你，而是对方，或者是其他人，总之到最后不了了之。只要这漏洞抓得准，分析得又有理有据，那么对方就无话可说，只好放弃这位难对付的"工作对象"。

经典范例

在一次朋友聚会上，有人这样向你劝酒："张先生，这一桌只有我们两位姓张，同姓五百年前是一家，看来我们是有缘分，这杯酒应当干掉！"此时你就可以抓住其疏漏这样拒酒："哦，我很想跟您喝这杯酒，可是实在对不起，您可能搞错了，我的'章'是'立早章'，不是'弓长张'，所以我不知道这两个同音不同字的姓五百年前是否也是一家，所以，您这杯酒我不好喝。"对方理由不成立，也就没法再劝你喝酒了。

（选自腾讯网：《拒酒有妙招，饭局上这样说，既能少喝酒，又不让对方扫兴》）

11. 转移目标

如果劝酒者采用"车轮战术"，自己又无法拒绝时，可以转移目标，分散劝酒者的注意力，如你可以说："今天在座的都是我的好朋友，理当一视同仁，要干，大家一起干！"来宾酒量不等，往往与劝酒者讨价还价，迫使其做出一些让步。

12. 请人代饮

请人代饮也是一种既不失风度，又不使劝酒者扫兴的谢酒方式。请人代饮时，长辈可以请年轻人代喝，女性可以请男性代喝，酒量小的可以请关系较为亲密且酒量大者代喝。一般来说，只要代喝者愿意为你代喝，那么劝酒者是不好再说什么的。请人代喝时，你可以这样说："我很感谢您的盛情，但是由于我会酒精过敏，天生不能沾酒。要是您执意要我喝的话，那我就只能让我的好朋友王东代饮了。王东是我最好的哥们儿，情同手足，不分你我，他喝就等于我喝了，您是否同意我的这个小小要求？"遇到这种时候，一般情况下劝酒者不会再说什么，同意代饮。

四、 宴会答谢技巧

《礼记》有言："往而不来，非礼也；来而不往，亦非礼也。"答谢是为了感谢对方的祝贺、帮助、盛情款待而表示谢意的行为。

（一）宴会答谢的基本要求

在宴会中，答谢是一种回报对方的重要形式。答谢词要篇幅短小，注重宾主的背景介绍，突出强调两者之间的合作关系及合作前途。答谢时，要注重礼貌热情，使用尊称，使用全名，不使用省称、代称，表达要委婉适度。

第一，开场称呼要友好热情，可以加上头衔或表示亲切、尊重的词语，并注意称呼的准确性和包容性。

第二，中间阐述答谢内容，先对主人的热情款待表示感谢，表明自己的来访成果及双方合作的良好关系，向对方介绍或汇报情况，展望和预示双方新的更广阔的合作前景；再回顾主客间的交往与友谊，阐述宾客来访或有关活动的作用、意义，表明进一步加强交往的意愿等。

第三，结尾再次感谢，或者对有关人员和活动表达各种祝愿和希望号召。

（二）宴会答谢的表达技巧

1. 注意场合和对象

致辞总是在特定的情境下进行的，因此一定要考虑到特定的环境、特定的对象，要与当时的气氛相融，要与对象的情感相通。

2. 注意开头和结尾

"好的开头是成功的一半。"开头应不落俗套，富有新意和吸引力。在宴会上的答谢词，如果开头吸引不了答谢对象，你就不能有效地集中大家的注意力，再好的内容也不会有几个人听进去。结尾很重要，要做到干脆、有力，给人以希望和信心。

3. 注意内容和措辞

答谢时目的要明确，内容富有针对性，应明确提出活动的宗旨和要求，表明主宾态度。语言要求明快热情、简洁有力，切忌东拉西扯、旁征博引。措辞要有鼓舞性。庆贺典礼等宴会场合宜多用赞美话，以增强喜庆气氛。

4. 注意体态和风度

致辞者一般应站立发言，称呼要得当，体态要大方自然，气质优雅，根据讲话内容致礼于答谢对象，时而含笑环视其他人。还可以用鼓掌、致敬等动作加强同答谢对象心灵的沟通，以增强表达效果。

☕ 经典范例

校庆宴会答谢词

尊敬的领导、来宾、亲爱的校友：

大家好！

在各级领导、各位校友、社会各界和兄弟学校的关心和支持下，××小学百年校庆庆典活动圆满落下帷幕。回顾校庆筹备以来的各项工作，回想庆典活动期间的热烈场景，我们深感欣慰，心怀感激。在此，谨向长期关心和支持学校建设与发展的各级领导、各界人士、广大校友，致以最诚挚的谢意！感谢你们，百忙之中不辞辛劳地惠临；感谢你们，心系教育，倾心倾力地参与；感谢你们，为××小学百年华诞平添无限喜庆；感谢你们，为全校师生带来无上荣光……

桃李不言，下自成蹊，百年×小，载誉至今。校庆期间，在校园的每个角落里，在举办的每场活动中，无不回荡着朋友们亲切的话语，无不流动着大家真诚的情谊。或是慷慨解囊，捐资助学；或是挥毫泼墨，寄语祝福；或是高歌起舞，增添喜庆；或是演讲对话，鼓舞后学……你们用属于自己的方式表达着对学校的祝福和感恩，爱重如山，情深似海。这一切，都让全体师生谨记在心，铭感于怀！

千淘万漉虽辛苦，吹尽黄沙始到金。一百周年校庆，是我校承前启后、继往开来的里程碑，是学校踏歌前行、再创辉煌的新起点。肩负着人民的重托，承载着各位校友的期望，我们将以此为契机，牢记使命，志存高远，用热情、信念和毅力，奏响教育的崭新乐章！

弦歌声稀，宾主情长。活动期间，群贤毕至，宾朋云集，学校的组织、服务工作难免有疏漏和不周之处，尚祈谅解。我们衷心希望得到各级领导、社会各界、广大校友一如既往的关心与支持，并愿和您一道，同发展，共辉煌，走向更加美好的明天！祝：各位领导、来宾、校友身体健康，家庭幸福，万事如意！

（选自人人文库：《宴会答谢词》）

◎ 思考与训练

1. 举例说明宴会语言的规范性要求。

2. 假设你是同学聚会主持人，你面对的是昔日的同窗和老师，感慨万千，要求写出主持词并声情并茂地讲出来。

3. 一次，一位三十多岁的妇女在宴会上突然要她邻座的一位男子猜她的年龄，如果你是这位男子，你将怎样应对，而不得罪这位妇女呢？

学习提升

1. 智慧树慕课：有话好好说——职场新人口才攻略
2. 中央电视台《舌尖上的中国——舌尖上的礼仪》节目

项目任务书

宴会口才训练项目任务书

课程名称	职场口才	学习项目	宴会口才训练	项目任务	宴会祝酒
学生班级		组别序号		组长姓名	
小组成员					

任务描述
为了总结回顾 NJ 电脑公司 2020 年度的各项工作，并对 2021 年度工作做出计划、安排和部署，增进公司员工的交流与沟通，促进公司的企业文化和建设，表达公司对员工的关怀与问候，NJ 公司决定于 12 月 28 日下午 17：00 在×××国际酒店举办迎新春宴会。宴会将由公司企业文化传播部小王主持，如果你是小王，你将如何主持本次新春宴会？请设计宴会开场白、结束语及宴会祝酒词等。

学习目标
一、专业能力 1. 正确运用宴会口才进行社交活动。 2. 正确运用宴会语言进行交流，提高自己的社会交往能力。 二、社会能力 1. 树立服务意识、效率意识、规范意识。 2. 形成较好的人际沟通语言能力。 3. 强化人际沟通能力、客户关系维护能力。 4. 培养维护组织目标实现的大局意识和团队能力。 5. 树立爱岗敬业的职业道德和严谨、务实、勤快的工作作风。 6. 强化自我管理能力、自我修正的能力。

三、方法能力

1. 利用信息化平台进行自主学习的能力。

2. 制订工作计划、独立决策和实施的能力。

3. 准确的自我评价能力和接受他人评价的能力。

4. 学以致用的能力。

学习引导

一、学习建议

在职场上，宴会是很适合沟通的场合，通过宴会可以使陌生的朋友加深彼此了解，消除陌生感，可以使熟悉的朋友感情加深，有隔阂和误会的人可以通过一杯酒"一笑泯恩仇"。而在一些商业领域，宴会可以起到沟通感情，加深关系的作用。宴会口才主要包括宴会主持口才、宴会敬酒口才、宴会推酒口才、宴会答谢口才等。要学好、用好宴会口才，建议采取如下学习方法。

1. 登录"智慧树慕课"，选定"有话好好说——职场新人口才攻略"课程中宴会口才的相关微课，观看微课教学视频，并完成相应的进阶训练，在微课学习中如有疑问可在线提问，与教师互动交流。（线上学习）

2. 认真学习课程知识，进一步掌握宴会谈口才的知识和技能，完成"难点化解"题目。（线下学习）

3. 假定自己是公司企业文化传播部小王，与学习小组成员商讨和训练宴会开场白、祝酒词、结束语，并在课堂上展示。同时，注意观察其他组展示情况，并将所见所闻记录在本任务书的"课堂记录"一栏。（线下学习）

4. 课后完成拓展任务、加强训练，小组内将自己的训练过程拍摄微视频上传到课程平台，并与其他学习小组进行互动评价。（线下学习与线上学习相结合）

5. 在本任务书的"学习小结"一栏做好小组的学习小结。

二、难点化解

1. 单选：祝酒词一般是在饮第（　　）杯酒以前说的，因此，祝酒词必须短小精悍，千万不能太长太啰唆。

A. 一　　B. 二　　C. 三　　D. 四

2. 单选：美国人和加拿大人在祝酒时会直截了当地说"（　　）"，表示高兴、快活。

A. 祝咱们合作愉快　　　　B. 很高兴认识您

C. 干杯　　　　　　　　　D. 为我们的愉快合作，干一杯

3. 多选：敬酒应注意的问题有哪些（　　）？

A. 注意格调　　B. 言简意赅　　C. 紧扣中心　　D. 合时合地

4. 多选：宴会交谈应注意的问题（　　）。

A. 众欢同乐，切忌私语　　B. 瞄准宾主，把握大局

C. 语言得当，诙谐幽默　　D. 劝酒适度，切莫强求

5. 多选：敬酒也是一门学问。一般情况下敬酒应以（　　）为序，敬酒前一定要充分考虑好敬酒的顺序，分明主次。

A. 年龄大小　　B. 职位高低　　C. 宾主身份　　D. 性别

6. 多选：祝愿是对未来的美好期望，听到别人真诚的祝愿很容易让人快乐，如是生意人，可祝其(　　)。

A. 生意兴隆通四海　　B. 财源茂盛达三江　　C. 福如东海长流水　　D. 寿比南山不老松

7. 多选：宴会中的语言应注意哪些问题(　　)？

A. 语言得当　B. 诙谐幽默　C. 察言观色，了解人心　D. 瞄准宾客，把握大局

8. 判断：在宴会上，敬酒通常是主人优先。但是如果无人敬酒，客人则可以提议向主人敬酒。(　　)

9. 判断：在酒席上还常常有"无三不成礼"的说法，意思是喝酒高潮必须是三杯以后，所谓"酒过三巡"也是这个意思。(　　)

10. 判断：虽然常说"感情深，一口闷；感情浅，舔一舔"，但劝酒的时候绝不能把这句话挂在嘴上。(　　)

课堂记录
请认真观察其他小组训练展示，并记录你们小组看到的优点和问题。

学习小结
请简要记录你们小组对本项目任务学习的总结。

拓展训练
宴会过程中公司领导将上台讲话，小组成员提前为领导撰写 3～5 分钟的宴会讲话稿，小组课后运用角色扮演法模拟训练该场景，并拍摄微视频上传至课程平台。

拓展项目
慧心巧语——
主持口才训练